国有企业采购文件示范文本

（商务部分）

中国物流与采购联合会公共采购分会 **组织编写**

陈川生 **主 编**

彭新良 朱晋华 杨百兴 **副主编**

中国财富出版社有限公司

图书在版编目（CIP）数据

国有企业采购文件示范文本．商务部分／中国物流与采购联合会公共采购分会组织编写；陈川生主编．—北京：中国财富出版社有限公司，2021．6（2023.8重印）

ISBN 978－7－5047－7402－6

Ⅰ．①国…　Ⅱ．①中…　②陈…　Ⅲ．①国有企业－采购－范文－中国　Ⅳ．①F279．241

中国版本图书馆 CIP 数据核字（2021）第 056072 号

策划编辑	王　靖	**责任编辑**	王　靖		
责任印制	梁　凡	**责任校对**	杨小静	**责任发行**	敬　东

出版发行	中国财富出版社有限公司		
社　　址	北京市丰台区南四环西路 188 号 5 区 20 楼	**邮政编码**	100070
电　　话	010－52227588 转 2098（发行部）		010－52227588 转 321（总编室）
	010－52227566（24 小时读者服务）		010－52227588 转 305（质检部）
网　　址	http：//www. cfpress. com. cn	**排　　版**	宝蕾元
经　　销	新华书店	**印　　刷**	北京九州迅驰传媒文化有限公司
书　　号	ISBN 978－7－5047－7402－6/F·3287		
开　　本	889mm×1194mm　1/16	**版　　次**	2021 年 6 月第 1 版
印　　张	25. 25	**印　　次**	2023 年 8 月第 4 次印刷
字　　数	711 千字	**定　　价**	198. 00 元

《国有企业采购文件示范文本（商务部分）》
编 委 会

《国有企业采购文件示范文本（商务部分）》
编 写 组

主 编： 陈川生

副 主 编： 彭新良 朱晋华 杨百兴

编写组成员： 康克龙 王胜辉 张志军 郑坤秀 孙云飞 王 辉 肖 政 姚 毅 许盛淮 薛秀丽 阎利捷 高明霞 姜莉待 苏 军 陈杍晖 刘志兴 熊乐琴 冯 君

审核组成员： 宋建军 幸 烨 王清湖

《国有企业采购文件示范文本 （商务部分）》
参与单位

组织单位：中国物流与采购联合会公共采购分会

牵头单位：国家能源集团物资有限公司

参编单位：国家电网有限公司

中国融通资产管理集团有限公司

华侨城集团有限公司

招商局集团招投标中心

北京首创股份有限公司

北京筑龙信息技术有限公司

陕西延长石油物资集团有限责任公司

公诚管理咨询有限公司

支持单位（排名不分先后）：

中国石油天然气集团公司

中国建筑股份有限公司

中国石油化工集团公司

中国中车股份有限公司

中国第一汽车集团有限公司

中国电信集团公司

中国移动通信有限公司

中国联合网络通信集团有限公司

中国交通建设集团有限公司

中国盐业总公司

中国银联股份有限公司

五矿矿业控股有限公司

中国海洋石油集团有限公司

中国纸业投资有限公司

中铁物资集团有限公司

中铁物贸集团有限公司

中国能源建设集团规划设计有限公司

大亚湾核电运营管理有限责任公司

上海诺基亚贝尔股份有限公司

东风武汉工程咨询有限公司
中国航空集团公司
中国东方航空集团有限公司
中国南方电网有限责任公司
中国兵工物资集团有限公司
中国平安保险（集团）股份有限公司
上海华能电子商务有限公司
内蒙古电力（集团）有限责任公司
内蒙古蒙牛乳业（集团）股份有限公司
郑州煤矿机械集团股份有限公司
山西潞安环保能源开发股份有限公司
安徽省招标集团股份有限公司
广东粤港供水有限公司
江苏交通控股有限公司
北京京东世纪贸易有限公司
苏宁易购集团股份有限公司
广东电网物资有限公司
中国公共采购有限公司
江苏国泰新点软件股份有限公司
喀斯玛（北京）科技有限公司
北京阳光公采科技有限公司
优质采（北京）科技发展有限公司
上海百通项目管理咨询有限公司
北京华培采招供应链管理中心
北京中会联教育咨询有限公司
北京首钢股份有限公司
中化商务有限公司
华润守正招标有限公司
上海核工程研究设计院有限公司
山东招标股份有限公司
中车青岛四方机车车辆股份有限公司
鑫方盛控股集团有限公司

序　言

继2019年和2020年陆续出台《国有企业采购操作规范》和《国有企业采购管理规范》后，中国物流与采购联合会为规范国有企业采购再出“实招”。为了将两个规范落到实处，中国物流与采购联合会公共采购分会联合国家能源集团物资有限公司等企业，集体编写的《国有企业采购文件示范文本（商务部分）》（以下简称《示范文本》）通过专家组评审，近日终于与广大国有企业同仁见面了！

国企采购兼具公共采购和企业采购的双重属性，它既关系国有企业的经济效益和发展前景，也关系国有资产的保值增值，更是社会舆论和民众普遍关注的热点。国企采购活动具有项目繁多、资金量大、周期长和关系技术革新、生产发展等特点，在采购交易市场中占有重要位置。国企采购相关法律法规的缺失，使得国企采购从业人员一直在适用哪部法、如何合理合规适用，同时又切合国企采购的实际情况等问题上彷徨多时。作为公共采购领域的行业自律组织，中国物流与采购联合会一直以规范公共采购领域事业的发展为己任。

中共十九届四中全会通过的《中共中央关于坚持和完善中国特色社会主义制度 推进国家治理体系和治理能力现代化若干重大问题的决定》中，要求加快完善社会主义市场经济体制。2020年6月，中央深改委第十四次会议审议通过了《国企改革三年行动方案（2020—2022年）》，指出国企改革关键阶段要坚持和加强党对国有企业的全面领导，坚持和完善基本经济制度，坚持社会主义市场经济改革方向，抓重点、补短板、强弱项，推进国有经济布局优化和结构调整，增强国有经济竞争力、创新力、控制力、影响力、抗风险能力。同时，国务院国资委启动了国有重点企业对标世界一流管理提升行动，对加强管理体系和管理能力建设作出了部署安排。要求加强运营管理，提升精益运营能力；着力优化供应链管理，持续提升采购的集约化、规范化、信息化、协同化水平，实现采购优质优价和全生命周期总成本最低。

作为公共采购领域的重要组成部分，国企采购的规范发展对完善社会主义市场经济、促进产业链供应链现代化发挥着重要作用。加强国企采购研究、规范国企采购发展一直是中国物流与采购联合会不断努力的目标。为进一步提升国有企业采购的规范化、标准化、信息化水平，完善国有企业采购文件编制规则，推动国有企业采购精益化管理，对标世界一流管理水平，发挥采购管理在企业运营与供应链管理中的战略作用，中国物流与采购联合会从2020年开始启动《示范文本》编制工作。编制工作得到了国家电网有限公司、华侨城集团有限公司、招商局集团招投标中心、北京首创股份有限公司、北京筑龙信息技术有限公司等参编单位的大力支持。中石油、中石化、中国中车、中国一汽、中国移动、中国联通、中国盐业等一大批国企参与其中，贡献了它们在实践工作中的采购经验与智慧。陈川生、朱晋华、杨百兴等编写组专家集思广益，数易其稿，保证了《示范文本》的高水准。

《示范文本》属于行业协会推荐的行业自律性操作规范，将与此前发布的团体标准《国有企业采购操作规范》《国有企业采购管理规范》配套使用。其采用模块化的设计思路，化繁为简、以简驭繁，既考虑了不同产业、行业、企业采购的多样性、复杂性，又兼顾了不同采购方法的适用性，是广大一线工作人员智慧的聚集，为国企采购人员开辟了一条简便易行的采购路径。它的面世必将进一步推动我国国企采购事业的高质量发展，为国企采购的集约化、规范化、信息化、协同化发展贡献力量。

中国物流与采购联合会会长

2021 年 5 月 20 日

目 录

关于实施《国有企业采购文件示范文本（商务部分）》的指导意见

各会员单位及有关单位：

为进一步提升国有企业采购的规范化、标准化、信息化水平，完善国有企业采购文件编制规则，推动国有企业采购精益化管理，发挥采购管理在企业运营与供应链管理中的战略作用，中国物流与采购联合会组织有关单位和业内专家，编制了《国有企业采购文件示范文本（商务部分）》（以下简称《示范文本》），于2021年6月1日起开始实施。

为了推动《示范文本》的实施与应用，制定本指导意见。

一、发布、实施《示范文本》的目的与意义

2020年6月，中央深改委第十四次会议审议通过了《国企改革三年行动方案（2020—2022年）》，指出国企改革关键阶段要坚持和加强党对国有企业的全面领导，坚持和完善基本经济制度，坚持社会主义市场经济改革方向，抓重点、补短板、强弱项，推进国有经济布局优化和结构调整，增强国有经济竞争力、创新力、控制力、影响力、抗风险能力。同时，国务院国资委启动了国有重点企业对标世界一流管理提升行动，对加强管理体系和管理能力建设作出了部署安排。要求加强运营管理，提升精益运营能力；着力优化供应链管理，持续提升采购的集约化、规范化、信息化、协同化水平，实现采购优质优价和全生命周期总成本最低。

国企采购兼具公共采购和企业采购的双重属性。当前，很多国有企业持续优化供应链采购，通过市场开放竞争、集中采购和电子平台采购等集约化采购路径，努力寻求需求与供应的精准高效配置，实现阳光、规范、高效的采购。推动国有企业采购的集约化、规范化、信息化、协同化发展，对于促进我国公共采购市场统一开放、公平竞争和采购服务行业的转型升级，推进国有企业供应链优化和采购管理精细化，提升我国产业链供应链现代化水平，具有重要作用和意义。

2019年3月和2020年5月，中国物流与采购联合会先后发布了《国有企业采购操作规范》（T/CFLP 0016—2019）、《国有企业采购管理规范》（T/CFLP 0027—2020）两项团体标准，对规范国有企业采购活动、提升国企采购管理水平，促进国企采购供应链优化、数字化转型，发挥了重要作用。实施一年多来，取得了良好的社会效益，受到业界的一致好评。为配合和推动这两部团体标准的实施，中国物流与采购联合会公共采购分会联合多家央企和地方国有企业，编制了《示范文本》，对进一步规范国有企业采购活动，完善采购文件编制规则，提高采购管理水平，促进采购活动更加专业、高效、透明和规范方面将发挥重要作用。

二、《示范文本》的主要内容和适用范围

《示范文本》属于行业协会推荐的行业自律性操作规范，与中国物流与采购联合会发布的团体标准《国有企业采购操作规范》《国有企业采购管理规范》配套使用。《示范文本》充分考虑了广大国有企业采购管理、采购执行工作的需求特点，遵循透明、规范与高效、便捷相结合的原则，实现物有所值、科学高效采购。

《示范文本》适用于国有企业非依法必须招标的采购项目，既包括非依法必须招标的工程以及与工程建设有关的货物、服务项目，也包括国有企业采购的与工程无关的其他货物、服务项目。

采购文件按照章节通过模块化组合编制，每个章节对应采购文件的一个组成部分。除第六章外，每一章分为若干可选模块，供编制者按照项目特点选择使用；全部七章选择完成后，就能组合成一个完整的采购文件。

第一章为“采购公告或采购邀请书”，分为采购公告和采购邀请书两个模块；第二章为“采购需求”，分为施工类采购、货物类采购和服务类采购三个模块，依据项目类型由采购人选择；第三章为“供应商须知”，其针对所有采购类型和采购方式；第四章为“采购方法”，分为招标采购、询比价采购、谈判采购和直接采购四个模块，每个模块分为若干采购方式，由采购人依据项目要求选择使用；第五章为“评审办法”，包括经评审的最低价法、综合评分法、直接评估法和其他方法，供采购人编制采购文件时选用；第六章为“合同草案”，包括一般标准合同和简易合同；第七章为“响应文件组成及格式附件”，依据施工、货物和服务的不同特点分别做了列示，供各类供应商编制响应文件时选用。

三、《示范文本》的使用要求

（一）合理选择采购方式。国有企业应依据有关法规政策、行业规范和企业制度，结合采购项目特点以及市场供需状况，认真分析采购项目适用情形，合理选择适合的采购方式和组织形式，按照《示范文本》编制项目采购文件。

（二）规范使用《示范文本》。一是采购单位和采购代理机构应用《示范文本》时，“供应商须知”和“评审办法”的正文内容一般不宜修改。所有需要修改和补充的内容应在采购文件相应前附表中选择和补充列明。二是合理选择评审办法。《示范文本》提供了“经评审的最低价法”“综合评分法”和直接评估法等评审办法。采购单位和采购代理机构应根据采购项目的需求特点和市场供应状况，选择适合的评审办法。

（三）重视在电子化采购平台中的应用。信息技术的快速发展、国有企业的数字化转型、智慧供应链的普遍应用，加上疫情防控导致的电子化采购增点扩面，都大大促进了国企采购的数字化、智慧化发展。更多国企开始重视采购平台的建设和使用。《示范文本》使用的模块化组合编制方式，是互联网思维在采购文件编制中的直接体现，将更加便于电子采购平台的研发、建设和应用，促进国企采购的数字化转型，推动企业供应链与新技术的深度融合。

四、积极推动《示范文本》实施应用

希望有关行业组织、采购单位和采购代理机构以及行业中介服务组织积极推动和认真部署《示范

文本》在本系统、本单位采购工作中的推广应用。认真总结采购实践经验、及时反映和解决采购实践问题、开展采购交流培训，提高采购与供应链管理队伍的专业素质，不断推进和创新完善国企采购管理和供应链优化。中国物流与采购联合会将会同有关行业和地方组织，适时征集、交流和推广国有企业采购实践中的工作成果和典型案例，共同维护公共采购市场公平竞争秩序，协同推动公共采购行业持续健康发展。

中国物流与采购联合会

2021 年 5 月 18 日

《国有企业采购文件示范文本（商务部分）》使用说明

为落实《国有企业采购操作规范》（T/CFLP 0016—2019）（以下简称《操作规范》）、《国有企业采购管理规范》（T/CFLP 0027—2020）（以下简称《管理规范》）等行业规范，提升国有企业采购的规范化、标准化、信息化水平，完善国有企业采购文件的编制规则，中国物流与采购联合会组织有关单位和业内专家，编制了《国有企业采购文件示范文本（商务部分）》（以下简称《示范文本》），于2021年6月1日起开始实施。

一、适用范围

《示范文本》适用于国有企业非依法必须招标的采购项目。

1. 国有企业控股或占主导地位投资融资的依法必须招标的规模标准以下的工程项目，含工程施工、与工程建设有关的货物和服务。

在该类项目中，对于施工技术方案简单、工期较短、季节性强的中小型工程，或者标准通用设备、材料以及有关服务的采购，可以不要求供应商编制施工组织设计、安装调试方案或服务大纲等技术响应文件，可不进行技术评审，建议采用简易合同。

2. 国有企业物资、设备、MRO 采购，以及其他各类服务采购等非依法必须招标的采购。

二、通用术语的定义

为了规范适用《示范文本》，对有关通用术语进行如下定义。

1. 采购人：指组织招标活动的招标人和组织非招标采购活动的采购人。
2. 供应商：指参与招标项目竞争的投标人和参与非招标采购活动的供应商、承包商、服务商。
3. 采购公告：指招标项目的招标公告和非招标项目的采购公告。
4. 成交公告：指招标项目的中标公告和非招标项目的成交公告。
5. 采购文件：指招标文件和非招标项目的采购文件。
6. 响应文件：指投标文件和各种响应文件。
7. 缔约保证金：指投标保证金和其他采购活动中的响应保证金。
8. 成交候选人：指招标项目的中标候选人和非招标项目的成交候选人。
9. 成交通知书：指招标项目的中标通知书和非招标项目的成交通知书。
10. 成交供应商：指招标项目的中标人和非招标项目的成交供应商。
11. 评审小组：包括招标项目中的评标委员会和非招标项目的评审小组。
12. 招标采购：包括公开招标和邀请招标方式。

13. 询比价采购：包括询价采购、竞价采购和询比采购方式。
14. 谈判采购：包括合作谈判、竞争谈判和竞争磋商方式。
15. 直接采购：包括单源直接采购和多源直接采购方式。

三、采购文件编制的方法

（一）采购文件的构成

采购文件包括采购需求、缔约规则、履约规则和响应格式文件四部分，分为七章。其中，第一章和第二章是关于采购需求；第三、第四、第五章是关于缔约规则；第六章是关于履约规则（合同草案）；第七章是关于响应格式文件。

第一章　采购公告或采购邀请书，分为采购公告和采购邀请书两个模块。

采购人编制的采购公告或采购邀请书是对采购需求和供应商资格条件要求的描述以及购买采购文件的程序规定，这些要求和规则对施工、货物和服务采购是有共性的，虽然对工期、质量要求等有不同的习惯称谓，但可以通过设置"□"选择。采购公告用于公开招标、公开询比价和公开谈判采购；采购邀请书用于邀请招标、邀请询比价、邀请谈判和直接采购。但是在邀请招标时，采购邀请书应改称"投标邀请书"。

第二章　采购需求，包括施工、货物和服务三个模块。

《示范文本》适用于非依法必须招标的工程项目（施工，相关的货物和勘察、设计、监理），企业物资、设备、MRO 采购，以及各类服务采购等非依法必须招标的采购。施工、货物和服务采购需求的表述有很大区别，因此本章的采购需求分别针对施工、货物和服务的不同要求设计了相应表格，其中有若干可选项，采购人可根据项目具体情形，逐一选择填写，明确本次采购的具体要求，便于供应商准确要约并提交响应文件。

第三章　供应商须知，只有一个通用模块。

在国家发展改革委等部委编制的"标准招标文件"中，招标人通过"投标人须知前附表"和"投标人须知正文"对招标采购需求、招标程序规则等投标人关注事项作出了规定。鉴于《示范文本》需要涵盖多种采购方式、多种程序规则、多种评审办法，《示范文本》中的"供应商须知"只规定了各种采购程序规则的共性要求。各采购程序的专业要求在不同采购程序中列示，两者配合使用。可选项通过设置"□"进行选择，所有要求用表格列示，也不再用文字解释。

第四章　采购方法，包括招标采购、询比价采购、谈判采购和直接采购四个模块。每个模块内细分了 1～3 种采购方式。

招标采购模块适用于采购需求明确、具有竞争条件、采购时间允许、交易成本合理的采购项目，该招标采购活动属于企业自愿招标活动，程序执行《中华人民共和国招标投标法》（以下简称《招标投标法》）一般程序规定，法律中的专属规定依照《操作规范》的要求进行了安排。

询比价采购模块包括询价、竞价和询比三种采购方式，适用于采购需求明确、采购合同条件相对简单且不符合招标采购其他条件的采购活动。

《操作规范》中的竞价在《示范文本》中分解为询价和竞价，这两种采购方式的共同点是该类项目的非价格因素差异很小，主要竞争价格。区别是适用询价采购方式缔结的项目合同金额较小，且一次报出不可更改的价格；竞价采购方式对合同金额没有要求，可多次报价；询比采购方式的特点是，项目的非价格因素有差异，其实质是对体现其综合价值的“标”的竞争，询比采购合同的非实质条款可以修改，所以也可以多次报价。实践中也有企业将该采购方式称为竞标、比选、比质比价、议标等，是企业常用的采购方式之一。

谈判采购模块包括合作谈判、竞争谈判、竞争磋商三种采购方式。谈判采购是针对采购需求中存在不明确事项或不具备较充分竞争条件，或采购合同条款复杂、采购金额较大项目的采购办法。其特点是采购合同需要和响应供应商讨论①、对话②和谈判③确定。

合作谈判适用于企业战略采购，一般用于企业原材料、辅料等长期合作项目，其对象是战略供应商。

竞争谈判适用于紧急、特定采购任务的采购，供应商可提供实现采购目标的不同方案和路径，评审小组在评审中无须将其整合为一个方案，由采购人依据评审小组咨询意见确定选用方案和成交人。

竞争磋商适用于复杂项目采购，评审小组应当把可能出现的各种方案优化为唯一方案，供应商重新报价，评审小组进行评审，采购人依顺序和供应商进行财务谈判，最先达成协议的供应商为成交人。

直接采购模块包括单源直接采购和多源直接采购。其中，单源直接采购是针对应急，保密，资源紧缺，客户指定，企业供应链、集团产业链等特殊要求设计的采购方法。单源直接采购可分为直接在市场选购的单一采购和只能在某一特定供应商处唯一采购的情形，后者虽然没有竞争性但也需要和供应商就合同内容进行沟通。

采购人对采购方式的选用，应先在招标、询比价、谈判和直接采购四个模块中确定一个，之后可以依据项目特点在模块中选择适用的采购方式。

需要说明的是，《示范文本》列入的采购方式虽然考虑了各种采购适用范围、程序的区别和特点，但由于产业、行业、企业的不同属性，采购方式和名称也难以统一，企业实际使用时可以简化合并，名称也可不同，但是在采购制度设计中除了正常招标采购外至少应当规定一种可用于低价值采购和简单采购的方法；一种可用于紧急情况和其他紧迫采购的方法；一种可用于进行较为专业或较为复杂采购的方法。

第五章　评审办法，包括经评审的最低价法、综合评分法、直接评估法和行业、企业习惯的其他方法四个模块。

关于评“价”办法，在《招标投标法》中称作“经评审的最低投标价法”，在《中华人民共和国政府采购法》（以下简称《政府采购法》）中类似的办法称作“最低评标价法”。两种评审办法的内涵是一致的，都是只对供应商响应文件中的报价进行评审，把商务条件统一在一个平台上，经评审后的最低报价供应商确定为成交人。鉴于《示范文本》涵盖的采购方式中有些没有确定的“标”，需要和供应商澄清确定。因此，将该类评审办法称为“经评审的最低价法”。虽然评审结果由价格决定，但强调了对商务条件的评审。

关于评“分”办法，在《招标投标法》中称作“综合评估法”，评估体现了评审过程的主观性。应当说明，招标投标制度规定的综合评估法也包括评“价”的办法，即把商务和技术条件都折算为评

① “讨论”指整个采购过程中采购人和供应商的互动性，允许供应商协助采购人确定技术规格和工作范围。

② “对话”指采购人和供应商对采购实体技术、质量和性能等方面的需求以及财务事宜进行沟通，可以有符合采购人需要的多种技术方案供采购人决定。

③ “谈判”主要指合同双方就财务和价格问题进行协商。

审价格（机电产品国际招标使用的评审办法之一），该办法对编制招标文件人员的能力要求较高，目前在工程建设招标领域使用得不多；在《政府采购法》中称为“综合评分法”，体现了评审结果的表现形式；《示范文本》采用《政府采购法》的规定。

针对大型复杂项目采购或小额采购需求，总结我国企业采购的实际经验，《示范文本》设计了“直接评估法”。该评审办法实质上是管理咨询专家的头脑风暴法，要求对每项子目排队，最后通过积分排序，该办法和综合排队法相比，多了一些边界和规则。

考虑到项目的复杂性，评审办法难以穷尽。《示范文本》用“其他方法”表示，方便采购人选用其他较为适宜的评审方式，如最低报价法、投票法、排序法、两步法、综合排队法等。

第六章　合同草案，包括货物类、施工类、服务类三个模块。

货物类、施工类和服务类合同有很大的区别，因此分别设计了三个模块，同时考虑到项目复杂程度和金额大小的区别，每类合同又分标准合同文本和简易合同文本，所谓标准合同文本指由国家有关部门颁布的标准招标文件中所列示的合同文本格式，简易合同文本指标准合同文本之外的合同文本，供使用者参考。限于篇幅，《示范文本》给标准合同文本保留了位置，但没有汇集。

第七章　响应文件组成及格式附件，包括施工类、货物类和服务类三个模块。

《示范文本》设置了施工、货物和服务三大类响应文件的通用要求，企业可结合采购项目专业特点修改、细化补充。

（二）采购文件编制的办法

采购文件按照章的顺序通过模块化组合编制。每章分为若干模块。

第一章　采购公告或采购邀请书，分为采购公告和采购邀请书两个模块，通过设置“□”区别施工、货物和服务的采购需要。

第二章　采购需求，分为施工、货物和服务三个模块，由采购人依据项目类型选择。

第三章　供应商须知，针对所有采购类型和采购方式，个别项目需要区分时，在“□”中勾选。

第四章　采购方法，分为招标采购、询比价采购、谈判采购和直接采购四个模块，每个模块分为若干采购方式，由采购人依据项目要求选择使用。

第五章　评审办法，包括经评审的最低价法、综合评分法、直接评估法和其他方法，采购人编制采购文件时，对所选用的评审办法在“□”中勾选。

第六章　合同草案（参考文本），包括简易合同文本和标准合同文本。限于篇幅，《示范文本》只列示了部分常用的合同参考文本；有关工程建设项目的标准合同，可参照国家有关部委颁布的标准文本编制。

第七章　响应文件组成及格式附件，依据施工、货物和服务的不同特点分别做了例示，供采购人编制响应文件选用。

四、模块化编码规则

（一）基本规则

1. 每个采购文件由七章组成；每章有若干模块可供选择，采购人可根据项目实际情形选择对应的一个模块。

2. 每个模块的编号由三个单元组成，即章赋码（01 ~ 07）+子目赋码（大写英文字母）+细目赋码（一位阿拉伯数字）。

（二）各章子目赋码规则

第一章　采购公告或采购邀请书 章赋码：01

子目赋码：采购公告 G、采购邀请书 Y。

细目赋码：无。

示例：

01 – G 采购公告，指招标项目的招标公告和非招标项目的采购公告。

01 – Y 采购邀请书，指招标采购方式的投标邀请书和非招标采购方式的采购邀请书。

采购方式以及施工、货物和服务招标采购和非招标采购的方式选择，采购人在《示范文本》中用"☑"标识。

第二章　采购需求 章赋码：02

子目赋码：施工类采购 S、货物类采购 H、服务类采购 F。

细目赋码：无

示例：

02 – S 采购需求（施工）。

02 – H 采购需求（货物）。

02 – F 采购需求（服务）。

第三章　供应商须知 章赋码：03

子目赋码：T。

细目赋码：无。

第四章　采购方法 章赋码：04

子目赋码：招标采购 Z、询比价采购 J、谈判采购 T、直接采购 A。

细目赋码：子目编码后通过数字区分具体采购方式，详见示例。

示例：

04 – Z 招标采购，其中，04 – Z – 1 公开招标、04 – Z – 2 邀请招标。

04 – J 询比价采购，其中，04 – J – 1 询价采购、04 – J – 2 竞价采购、04 – J – 3 询比采购。

04 – T 谈判采购，其中，04 – T – 1 合作谈判、04 – T – 2 竞争谈判、04 – T – 3 竞争磋商。

04 – A 直接采购，其中，04 – A – 1 单源直接采购、04 – A – 2 多源直接采购。

第五章　评审办法 章赋码：05

子目赋码：经评审的最低价法 D、综合评分法 Z、直接评估法 G、其他方法 Q。

细目赋码：子目编码后通过数字区分具体适用采购项目类别，详见示例。

示例：

05 – D 经评审的最低价法（施工、货物和服务项目通用）。

05 – Z – 1 综合评分法（施工）、05 – Z – 2 综合评分法（货物）、05 – Z – 3 综合评分法（服务）。

05 – G 直接评估法（施工、货物和服务项目通用）。

05 – Q 其他方法。

第六章　合同草案 章赋码：06

子目赋码：施工类合同 S；货物类合同 H；服务类合同 F。

细目赋码：子目编码后通过数字区分简易合同文本和标准合同文本。详见示例。

示例：

06 – S – 1 施工类简易合同、06 – S – 2 施工类标准合同。

06 – H – 1 货物类简易合同、06 – H – 2 货物类标准合同。

06 – F – 1 服务类简易合同、06 – F – 2 服务类标准合同。

第七章　响应文件组成及格式附件 章赋码：07

子目赋码：施工类响应文件格式 S、货物类响应文件格式 H、服务类响应文件格式 F。

细目赋码：《示范文本》没有列示。

企业可以根据采购需求通过序号细化响应文件格式，如在货物采购文件中 07 – H – 1 表示生产原材料采购、07 – H – 2 表示生产辅料采购等。

（三）编码使用示例

示例 1　使用邀请招标方式采购的简单物业服务项目

	项目特征要求	文件编制模块选择
		封皮和目录
1	邀请方式：邀请招标	第一章　投标邀请书（01 – Y）
2	项目性质：物业管理	第二章　采购需求（02 – F）
3		第三章　供应商须知（03 – T）
4	采购方法：招标采购 采购方式：邀请招标	第四章　采购方法（04 – Z – 2）
5	评审办法：经评审的最低价法	第五章　评审办法（05 – D）
6	合同草案：服务类简易合同	第六章　合同草案（06 – F – 1）
7	响应文件格式：服务类响应文件	第七章　响应文件组成及格式附件（07 – F）

示例 2　使用询比采购方式的小型施工项目

	项目特征要求	文件编制模块选择
		封皮和目录
1	邀请方式：公告采购	第一章　采购公告（01 – G）
2	项目性质：小型施工	第二章　采购需求（02 – S）
3		第三章　供应商须知（03 – T）
4	采购方法：询比价采购 采购方式：询比采购	第四章　采购方法（04 – J – 3）
5	评审办法：其他方法（最低报价）	第五章　评审办法（05 – Q）
6	合同草案：施工类简易合同	第六章　合同草案（06 – S – 1）
7	响应文件格式：施工类响应文件	第七章　响应文件组成及格式附件（07 – S）

示例3　使用单一来源采购方式采购的工业原材料项目

	项目特征要求	文件编制模块选择
		封皮和目录
1	邀请方式：邀请采购	第一章　采购邀请书（01－Y）
2	项目性质：工业原材料	第二章　采购需求（02－H）
3		第三章　供应商须知：不用
4	采购方法：直接采购 采购方式：单一来源采购	第四章　采购方法（04－A－1）
5		第五章　评审办法：不用
6	合同草案：货物类简易合同	第六章　合同草案（06－H－1）
7		第七章　响应文件组成及格式附件：不用

五、内容填充

1. 本采购文件表格中设置了可选项（用“□”标识），供采购人参考，并由采购人自行考虑和选择。用“☑”标识时表明该选项被采购人选用，用“□”标识时表明该选项未被采购人选用。

2. 其他提示内容

（1）采购文件中的所有空格采购人都必须如实填写，无内容或不采用的，应用斜画线表示，或者注明“本项不适用”。

（2）本采购文件中的“响应文件格式”，仅供采购人参考。表格的具体内容可根据采购项目的需要，在编制采购文件时进行调整。

（3）采购文件形成最终版时，请务必删除文本中的各类“说明”与“提示”。

六、编制文件的例外事项

（一）采购方式的例外

1. 合作谈判采购无须编制采购文件，在《示范文本》中不作体现。企业应编制战略采购可行性研究报告，起草谈判文本草案和程序规则，供合作双方谈判使用（可行性研究报告的内容可参考《国有企业采购管理规范释义》第7.4.3.1目释义）。

2. 单源直接采购，包括依据供应商在特定市场（如电子商城）针对同类商品的单一选购和由于多种原因只能和唯一供应商就合同进行沟通协商的唯一采购，后者虽然供应情况特殊，造成采购难以形成竞争，但还是和采购人在市场上直接购买的采购方式有所区别。其编制的采购文件由以下几章组成。

第一章　采购邀请书。

第二章　采购需求。

第四章　采购方法。

第六章　采购合同。

即无须编制第三章供应商须知、第五章评审办法和第七章响应文件组成及格式附件。

3. 多源直接采购，无须编制采购文件，在《示范文本》中不作体现。企业根据生产需要提出采购订单和质量标准及其相应价格，向供应商直接采购。

（二）采购项目的例外

国有企业内部采购，较小预算金额（具体由企业制度规定）的简单、零星工程采购，行政办公用品、服务采购，无须编制采购文件，不适用上述规定。执行以下程序：

1. 例外范围

（1）依照企业财务制度规定，凭发票报销的小额物资采购或维修服务。

（2）在企业电子商城直接采购的商品。

（3）金额很小（具体由企业制度规定，如一般为 1 万元以下等）、通过指定消费卡直接采购的商品。

（4）执行集中采购框架协议的项目。

（5）其他。

2. 目录管理

采购项目的具体品目由企业通过目录确定。目录每年可以动态调整。

3. 采购程序

申请部门向采购管理部门提出采购申请，依照企业目录规定在__________平台直接采购。其中平台难以满足需求，需要线下采购的应办理批准手续。相关表格由企业自行设计。

七、特别说明

通过模块化组合方式编制采购文件，是一项创新型工作，既有利于不同行业、不同类型的国有企业根据不同采购品类、不同采购方式，便捷、灵活地编制采购文件，也有利于国有企业实现采购文件的标准化、模块化，加快电子化采购平台的开发与利用。不可避免的是，这种编制采购文件的方式在使用初期会出现一些问题。欢迎广大采购工作者积极提出宝贵意见，我们将不断完善模块化组合采购文件的功能，为企业提供方便可靠的采购工具。

编写组联系人：冯君，联系电话 13621041965，电子邮箱 fengj@ chinascm. org. cn。

编写组

2021 年 4 月 15 日

第一章

采购公告或采购邀请书

01 – G

采购公告
（项目名称）

1. 采购条件和方法

1.1 采购条件

____（项目名称）____已具备采购条件，经__（企业有关部门）__批准，现对该□施工　□货物　□服务项目实施公开采购活动，公开邀请合格供应商参加本项目采购竞争。

1.2 采购方法

□招标采购　□询比价采购　□谈判采购　□直接采购

2. 采购内容和范围

本项目采购内容和范围：____。

项目□计划工期　□交货期　□服务期为________天。

□建设地点　□交货地点　□服务地点位于______________________________。

□施工质量安全要求　□货物质量标准或主要技术性能指标　□服务质量要求或服务标准如下：

____。

□其他____。

□3. 供应商资格要求

3.1 供应商资格要求

参与本项目采购活动的供应商应当是中华人民共和国境内的　□法人　□非法人组织　□自然人，同时还应具备如下条件：

□（1）供应商应当具备________________资质。

□（2）项目负责人应当具备________________资格条件。

□（3）供应商应当具有承接过同类项目的业绩。

□（4）项目负责人应当具有承接过同类项目的业绩。

□（5）在人员、专业技术、设备、资金等方面具有相应的能力。

□（6）其他要求：____。

3.2 供应商不得存在下列情形之一

（1）与本项目其他供应商的单位负责人为同一人。

（2）与本项目其他供应商存在直接控股关系。

（3）与本项目其他供应商存在管理关系。

（4）近三年内在经营活动中存在以下严重不良情形：

①被本项目所在地省级以上行业主管部门依法暂停、取消投标或禁止参加采购活动的。

②处于被责令停产停业、暂扣或者吊销执照、暂扣或者吊销许可证、吊销资质证书状态。

③进入清算程序，或被宣告破产，或其他丧失履约能力情形的。

④根据公司供应商管理要求，被禁止参与采购活动且处于有效期内的。

⑤其他禁止情形：____。

3.3 本次项目□接受 □不接受联合体参加采购活动

联合体各方按照其分工协议，应当满足本条第3.1款规定的相应条件和要求；联合体各方均不得存在本条第3.2款规定的情形；联合体各方不得以自己名义单独提交响应文件，或参加其他联合体参与本项目采购活动。否则，相关响应文件均无效。

□4. 技术成果的补偿

本次采购对未成交供应商的技术成果□给予经济补偿 □不予补偿。

给予经济补偿的，依照下列标准支付经济补偿费：____________________。

5. 采购文件的获取

5.1 获取时间

从________年________月________日9：00起至________年________月________日17：00止（北京时间）。

5.2 获取方式

□在______________________平台下载采购文件，下载路径________________________________。

□在____________（详细地址）____________购买采购文件。

5.3 交纳采购文件工本费

□不收费。

□每套售价人民币________元（售后不退）。

5.4　联系人

供应商在购买或领取采购文件时务必填写本次采购业务的联系人，在采购过程中的相关信息将以短信形式发送到该联系人手机上。

5.5　客服电话

供应商下载采购文件失败或遇到其他问题请拨打客服电话____________联系咨询。

6. 响应文件的递交

6.1　递交响应文件截止时间

________年________月________日________时________分（北京时间）。

6.2　递交地址

□加密上传到____________________平台。

□指派专人送至________（地点）________。

7. 其他

7.1　发布公告的其他媒介

本项目采购公告同时在______（发布公告的媒介名称）______上发布。

□7.2　注册、登录（适用电子采购）

7.2.1　本项目通过________________平台提供供应商注册、购买采购文件、下载采购文件、递交响应文件、澄清说明和补正等功能。供应商须访问________________平台完成注册、交费、下载等有关操作，平台登录方式：

（1）____________________。

（2）____________________。

□7.2.2　CA 证书办理及驱动下载。

CA 证书用于确保采购过程响应文件的合法性和保密性，登录平台后，系统会自动弹出 CA 数字证书在线办理提示窗口，办理 CA 证书需要 3 ~5 天，由______（数字认证）______公司颁发。

CA 认证客服电话：____________________。

7.3　响应文件递交注意事项

7.3.1　逾期递交的响应文件，采购人将予以拒收。

□7.3.2　供应商请于响应文件递交截止时间前登录________平台进入响应文件递交页面。供应商的电脑和网络环境应按照________平台要求。电子响应文件逾期上传或上传未成功，采购人拒收响应文件（平台自动关闭上传端口）。采购人温馨提醒，为避免近响应截止时间网络拥堵，建议供应商适当提前上传时间。

□7. 3. 3　为防止解密失败，允许供应商递交密封的电子媒介作为备份文件。

8. 联系方式

采 购 人：____________________　　采购代理机构：________________

地　　址：____________________　　地　　址：____________________

邮　　编：____________________　　邮　　编：____________________

联 系 人：____________________　　联 系 人：____________________

电　　话：____________________　　电　　话：____________________

电子邮箱：____________________　　电子邮箱：____________________

__________________（单位公章）　　__________________（单位公章）

________年________月________日　　________年________月________日

01－Y

采购邀请书[①]
（项目名称）

1. 采购条件和方法

1.1　采购条件

____（项目名称）____已具备采购条件，经____（企业有关部门）____批准，现邀请贵单位参加本□施工　□货物　□服务项目采购活动。

1.2　采购方法

□招标采购　□询比价采购　□谈判采购　□直接采购

2. 采购内容和范围

本项目采购内容和范围：____________________________________。

项目□计划工期　□交货期　□服务期为________天。

□建设地点　□交货地点　□服务地点位于____________________________________。

□施工质量安全要求　□货物质量标准或主要技术性能指标　□服务质量要求或服务标准如下：____。

□联合体各方不得以自己名义单独提交响应文件，或参加其他联合体参与本项目采购活动。否则，相关响应文件均无效。

□其他____。

□3. 技术成果的补偿

本次采购对未成交供应商的技术成果□给予经济补偿　□不予补偿。

给予经济补偿的依照下列标准支付经济补偿费：____。

① 如果采用邀请招标方式，文件名称改为“投标邀请书”。

4. 采购文件的获取

4.1 获取时间

从________年________月________日 9：00 起至________年________月________日 17：00 止（北京时间）

4.2 获取方式

□在________________平台下载采购文件，下载路径：____________________。

□在______（详细地址）______购买采购文件。

4.3 交纳采购文件工本费

□不收费。

□每套售价人民币________元（售后不退）。

4.4 联系人

供应商在购买或领取采购文件时务必填写本次采购业务的联系人，在采购过程中的相关信息将以短信形式发送到该联系人手机上。

4.5 客服电话

供应商下载采购文件失败或遇到其他问题请拨打客服电话________________联系咨询。

5. 响应文件的递交

5.1 递交响应文件截止时间

________年________月________日________时________分（北京时间）。

5.2 递交地址

□加密上传到____________________。

□指派专人送至________（地点）________。

6. 其他

□6.1 注册、登录（适用电子采购）

6.1.1 本项目通过________平台提供供应商注册、购买采购文件、下载采购文件、上传响应文件、澄清说明和补正等功能。供应商须访问________平台完成注册、交费、下载等有关操作，平台登录方式如下。

（1）____________________。

（2）____________________。

□6.1.2 CA证书办理及驱动下载。

CA证书用于确保采购过程响应文件的合法性和保密性，登录平台后，系统会自动弹出CA数字证书在线办理提示窗口，办理CA证书需要3~5天，由____（数字认证）____公司颁发。

CA认证客服电话：____________________。

6.2 响应文件递交注意事项

6.2.1 逾期递交的响应文件，采购人将予以拒收。

□6.2.2 供应商请于响应文件递交截止时间前登录____________平台进入响应文件递交页面。供应商的电脑和网络环境应按照____________平台要求。电子响应文件逾期上传或上传未成功，采购人拒收响应文件（平台自动关闭上传端口）。采购人温馨提醒，为避免响应文件递交截止时间前可能发生网络拥堵，建议供应商适当提前上传时间。

□6.2.3 为防止解密失败，允许供应商递交密封的电子媒介作为备份文件。

7. 确认

贵单位收到本邀请书后，请于________年________月________日________时前，以书面形式回复确认是否参加本次采购活动。未在规定时间内回复的，视为放弃本项目采购活动。

8. 联系方式

采 购 人：____________________	采购代理机构：________________
地　　址：____________________	地　　址：____________________
邮　　编：____________________	邮　　编：____________________
联 系 人：____________________	联 系 人：____________________
电　　话：____________________	电　　话：____________________
电子邮箱：____________________	电子邮箱：____________________
____________________（单位公章）	____________________（单位公章）
________年________月________日	________年________月________日

确认通知

____（采购人名称）____：

我方已于________年________月________日收到你方________年________月________日发出的

______（项目名称）______参加采购活动的邀请书，并确认□参加　□不参加本次采购活动。

谢谢邀请。

被邀请单位名称：______________（单位公章）

委托代理人签字：______________

______年______月______日

第二章

采购需求

02 – S

施工类采购

表 2 – 1

条款号	内　容	说明与要求
1.1	工程名称	
1.2	建设地点	
1.3	工程规模和主要特征	
1.4	采购范围	
1.5	质量标准	
1.6	承包方式	
1.7	工期要求	施工总工期：________日历天 计划开工时间：________年________月________日 计划竣工时间：________年________月________日
1.8	标准	
1.9	图纸	
1.10	工程量清单	
1.11	其他	

注：标准、图纸和工程量清单及其他文件，采购人可另行专页编制，由供应商购买或有偿租借。

附件：项目详细说明。

02－H

货物类采购

1. 供货范围（材料或设备及其他）

1.1 供应商须确认此范围并提供细化清单（格式）

表2－1

编号	名称	规格和型号	数量	产地	生产厂家	价格	小计
合计							

注意：该表格式仅供参考，具体表格应和响应文件的报价格式一致。

1.2 商务条件/技术参数偏离表

表2－2

编号	采购文件		响应文件	
	条目	简要内容	条目	简要内容

2. 交货期

表 2 – 3

交货顺序	设备（材料）名称型号	交货时间	交货地点	数量	重量	其他

□3. 参数要求

表 2 – 4

序号	参数名称	设计值	保证值	试验值	备注

说明：以上表格仅供参考。

□4. 验收办法

02 – F

服务类采购

表 2 – 1　　与工程有关的勘察、设计和监理服务项目

条款号	内容	说明与要求
1.1	工程名称	
1.2	工程地点	
1.3	工程规模和主要特征	
1.4	采购范围	
1.5	质量标准	
1.6	预计服务（勘察、设计、监理）周期	□自合同签订之日起，至工程竣工通过________验收并移交之日止 □其他
1.7	工程总预算	
1.8	技术成果补偿	□不补偿 □补偿，补偿方案：________
1.9	服务费	□固定报价 □其他

表 2 – 2　　其他服务项目

包号	品目号	服务项目名称	主要服务内容	服务时间		服务地点	成果	验收方式
				开始	结束			

附件：服务项目详细说明。

第三章

供应商须知

03 – T

供应商须知

1. 对供应商的资格要求

表 3 – 1

<table>
<tr><td rowspan="4">供应商资质条件、能力和信誉</td><td>1.1</td><td>资质条件</td><td>□不适用
□适用；供应商应提供相关资质证书副本的复印件，以证明供应商具有承担本项目要求的资质
资质证书包括：______</td></tr>
<tr><td>1.2</td><td>财务要求</td><td>□不适用
□适用；供应商应提供近年财务会计报表复印件，包括□资产负债表、□现金流量表、□利润表等；近年财务会计报表是指______年至______年的
□财务报表
□经内部审计的财务报表
□经外部会计师事务所或审计机构审计的财务报表</td></tr>
<tr><td>1.3</td><td>业绩要求</td><td>□不适用
□适用；业绩要求如下：
□类似业绩
□生产企业业绩
□供应商业绩
□国内业绩
□国外业绩
业绩证明材料要求：
□中标通知书/成交通知书
□竣工验收报告/验收证明
□业主证明
□其他材料
业绩证明材料种类要求：
□提供上述勾选的任一项证明材料即可
□需同时提供上述勾选的所有证明材料
□其他要求：______</td></tr>
<tr><td>1.4</td><td>信誉要求</td><td>□不适用
□适用；供应商应提供相关信誉情况的证明材料：
______</td></tr>
</table>

续 表

供应商资质条件、能力和信誉	1.5	项目负责人资格要求	□不适用 □适用；项目负责人应当具备的专业：________ 应当具备的资质（资格）等级：________级
	1.6	项目管理班子要求	□不适用 □适用；供应商应提供： □拟委任的主要人员汇总表 □拟委任的主要人员简历表
	1.7	其他证明材料	

2. 供应商不得存在的情形

□见采购公告（适用于采购公告方式）。

□供应商不得存在下列情形之一（适用于采购邀请书方式）：

（1）与本项目其他供应商的单位负责人为同一人。

（2）与本项目其他供应商存在直接控股关系。

（3）与本项目其他供应商存在管理关系。

（4）近三年内在经营活动中存在严重不良情形，包括：

①被本项目所在地省级以上行业主管部门依法暂停投标、取消参加政府采购活动资格的。

②处于被责令停产停业、暂扣或者吊销执照、暂扣或者吊销许可证、吊销资质证书状态的。

③进入清算程序，或被宣告破产，或其他丧失履约能力情形的。

④根据公司供应商管理要求，被禁止参与采购活动且处于有效期内的。

⑤其他禁止情形：____（如有关信用信息要求）____。

3. 本次交易一般规则

表 3－2

阶段	条款	项目	规　则
准备及其响应	3.1	踏勘现场	□不组织 □组织 踏勘时间：____________ 踏勘集中地点：____________
	3.2	预备会	□不组织 □组织 召开时间：____________ 召开地点：____________

续　表

阶段	条款	项目	规　则
准备及其响应	3.3	分包	□不允许 □允许 允许分包的内容：____________________ 分包商应当满足的要求：____________________
	3.4	响应截止时间	□见采购公告 □见采购邀请书
	3.5	最高限价	□不设置 □设置 □最高限价：__________ □最高限价计算方式：__________
	3.6	响应文件有效期	________日历天（从响应文件递交截止日算起）
	3.7	缔约保证金	□无须提交 □须提交 缔约保证金为________元人民币 缔约保证金形式________ 采购人指定账户名称、开户银行及其账号如下： 账户名称：______________ 开户银行：______________ 账号：________________
	3.8	响应文件份数	□以电子文件形式通过________平台递交以下文件： □资格审查文件 1 份 □商务文件 1 份 □技术文件 1 份 □并附光盘或其他电子存储媒介 □纸质文件正本 1 份，副本________份
	3.9	响应文件的密封和标记	□不要求密封 □要求密封；响应文件应在密封处加盖公章，标注正本和副本，封皮应注明： 项目名称：____________________ 供应商名称：____________________ 供应商地址：____________________ 联系人及其联系方式：______________
	3.10	响应文件提交	□本项目应当在线提交电子响应文件 □本项目在线下提交纸质响应文件；响应文件送达地址：____________________

续 表

阶段	条款	项目	规 则
文件开启及评审	3.11	响应文件开启会议	□不举行 □举行 会议时间：同响应截止时间 会议地点：采购公告或邀请书中指定地点
	3.12	开启文件前的密封检查	□不适用 □适用 密封情况检查顺序：____________ 文件开启顺序：____________
	3.13	评审小组	□不组建 □组建 评审小组构成：________人，其中采购人代表________人，专家________人 评审专家确定方式： □随机抽取 □直接聘请
	3.14	评审办法	见第五章评审办法有关条款
	3.15	成交候选人	□不公示 □公示；公示媒介：____________平台
确定成交人	3.16	成交办法	见第四章采购方法有关条款
	3.17	签订合同	见第四章采购方法有关条款
	3.18	履约担保	□无须提供 □须提供 履约担保形式：____________ 履约担保金额：____________ 提交时间：____________
其他	3.19	需要补充的其他内容	□如招标采购代理费金额、支付人、支付方式等

□4. 本次交易的特别规定

对于施工技术方案简单、工期较短、季节性强的中小型工程，或者标准通用设备、材料以及有关服务的采购，可以不要求供应商编制施工组织设计、安装调试方案或服务大纲等技术响应文件，可不进行技术评审。

5. 发生下列情况之一者，视为无效响应行为

（1）响应文件未密封或未按规定签字、盖章的。

（2）未按采购文件的规定提交缔约保证金的。
（3）响应文件未按规定格式填写，或内容与采购文件严重背离的。
（4）响应文件有两个以上报价的（采购文件允许提交备选方案的除外）。
（5）质量标准不符合采购文件要求的。
（6）服务期不符合采购文件要求的。
（7）报价超过最高限价的。
（8）供应商不符合国家或者采购文件规定的资格条件。
（9）响应文件没有对采购文件的实质性要求和条件作出响应。
（10）其他不符合采购文件要求的情形。

6. 缔约保证金不予退还的情形

（1）供应商在规定的要约有效期内撤销响应文件的。
（2）成交供应商无正当理由拒签合同的。
（3）成交供应商在签订合同时提出附加条件的。
（4）成交供应商未按采购文件规定提交履约担保的。
（5）供应商有行贿、恶意串通、弄虚作假等违法行为的。

7. 响应文件要求

7.1　响应文件包括下列内容

（1）响应函及其附录。
□（2）法定代表人证明或授权委托书。
□（3）联合体授权书。
□（4）缔约保证金。
□（5）商务条件和技术参数偏离表。
□（6）资格审查资料。
□（7）响应方案。
（8）响应文件的澄清说明等其他有关材料。

7.2　响应文件的格式依据项目情况在第七章“响应文件组成及格式附件”中选取

8. 异议和投诉

依照《国有企业采购操作规范》和《国有企业采购管理规范》有关规定和程序执行。

9. 本章附件

附件1：响应文件开启表
附件2：问题澄清通知
附件3：问题的澄清
附件4：成交通知书
附件5：成交结果通知书
附件6－1：报价表（施工类采购）
附件6－2：报价表（货物类采购）
附件6－3：报价表（服务类采购）

附件1：响应文件开启表

开启时间：________年________月________日________时________分

序号	供应商	报价	其他信息	备注	供应商代表签名

采购人代表________　　　　　　　　　　　　　　　　记录人________

________年________月________日

附件2：问题澄清通知

编号：

________（供应商名称）________：

________（项目名称）________的评审小组，对你方的响应文件进行了仔细的审查，现需你方对下列问题以书面形式予以澄清：

1.

2.

请将上述问题的澄清于________年________月________日________时前递交至________（详细地址）________；采用电子文件方式的，应在________年________月________日________时前将原件上传________电子采购平台。

________（项目名称）________评审小组
采购人：________________（公章）
或代理机构：________________（公章）
________年________月________日

附件3：问题的澄清

编号：
________（项目名称）________评审小组：

问题澄清通知（编号：____________）已收悉，现澄清如下：
1.

2.

供应商：________________________（公章）
法定代表人或委托代理人：____________（签字）
________年________月________日

附件4：成交通知书

________（成交供应商名称）________：
你方递交的响应文件已被我方接受，你方已被确定为成交供应商。
成交金额，大写：____________，小写：____________。
成交内容范围：____。
请你方在接到本通知书后的________日内到________（地点）________与我方签订采购合同，并按采购文件第三章供应商须知规定向我方提交履约保证金。

采购人：______________（公章）
或代理机构：______________（公章）
________年________月________日

附件5：成交结果通知书

＿＿（未成交人名称）＿＿：

我方已接受＿＿（成交人名称）＿＿于＿＿（响应日期）＿＿所递交的＿＿（项目名称）＿＿响应文件，确定＿＿（成交人名称）＿＿为成交供应商。

感谢你单位对我们工作的大力支持！

采购人：＿＿＿＿＿＿（公章）

或代理机构：＿＿＿＿＿＿（公章）

＿＿年＿＿月＿＿日

附件6－1：报价表（施工类采购）

采购人依据采购文件的要求编制响应文件报价表，采用工程量清单的参照下列格式填写报价。

（1）报价说明：

＿＿＿＿＿＿＿＿＿＿＿＿＿＿＿＿＿＿＿＿＿＿＿＿＿＿＿＿＿＿。

（2）报价表：

单位工程名称	报价（万元）						备注
	总计	分部分项工程费	措施项目费	不可竞争费	其他项目	税金	
合计							

备注：1. 总报价人民币大写：＿＿＿＿＿＿。

2. 项目负责人姓名：＿＿＿＿＿；　手机号：＿＿＿＿＿＿。

身份证号码：＿＿＿＿＿＿＿＿。

供应商：＿＿＿＿＿＿（单位公章）

法定代表人或委托代理人：＿＿＿＿＿（签字或盖章）

＿＿年＿＿月＿＿日

附件6－2：报价表（货物类采购）

（1）报价说明：

＿＿＿＿＿＿＿＿＿＿＿＿＿＿＿＿＿＿＿＿＿＿＿＿＿＿＿＿＿＿。

（2）报价表：

序号	分项名称	单位	数量	单价（万元）			总价（万元）			备注
				不含税金额	税额	价税合计	不含税金额	税额	价税合计	
1										
2										
3										
4										
5										
6										
	合计报价（小写）：									

备注：1. 总报价人民币（大写）：________________。

2. 项目负责人姓名：____________；　手机号：________________。

身份证号码：________________________。

供应商：________________（单位公章）

法定代表人或委托代理人：______________（签字或盖章）

________年________月________日

附件6－3：报价表（服务类采购）

（1）报价说明：

____。

（2）报价表：

序号	服务费用分项名称	数量	单价（万元）			计算依据和公式	总价（万元）			备注
			不含税金额	税额	价税合计		不含税金额	税额	价税合计	
1										
2										
3										
4										
5										
6										
	合计报价（小写）：									

备注：1. 总报价人民币（大写）：________________。

2. 项目负责人姓名：____________；　手机号：________________。

身份证号码：________________________。

供应商：________________（单位公章）

法定代表人或委托代理人：______________（签字或盖章）

________年________月________日

第四章

采购方法

04 – Z

招标采购

□公开招标/□邀请招标

<table>
<tr><td colspan="3">□04 – Z – 1 公开招标　　□04 – Z – 2 邀请招标</td></tr>
<tr><td rowspan="3">1. 招标文件</td><td>1. 1
招标文件的组成</td><td>本招标文件包括
（1）招标公告（或投标邀请书）
（2）采购需求
（3）供应商须知
（4）采购方法
（5）评审办法
（6）合同草案
（7）投标文件格式</td></tr>
<tr><td>1. 2
招标文件的澄清</td><td>1. 2. 1　投标人应仔细阅读和检查招标文件的全部内容；如发现缺页或附件不全，应及时向招标人提出，以便补齐；如有疑问，应在招标文件规定的截止时间前以书面形式提出澄清申请，要求招标人对招标文件予以澄清
1. 2. 2　招标人在收到澄清申请 3 日内做出答复（收到次日起算）
1. 2. 3　投标人在收到澄清通知后，应在 1 日内以书面形式告知招标人，确认已收到该澄清通知</td></tr>
<tr><td>1. 3
招标文件的修改</td><td>1. 3. 1　在投标截止时间 2 日前，招标人可以书面形式修改招标文件，并通知所有已购买招标文件的投标人；如果修改招标文件的时间距投标截止时间的间隔可能影响投标文件编制的，相应延长投标截止时间
1. 3. 2　投标人收到修改通知后，应在 1 日内以书面形式告知招标人，确认已收到该修改通知</td></tr>
<tr><td rowspan="2">2. 投标文件</td><td>2. 1
投标文件的组成</td><td>投标文件包括
（1）投标函及其附录（报价表）
（2）法定代表人身份证明或授权委托书
□（3）联合体协议书
□（4）投标保证金
（5）商务条件和技术参数偏离表
（6）资格审查资料
（7）投标方案
（8）其他资料</td></tr>
<tr><td>2. 2
其他</td><td>2. 2. 1　投标报价详见第三章供应商须知附件的有关规定
2. 2. 2　投标保证金详见第三章供应商须知
2. 2. 3　投标有效期详见第三章供应商须知</td></tr>
</table>

说明：在招标采购中考虑到使用习惯，本表相关术语仍采用招标投标活动的习惯用语。

续 表

<table>
<tr><td rowspan="2">2.
投标文件</td><td>2.3
资格审查表</td><td>□资格预审：如果投标人在资质条件、组织机构、财务能力、信誉等资格条件与资格预审时提交的资格预审申请文件相比发生变化的，应按新情况更新或补充其在资格预审申请文件中提供的资料，以证实其各项资格条件仍能继续满足资格预审文件的要求，具备承担本项目的资质条件、能力和信誉
□资格后审：投标人依照第三章供应商须知 1.1～1.7 要求填写</td></tr>
<tr><td>2.4
投标文件的编写</td><td>2.4.1　投标文件应当对招标文件有关□工期　□交货期　□服务期、投标有效期、质量要求、技术标准和要求、招标范围等实质性内容做出响应
2.4.2　投标文件应使用不褪色的材料书写或打印
□投标文件正本除封面、封底、目录、分隔页外，其余每一页均应加盖投标人单位公章，并由投标人的法定代表人或其委托代理人签字
□投标文件中投标函及其附录以及载有合同实质内容的页面应加盖投标人单位公章，并由投标人的法定代表人或其委托代理人签字</td></tr>
<tr><td>3.
投标</td><td>3.1
递交投标文件要求</td><td>3.1.1　投标文件的密封
□现场递交的电子媒介
□现场递交的纸质投标文件
需密封在密封袋中，在封口处加盖投标人单位公章，密封袋上需写明：
______（项目名称）______标段投标文件在______年______月______日______时______分（同投标截止时间）前不得开启
3.1.2　递交方式和地点见第三章供应商须知 3.10
3.1.3　在规定的投标截止时间前，投标人可以修改或撤回已递交的投标文件，但应以书面形式通知招标人；招标人收到书面通知后，向投标人出具签收凭证
3.1.4　修改的内容为投标文件的组成部分；修改的投标文件应按规定签字盖章、密封、标识和递交，并标明“修改”字样
3.1.5　投标人对招标文件有异议，可在招标文件规定的投标截止时间前提出，招标人应在 1 日内答复</td></tr>
<tr><td rowspan="2">4.
开标</td><td>4.1
时间地点</td><td>4.1.1　开标时间和地点见第三章供应商须知 3.11
4.1.2　在投标截止时间投标人不足 3 家不能开标，经企业规定程序直接转入其他采购方式</td></tr>
<tr><td>4.2
程序要求</td><td>招标举行开标仪式
主持人按下列程序进行开标：
（1）宣布开标纪律
（2）公布在投标截止时间前递交投标文件的投标人名称，并点名确认投标人法定代表人或其委托代理人是否在场
□（3）宣布主持人、开标人、唱标人、记录人、监标人等有关人员姓名
（4）除第三章供应商须知另有约定外，由投标人推荐的代表检查投标文件的密封情况
（5）宣布投标文件开启顺序：按递交投标文件的先后顺序排序
（6）设有标底的，公布标底
（7）按照宣布的开标顺序当众开标，公布投标人名称、标段名称、投标保证金的递交情况、投标报价、质量目标、□工期　□交货期　□服务期，以及其他招标文件规定开标时公布的内容，并进行文字记录
（8）主持人、开标人、唱标人、记录人、监标人、投标人的法定代表人或其委托代理人等在开标记录上签字确认</td></tr>
</table>

续　表

5. 评标	5. 1 评标委员会	评标委员会的组成见第三章供应商须知 3. 13
	5. 2 专家回避	评标委员会成员有下列情形之一的，应当回避： （1）投标人或投标人的主要负责人的近亲属 （2）项目主管部门或者行政监督部门的人员 （3）与投标人有经济利益关系，可能影响对投标公正评审的 （4）曾因在招标、评标以及其他与招标投标有关活动中从事违法行为而受过行政处罚或刑事处罚的
	5. 3 评标办法	□经评审的最低价法 □综合评分法 □直接评估法 □其他方法
	5. 4 评标报告	依据法律和招标文件的要求向招标人提交评标报告，推荐合格的中标候选人
6. 授予合同	6. 1 公示及处理	□招标人在评标委员会提交评标报告后 3 日内在________平台公示中标候选人 □不公示，依企业制度规定向有关部门报告 公示后有异议按照企业规定处理 公示无异议或异议处理完毕后，招标人应及时确定中标人
	6. 2 确定中标人	招标人在评标委员会推荐的合格候选人中确定中标人 □依照评标委员会提交的评审报告，招标人确定最适合的投标人为中标人 □评标委员会按照需求任务书确定的标准排序，排名第一的投标人为中标人 □招标人按照最终报价排序决定报价最低或分数最高的投标人为中标人
	6. 3 发出中标通知书	公示无异议或异议处理完毕后，招标人应及时向中标人发出中标通知书，同时向未中标人发出中标结果通知书 □在________平台公布中标人名单 □向参与投标的供应商公布中标人名单，中标数量和价格 □不在电子采购平台公布，向有关监督管理部门报告审批或备案
7. 签订合同	7. 1 细化完善合同	中标通知书发出后，招标人应协助企业合同管理部门，根据招标结果，针对合同非实质性内容进一步补充或细化合同条款 招标人应对合同双方提出的相关补充、细化条款的合法性和合理性进行分析，发现可能损害企业的合法利益、增加了企业的义务、背离了招标文件和中标人投标文件的实质性内容的，招标人应及时告知企业合同管理部门并提出预防风险的建议
	7. 2 签订书面合同	招标人和中标人应在双方约定的期限内签订合同，并向企业主管部门备案、报告，其中，招标采购项目应在发出中标通知书 30 日内签订合同；由于中标人拒绝签订合同，未按照招标文件规定的形式、金额、递交时间等要求提交履约保证金，或其他原因导致在规定期限内合同无法签订的，招标人应及时采取补救措施
	□7. 3 退还投标保证金	双方签订书面合同 3 日内退还投标人提交的投标保证金

04 – J

询比价采购

04 – J – 1

□询价采购[①]

<table>
<tr><td colspan="2">邀请方式：□公告　□邀请书</td></tr>
<tr><td>1. 采购准备</td><td>1.1　供应商提交响应文件截止时间为________年________月________日________时
1.2　在采购文件约定的时间、地点，供应商应向采购人提交响应文件；响应文件按照采购文件第三章供应商须知 3.9 的要求密封，按照 3.10 的规定提交
□1.3　资格审查执行第三章供应商须知 1.1～1.7 的规定
1.4　响应文件提交截止后，响应供应商不足 3 家的，应重新发出采购公告或邀请书。重新发出后，响应供应商数量为 2 家的，采购活动可以继续进行；响应供应商为 1 家的，经采购人管理部门批准后，可转入单源直接采购程序</td></tr>
<tr><td rowspan="3">2. 询价规则</td><td>2.1　报价应包括国家规定的增值税税金，增值税税金按一般计税方法计算，
报价范围包括________________</td></tr>
<tr><td>2.2　询价地址
□________________
□________________平台
2.3　询价开始时间（北京时间）同响应文件截止时间
询价活动截止时间（北京时间）：________________
响应文件截止后，________平台自动拒绝询价截止时间后的报价</td></tr>
<tr><td>2.4　供应商依据采购文件规定的时间递交报价书，供应商应一次报出不可更改的价格</td></tr>
<tr><td>3. 成交规则</td><td>询价截止后，采购人应在采购文件规定的时间内确定报价最低的供应商为成交供应商</td></tr>
<tr><td>4. 成交结果通知书</td><td>采购人应在确定成交供应商后及时向其发出成交通知书，向其余供应商发出结果通知书</td></tr>
<tr><td>5. 成交结果公告</td><td>□在________平台公告成交供应商名单
□向参与响应的供应商公布成交供应商名单、数量和价格等信息
□不在________平台公告，依企业制度向有关部门备案或报告</td></tr>
<tr><td>6. 签订采购合同</td><td>采购人在公告结束后________日内同成交供应商签订书面采购合同
□采购人在询价结束并和成交人签订合同 3 日内，退还响应供应商的缔约保证金</td></tr>
</table>

① 本方式适用于采购需求明确，合同条件相对简单、标准化，采购金额较小的货物采购。

04－J－2

□竞价采购[①]

<table>
<tr><td colspan="2">邀请方式：□公告　□邀请书</td></tr>
<tr><td>1. 采购准备</td><td>1.1　供应商提交首次响应文件截止时间为________年________月________日________时
1.2　在采购文件约定的时间、地点，供应商应向采购人递交响应文件；响应文件按照采购文件第三章供应商须知 3.9 的要求密封，按照 3.10 的规定提交
□1.3　资格审查执行第三章供应商须知 1.1～1.7 的规定
1.4　首次响应文件提交截止后，参与响应的供应商数量不足 3 家的
□应当重新发出采购公告或邀请书
□不再发采购公告，响应供应商只有 2 家，采购活动继续进行；响应供应商为 1 家的，经采购人管理部门批准后，可转入单源直接采购程序</td></tr>
<tr><td rowspan="4">2. 竞价规则</td><td>2.1　报价范围
2.1.1　报价应包括国家规定的增值税税金，增值税税金按一般计税方法计算
2.1.2　报价范围包括____________________</td></tr>
<tr><td>2.2　竞价地址及时间
2.2.1　竞价地址
□____________________
□____________________平台
2.2.2　竞价开始时间（同响应文件截止时间）____（北京时间）____，响应文件截止后，供应商未提交报价的，不得参与后续阶段的竞争</td></tr>
<tr><td>2.3　竞价规则
2.3.1 □本次报价的底价为：________，每次递减________元
□无底价，且每次递减无规定
2.3.2　竞价开始后
□供应商按照________平台的提示报价
□供应商按照采购人提示要求报价
可进行________轮次连续报价，每个供应商机会均等</td></tr>
<tr><td>2.4　竞价平台
竞价期间，□________平台　□采购人不在竞价活动中披露任何出价人的身份，但必须让每一位供应商收到连续信息，明确其出价相对于其他出价的位置
□采购人指定场所：________（线下竞价）</td></tr>
</table>

① 本方式适用于采购需求明确，合同条件相对简单、标准化，允许多次竞价的货物、服务和小型简单工程采购，一般适用于在电子平台采购。

续 表

<table>
<tr><td rowspan="3">2. 竞价规则</td><td>2.5 评审排序
出价后
□________平台依价格自动排序评审
□________采购人依价格及时排序评审
□其他</td></tr>
<tr><td>2.6 竞价时间延长
设置自动延时竞价的，在竞价截止时间前的规定时限内，如果仍有供应商报价且新的报价低于当前最低价时，采购人或采购平台可自动延长截止时间并及时通知供应商</td></tr>
<tr><td>2.7 不足3家的处理办法
在竞价过程中只要没有低于或超过提示报价，响应供应商不足3家按以下办法执行：
（1）还剩2家可继续进行报价，完成竞价程序
（2）只剩1家，在竞价采购时只要低于起始价，可确定为成交人，也可重新组织竞价</td></tr>
<tr><td>3. 成交规则</td><td>□采购人认为供应商出价可能低于成本的，可要求供应商澄清并说明理由，如供应商未进行澄清或澄清未能说明其报价合理性的，采购人可确定次高价为成交供应商，也可重新开展竞价采购活动
□竞价截止后采购人应在________日内确定竞价的最低价供应商为成交供应商</td></tr>
<tr><td>4. 成交结果公告</td><td>□在________平台公告成交供应商名单
□向参与响应的供应商公布成交供应商名单、数量和价格等信息
□不在________平台公告，依企业制度向有关部门备案或报告</td></tr>
<tr><td>5. 成交通知书</td><td>采购人应在确定成交供应商后及时向其发出成交通知书，向其余供应商发出结果通知书</td></tr>
<tr><td>6. 签订采购合同</td><td>采购人在公告结束后________日内同成交供应商签订书面采购合同
□在竞价结束并和成交人签订合同3日内，应退还响应供应商的缔约保证金</td></tr>
</table>

04－J－3

□询比采购[①]

邀请方式：□公告　□邀请书	
1. 采购准备	1.1　供应商提交首次响应文件截止时间为________年________月________日________时 1.2　在采购文件约定的时间、地点，供应商应向采购人递交响应文件；响应文件按照采购文件第三章供应商须知 3.9 的要求密封，按照 3.10 的规定提交 □1.3　资格审查执行第三章供应商须知 1.1～1.6 的规定 1.4　在规定截止时间响应供应商数量为 2 家的，采购活动可以继续进行；响应供应商为 1 家的，经采购人管理部门批准后，可转入单源直接采购程序
2. 询比程序	2.1　本次询比活动分为：________轮 首次开始时间（北京时间）：________ 活动的地点：____________________ 和供应商沟通的顺序在活动开始后抽签决定
	2.2　询比活动分为三个阶段
	2.2.1　第一阶段，采购人分别和每个供应商进行沟通，各种采购因素以及内容细节均可予以沟通协商，但不应改变采购文件的实质性内容 每轮沟通过程中应当给供应商更多的表现、表达和磋商的时间和空间，方便采购人获取价格上的利益；在合同条件确定后，供应商报出最终价
	2.2.2　第二阶段，评审小组按照采购文件规定的商务条件、技术条件对供应商响应文件进行评审 评审过程中，响应供应商数量为 2 家的，不影响采购活动的正常进行 其中需要澄清的允许供应商澄清
	2.2.3　第三阶段，评审小组对进入最后轮次的响应文件进行价格评审，并汇总评审结果
3. 评审办法	评审小组对供应商响应文件进行评审拟采用 □经评审的最低价法 □综合评分法 □直接评估法 □其他方法
4. 特别规定	4.1　在采购活动中允许供应商退出询比活动，并在发出成交通知书 3 日内退还缔约保证金
	4.2　采购人不得就供应商提出的最终报盘或最终报价与其再进行询比
5. 成交规则	□采购人按照最终报价排序决定报价最低的为成交人 □采购人依据评审小组评审结果的排序，确定排名第一的供应商为成交人 □采购人依据企业生产需要的报盘确定成交人
6. 成交通知	采购人应在确定成交供应商后及时向成交人发出成交通知书，向其他供应商发出结果通知书

① 本方式适用于采购需求明确、但不符合招标采购其他条件，合同条件相对简单的采购项目。

续 表

7. 公告结果	□在________平台公告成交供应商名单 □向参与响应的供应商公布成交供应商名单、数量和价格等信息 □不在________平台公告，依企业制度向有关部门备案或报告
8. 签订书面合同	采购人履行相应程序后在________日内和供应商签订书面合同 □在询比结束并和成交人签订合同 3 日内，应退还响应供应商的缔约保证金

04 – T

谈判采购

04 – T – 2

□竞争谈判采购

<table>
<tr><td colspan="2">邀请方式：□公告　□邀请书</td></tr>
<tr><td rowspan="4">1. 谈判准备</td><td>1.1　供应商提交首次响应文件截止时间为________年________月________日________时</td></tr>
<tr><td>1.2　在采购文件约定的时间、地点，供应商应向采购人递交响应文件；响应文件按照采购文件第三章供应商须知 3.9 的要求密封，按照第三章供应商须知 3.10 的规定提交</td></tr>
<tr><td>1.3　首次响应文件提交截止后，参加响应的供应商数量为 2 家的，采购活动可以继续进行；响应供应商为 1 家的，经采购人管理部门批准后，可转入单源直接采购程序</td></tr>
<tr><td>1.4　谈判开始
本次谈判分为________轮
首次开始谈判时间为北京时间________
谈判的地点：____________________
供应商谈判的顺序在谈判开始后抽签决定</td></tr>
<tr><td>2. 资格审查</td><td>采购公告/谈判邀请书对供应商提出资格要求的，供应商应按规定提供资格申请资料；采购人负责组织对供应商的资格进行审查</td></tr>
<tr><td rowspan="5">3. 谈判程序</td><td>3.1　谈判活动分为以下四个阶段</td></tr>
<tr><td>3.1.1　第一阶段，包括采购人在内的评审小组集体和每个供应商开始对话，鼓励供应商针对采购目标的实现提出修改建议，包括对合同实质性条款的修改，评审小组对供应商建议进行认真研究，并征得采购人同意决定是否采纳</td></tr>
<tr><td>3.1.2　第二阶段，评审小组对供应商提交的不同方案认真评审
□经对话只有唯一方案
□经对话有不同方案
每轮对话谈判后应将确定的需求方案书面通知所有参加谈判活动的供应商</td></tr>
<tr><td>3.1.3　第三阶段，在采购文件规定的谈判轮次结束后，采购人应当请仍在程序中的供应商在___（年/月/日）___之前就其响应文件的所有方面提交最终报盘或最终报价
谈判过程中，响应供应商数量为 2 家的，不影响采购活动的正常进行</td></tr>
<tr><td>3.1.4　第四阶段，评审小组在各谈判对象提出最终报价后对其方案进行综合评审，并就谈判过程撰写谈判报告
□对不同方案评审提出咨询意见但不排序
□对不同方案评审提出咨询意见，并对同类方案的供应商排序</td></tr>
</table>

续 表

4. 评审办法	评审小组对已经最终报价的响应文件评审拟采用 □经评审的最低价法 □综合评分法 □直接评估法 □其他方法
5. 特别规定	5.1　在谈判活动中允许供应商退出谈判活动，并可以在发出成交通知书 3 日内退还缔约保证金
	5.2　采购人不得就供应商提出的最终报盘或最终报价与其进行谈判
	5.3　经和供应商讨论需修改合同实质内容或超过原项目预算需要批准的，采购人应当履行审批手续
6. 成交规则	□依照评审小组提交的咨询报告，采购人决定最需要的成交供应商 □评审小组按照需求任务书确定的标准排序，确定排名第一的供应商为成交供应商 □采购人按照最终报价排序决定报价最低的为成交供应商
7. 成交通知书	采购人应在确定成交供应商后及时向成交人发出成交通知书，向其他供应商发出结果通知书
8. 公告成交结果	□在________平台公告成交供应商名单 □向参与响应的供应商公布成交供应商名单、数量和价格等信息 □不在________平台公告，依企业制度向有关部门备案或报告
9. 签订书面合同	采购人履行相应程序后在________日内和成交供应商签订书面合同 □采购人在谈判结束并和成交人签订合同 3 日内，应退还响应供应商的缔约保证金

04－T－3

□竞争磋商采购

<table>
<tr><td rowspan="4">1. 谈判准备</td><td>1.1　供应商提交首次响应文件截止时间为________年________月________日________时</td></tr>
<tr><td>1.2　在采购文件约定的时间、地点，供应商应向采购人递交响应文件；响应文件按照采购文件第三章供应商须知通则 3.9 的要求密封，按照第三章供应商须知通则 3.10 的规定提交</td></tr>
<tr><td>1.3　首次响应文件提交截止后，参与响应供应商数量为 2 家的，采购活动可以继续进行；响应供应商为 1 家的，经采购人管理部门批准后，可转入单源直接采购程序</td></tr>
<tr><td>1.4　磋商开始
本次磋商分为________轮
首次开始磋商时间为北京时间________
磋商的地点：________
供应商磋商的顺序在谈判开始后抽签决定</td></tr>
<tr><td>2. 资格审查</td><td>采购公告/谈判邀请书对供应商提出资格要求的，供应商应按规定提供资格申请资料；采购人负责组织对供应商的资格进行审查</td></tr>
<tr><td>3. 磋商开始</td><td>磋商开始仪式
□组织开始仪式，宣读每个供应商首次报价并在________平台公示
□不组织开始仪式，在________平台公示供应商首次报价</td></tr>
<tr><td rowspan="5">4. 磋商程序</td><td>4.1　磋商活动分为以下四个阶段</td></tr>
<tr><td>4.1.1　第一阶段，包括采购人代表在内的磋商小组和供应商就采购项目的功能指标、参数范围进行讨论或对话；供应商可以修改采购需求中的技术、服务要求以及合同草案条款，但须经采购人代表确认；或提出实现采购目标的不同路径，供采购人选择；也可对确定方案进行价格初步谈判
每轮沟通协商后应将确定的需求方案书面通知所有参加磋商活动的供应商</td></tr>
<tr><td>4.1.2　第二阶段，磋商小组依据磋商采购文件规定的标准，对该申请文件的技术和商务条件进行讨论、对话和综合评估；经采购人同意最终确定唯一的采购方案和合同草案文本</td></tr>
<tr><td>4.1.3　第三阶段，在采购文件规定的谈判轮次结束后，采购人应当请仍在程序中的供应商在________年________月________日之前就其响应文件的所有方面提交最终报盘或最终报价
最终报价只有 1 家的，评审小组也应按照评审标准对其进行评审
供应商针对确定方案进行报价并提交采购人。采购人应对提交的最新价格保密</td></tr>
<tr><td>4.1.4　第四阶段，磋商小组在各供应商提交最终报价的基础上对各供应商进行评审并撰写评审报告。评审报告：
□不对各供应商排序
□按照评审标准排序（打分）</td></tr>
<tr><td>5. 评审办法</td><td>□综合评分法
□直接评估法
□其他方法</td></tr>
</table>

续 表

6. 财务谈判	6.1 采购人依据磋商小组提交的评审报告和顺序名单，依次和仍在程序中的供应商针对确定的采购方案和合同条款进行财务谈判 □供应商抽取谈判顺序 □按照评审报告确定的顺序
	6.2 财务谈判不应涉及项目合同中的核心条款，不应与排序在前但已终止谈判的供应商进行重复谈判
7. 确定成交人	最先和采购人达成合同协议的供应商为成交供应商
8. 特别规定	8.1 特殊情形时，只要没有超过预算，磋商过程中的供应商不足3家不影响磋商活动的进行
	8.2 在磋商活动中允许供应商退出磋商活动 □在发出成交通知书3日内退还缔约保证金
	8.3 经和供应商讨论需修改合同实质内容或超过原项目预算需要批准的，采购人应当履行审批手续
	8.4 采购人不得就供应商提出的最终报盘和最终报价与其进行谈判
9. 公示成交候选人	□确定成交人3日内，在________平台公示成交候选人 □不在________平台公示，向企业规定部门报告审批
10. 发出成交通知书	公示无异议或相关部门批准后，采购人应在7日内向成交供应商发出成交通知书，向其他供应商发出结果通知书 □同时在________电子采购平台公告成交结果，公告内容依磋商文件规定 □不公告，向企业有关部门报告或备案
11. 签订合同	11.1 成交通知书发出后，采购人应协助企业合同管理部门根据采购结果，针对合同非实质性内容需进一步补充或细化的，编写拟补充、细化的条款 采购人应对合同双方提出的相关补充、细化条款的合法性和合理性进行分析，发现可能损害企业的合法利益、增加了企业的义务、背离了采购文件和响应供应商成交文件的实质性内容的，采购人应及时告知企业合同管理部门并提出预防风险的建议
	11.2 采购人和成交供应商应在双方约定的期限内签订合同，并向企业主管部门备案、报告，其中，采购项目应在发出成交通知书30日内签订合同；由于供应商拒绝签订合同，未按照采购文件规定的形式、金额、递交时间等要求缴纳履约保证金或其他原因导致在规定期限内合同无法签订的，采购人应及时采取补救措施
	□11.3 在磋商结束并和成交供应商签订合同3日内，应退还响应供应商的缔约保证金
12. 其他	采用资格后审方式磋商采购的，资格审查条件同资格预审相同

04 – A

直接采购

04 – A – 1

□单源直接采购①

1. 采购准备	1.1　采购人向特定供应商发出采购邀请或订单并提出协商的时间、地点或路径 1.1.1　本次单源直接采购的协商时间拟定于________年________月________日________时 1.1.2　□通过________平台直接采购 □线下协商，地点拟定于____________________
2. 采购程序	与供应商沟通、协商的主要内容应包括 (1)　质量是否满足要求 (2)　交付时间是否满足要求 (3)　交付量是否满足要求 (4)　交付地点是否满足要求 (5)　在此基础上的合理报价
3. 采购记录	采购人在采购过程中应做好过程和结果记录 记录的主要内容包括： (1)　企业采购管理部门批准文号或允许单源直接采购的清单目录编号 (2)　协商过程争议要点及解决办法 (3)　协商日期和地点、采购人员名单 协商记录应由采购小组全体成员签字认可；对记录有异议的协商谈判人员，应签署不同意见并说明理由。否则视为同意
4. 成交办法	在满足采购人采购需求的基础上，双方达成合意完成合同文件
5. 公告结果	□在________平台公告成交供应商名单 □向参与响应的供应商公布成交供应商名单、数量和价格等信息 □不在________平台公告，依企业制度向有关部门备案或报告
6. 签订书面合同	采购人履行相应程序后在________日内和供应商签订书面合同

① 本方式适用于采购需求明确，但因多种原因需要和特定供应商直接采购的项目。

第五章

评审办法

05－D

□经评审的最低价法

1. 适用情形

经评审的最低价法一般适用于具有通用技术、性能标准或者采购人对其技术、性能没有特殊要求的采购项目。

2. 评审办法

2.1　评审方法

供应商的报价应当符合采购文件规定的技术要求和标准，但评审小组无须对响应文件的技术部分进行价格评审。

除报价外，评审还应考虑的商务因素一般有以下几种：

①内陆运输费用及保险费。

②工期、交货期或服务期限。

③支付条件。

④备品备件以及售后服务（如有）。

⑤价格调整因素。

经澄清确认后修正的最终报价应当认为是供应商的真实要约，可以作为合同签约价。

2.2　评审程序

2.2.1　初步评审

表5－1　初步评审标准

评审环节	评审因素	评审标准
形式评审	供应商名称	与营业执照（事业单位法人证书）、资质证书、银行资信证明等证明性证书一致
	响应函签字盖章	有响应函，有法定代表人或其委托代理人签字并加盖单位章
	响应文件格式	符合采购文件“响应文件格式”要求
	报价唯一	只能有一个有效报价，按采购文件规定提交备选方案的除外
	法定代表人授权委托	有授权书，授权书有法定代表人及其委托代理人签字并加盖单位公章

续 表

评审环节	评审因素	评审标准
资格评审	营业执照	有营业执照
	净资产	□不要求□满足采购公告的要求
	供应商资格	满足法律法规及采购文件的要求
	证明材料	无弄虚作假/失信处罚记录
响应性评审	报价	没有超过最高限价
	工作总进度	符合采购文件第二章“采购需求”的规定
	响应文件有效期	满足采购文件的规定
	履约保证金	满足采购文件的规定
	商务偏差	无采购人不能接受的偏差内容
	其他	无法律法规及采购文件规定的其他无效响应内容

说明：初步评审活动依照形式评审、资格评审、响应性评审顺序进行，前一个环节不符合采购文件要求的不得进入下一个环节。

2.2.2　详细评审

□不评审

□对各供应商商务条件的非价格因素进行评审，汇总并确定各供应商经评审的合同价格。

表 5－2　主要非价格因素表

序号	主要因素	折价内容	折价办法
1	□运输费用	由采购人支付的货物运到现场的运费和保险费；其他由采购人可能支付的额外费用，如运输超大件设备需要对道路加宽、桥梁加固所需支出的费用等	采购人额外支付的费用以项目市场价计入评审价
2	□不同货币价格调整	按采购文件规定的价格调整方式，调整各供应商的报价	对不同币值报价按照采购文件规定截止日前 28 天的外汇中间价折算人民币报价
3	□竣工期、交货期或服务期限	竣工期、交货期或服务期限的偏差在采购文件所允许的范围内的响应文件，根据采购文件的规定，将竣工期、交货期或服务期限偏差折算成价格因素，计入评审价中	将允许偏差范围内采购人的直接损失计入评审价，如每晚一天增加________元
4	□付款条件	响应文件中所提的支付条件，在采购文件允许的偏离范围内，根据采购文件规定的贴现率计算出其净现值，差值计入评审价中	依据采购文件要求支付日当日中国人民银行的贴现率计算净值，其差值计入评审价
5	□备品备件及售后服务	采购文件要求供应商在报价之外单报该笔费用，应将其加到报价后进行评审；采购文件未做出“包括”或“不包括”的规定，应计算出该部分内容可能产生的合价后，将其加到报价后进行评审	同左
6	□优惠条件	供应商承诺给采购人的其他优惠，以采购文件规定的截止日期为准，并按采购文件规定的换算方法贴现折算后，作为评审价格因素	采购文件规定截止日前 28 天为计算贴现时间

续　表

序号	主要因素	折价内容	折价办法
7	□其他可能折算为价格的因素	按对采购人有利或不利的原则，对实施过程中必然发生，而在响应文件中又属于明显漏项的部分，应给予相应的补项，计入评审价	同左

2.2.3　评审结果

评审后，评审价格最低的供应商为成交供应商。

如价格得分相同，可采取随机抽取的方式确定成交供应商。

05－Z－1

□综合评分法

（施工）

1. 施工项目采用综合评分法的适用情形

非价格因素较为复杂，不宜采用经评审的最低价法的，合同估算价400万元以下（不包括400万元）的施工采购项目。

2. 评审办法

2.1 评审方法

本次评审采用综合评分法。

采购人可对各评审因素设置带※号条款，带※号条款为实质性条款，供应商未实质性响应其中任一条款，其响应文件都将被否决。

2.2 初步评审

表5－1 初步评审标准

评审环节	评审因素	评审标准
形式评审	供应商名称	与营业执照（事业单位法人证书）、资质证书、银行资信证明等证明性证书一致
	响应函签字盖章	有响应函，有法定代表人或其委托代理人签字并加盖单位公章
	响应文件格式	符合采购文件“响应文件格式”要求
	报价唯一	只能有一个有效报价，按采购文件规定提交备选方案的除外
	法定代表人授权委托	有授权书，授权书有法定代表人及其委托代理人签字并加盖单位公章
资格评审	营业执照	有营业执照
	净资产	□不要求 □满足采购公告的要求
	供应商资格	满足法律法规及采购文件的要求
	证明材料	无弄虚作假/失信处罚记录

续　表

评审环节	评审因素	评审标准
响应性评审	报价	没有超过最高限价
	工作总进度	符合采购文件第二章“采购需求”的规定
	响应文件有效期	满足采购文件的规定
	缔约保证金	满足采购文件的规定
	商务偏差	无采购人不能接受的偏差内容
	其他	无法律法规及采购文件规定的其他无效响应内容

说明：初步评审活动依照形式评审、资格评审、响应性评审顺序进行，前一个环节不符合采购文件要求的不得进入下一个环节。

2.3　详细评审

对通过初步评审的响应文件进行详细评审。详细评审包括商务评审、技术评审和价格评审。

2.3.1　施工商务评审

表 5－2　　**商务评审因素（________分）**

序号	考核内容	分值权重	评分细则
1	类似项目业绩		每有一个类似项目业绩得________分，最高得________分。 供应商须提供□成交通知书□合同　□验收证明　复印件并加盖本单位公章，未提供的不得分
2	财务状况		财务状况良好，近三年均盈利的得________分，有一年亏损的扣________分，扣到零分为止 供应商须提供经审计的________年度至________年度财务报告（须包含资产负债表、利润表、现金流量表及财务报表附注）复印件，并加盖本单位公章，未提供的不得分 □其他要求
3	□项目管理团队		项目负责人须具有________年以上相应工作经验，同时具有高级职称的得________分 项目管理团队配置合理的得________分；不太合理酌情扣分 供应商须提供相关证明复印件并加盖本单位公章
4	□相关认证证书		□供应商具有有效的质量管理体系认证证书，得________分 □供应商具有有效的环境管理体系认证证书，得________分 □供应商具有有效的职业健康安全管理体系认证证书，得________分 供应商须提供上述要求证书复印件并加盖公章，否则不得分

□2.3.2 施工技术评审[①]

表 5－3　　技术评审因素（________分）

序号	考核内容	分值权重	评分细则
1	施工方案与技术措施		本项分为优、良、合格三档 （其中：优得________分，良得________分，合格得________分）： 优：科学、可行、针对性强 良：合理、可行、细节待完善 合格：基本合理，可行性较差，基本满足工程需要
2	质量管理体系与保证措施		本项分为优、良、合格三档 （其中：优得________分，良得________分，合格得________分）： 优：科学、可行、针对性强 良：合理、可行、细节待完善 合格：基本合理，可行性较差，基本满足工程需要
3	安全和绿色施工保障措施		本项分为优、良、合格三档 （其中：优得________分，良得________分，合格得________分）： 优：科学、可行、针对性强 良：合理、可行、细节待完善 合格：基本合理，可行性较差，基本满足工程需要
4	工程进度计划与保证措施		本项分为优、良、合格三档 （其中：优得________分，良得________分，合格得________分）： 优：科学、可行、针对性强 良：合理、可行、细节待完善 合格：基本合理，可行性较差，基本满足工程需要

2.3.3 澄清补正

响应文件存在含义不清、针对同一事项前后表述不一致、明显的文字或计算错误的，评审小组可以要求供应商进行书面澄清、说明和补正。

2.3.4 价格评审

表 5－4　　价格折算分值的办法

序号	规　则
1	通过初审的合格供应商进入评审基准价计算程序
2	确定基准价 □当合格供应商的数量＜5 家时，所有合格供应商报价的算术平均值作为基准价；当合格供应商的数量≥5 家时，扣除一个最高报价和一个最低报价后的算术平均值作为基准价 □以合格供应商报价中最低值为基准价 □其他方法
3	供应商的报价与基准价相比，每高于基准价 1% 扣________分，按插入法进行计算

说明：1. 建议价格折算的分值权重≥60%。

2. 关于基准价折算的方法仅供参考，企业可根据项目特点和行业经验、地区惯例，规定折算的具体办法。

① 对于施工技术方案简单、工期较短、季节性强的中小型工程，或者标准通用设备、材料及服务的采购，可以不要求供应商编制施工组织设计、安装调试方案或服务大纲等技术文件，评审时不进行技术评审。

2.4　评审结果

计算供应商综合得分。

评审得分 = $\alpha\times$商务分 + $\beta\times$技术分 + $\theta\times$价格分

α、β、θ依据项目需要设置不同权重。

综合得分最高的为排名第一的候选成交供应商；如综合得分相同，可依照下列考量因素得分排序确定供应商排名：

表5－5　　供应商排序参考因素

序号	考量因素
1	项目经理
2	施工组织设计
3	报价
4	其他
5	随机抽取决定

说明：采购人可根据项目特点对上述顺序进行调整。

05 –Z–2

□综合评分法

（货物）

1. 货物项目采用综合评分法的适用情形

非价格因素较为复杂，不宜采用经评审的最低价法的货物采购项目。

2. 评审办法

2.1 评审方法

本次评审采用综合评分法。

采购人可对各评审因素设置带※号条款，带※号条款为实质性条款，供应商未实质性响应其中任一条款，其响应文件都将被否决。

2.2 初步评审

表5–1 初步评审标准

评审环节	评审因素	评审标准
形式评审	供应商名称	与营业执照（事业单位法人证书）、资质证书、银行资信证明等证明性证书一致
	响应函签字盖章	有响应函，有法定代表人或其委托代理人签字并加盖单位章
	响应文件格式	符合采购文件“响应文件格式”要求
	报价唯一	只能有一个有效报价，按采购文件规定提交备选方案的除外
	法定代表人授权委托	有授权书，授权书有法定代表人及其委托代理人签字并加盖单位公章
资格评审	营业执照	有营业执照
	净资产	□不要求 □满足采购公告的要求
	供应商资格	满足法律法规及采购文件的要求
	证明材料	无弄虚作假/失信处罚记录

续　表

评审环节	评审因素	评审标准
响应性评审	报价	没有超过最高限价
	工作总进度	符合采购文件第二章“采购需求”的规定
	响应文件有效期	满足采购文件的规定
	缔约保证金	满足采购文件的规定
	商务偏差	无采购人不能接受的偏差内容
	其他	无法律法规及采购文件规定的其他无效响应内容

说明：初步评审活动依照形式评审、资格评审、响应性评审顺序进行，前一个环节不符合采购文件要求的不得进入下一个环节。

2.3　详细评审

对通过初步评审的响应文件进行详细评审。详细评审包括商务评审、技术评审和价格评审。

2.3.1　货物商务评审

表 5－2　　商务评审因素（________分）

序号	考核内容	分值权重	评分细则
1	对供应商履约能力的评价		本项分为优、良、合格三档（其中：优得________分，良得________分，合格得________分）：
2	对采购文件商务条款的响应程度		本项分为优、良、合格三档（其中：优得________分，良得________分，合格得________分）：
3	采购货物的业绩		本项分为优、良、合格三档（其中：优得________分，良得________分，合格得________分）：
4	其他因素：________		

2.3.2　货物技术评审

表 5－3　　技术评审因素（________分）

序号	考核内容	分值权重	评分细则	得分
1	对提交货物整体评价		符合采购人要求：　□优　□良　□合格	
2	货物技术性能指标的响应程度		性能因素①：　□优　□良　□合格 技术先进因素：□优　□良　□合格 匹配因素：　□优　□良　□合格 可靠性因素：　□优　□良　□合格	
3	对供应商技术服务和质保期服务能力的评价		质量因素：　□优　□良　□合格 售后服务：　□优　□良　□合格 信誉承诺：　□优　□良　□合格 业绩因素：　□优　□良　□合格	
4…				

注：各项指标优、良、合格固定值由评审小组确定。

① 性能因素由主要部件的性能指标加权合成体现。分两类：一类是可客观量化的指标，如时间、转速等；另一类是模糊待量化的指标，如先进性、合理性等。

2.3.3　澄清补正

响应文件存在含义不清、针对同一事项前后表述不一致、明显的文字或计算错误的，评审小组可以要求供应商进行书面澄清、说明和补正。

2.3.4　价格评审

表5－4　　价格折算分值的办法

序号	规　则
1	通过初审的合格供应商进入评审基准价计算程序
2	确定基准价 □当合格供应商的数量 <5 家时，所有合格供应商报价的算术平均值作为基准价；当合格供应商的数量≥5家时，扣除一个最高报价和一个最低报价后的算术平均值作为基准价 □以合格供应商报价中最低值为基准价 □其他方法
3	供应商的报价与基准价相比，每高于基准价1%扣________分，按插入法进行计算

说明：1. 建议价格折算的分值权重≥30%。

2. 关于基准价折算的方法仅供参考。企业可根据项目特点和行业经验、地区惯例，规定折算的具体办法。

2.4　评审结果

计算供应商综合得分。

评审得分 $=\alpha\times$ 商务分 $+\beta\times$ 技术分 $+\theta\times$ 价格分

α、β、θ 依据项目需要设置不同权重。

综合得分最高的为排名第一的候选成交供应商；如综合得分相同，可依照下列考量因素得分排序确定供应商排名。

表5－5　　供应商排序参考因素

序号	考量因素
1	
2	
3	
4	
…	随机抽取决定

05－Z－3

□综合评分法

（服务）

1. 服务项目采用综合评分法的适用情形

非价格因素较为复杂，不宜采用经评审的最低价法的服务采购项目。

2. 评审办法

2.1 评审方法

本次评审采用综合评分法。

采购人可对各评审因素设置带※号条款，带※号条款为实质性条款，供应商未实质性响应其中任一条款，其响应文件都将被否决。

2.2 初步评审

表 5－1 初步评审标准

评审环节	评审因素	评审标准
形式评审	供应商名称	与营业执照（事业单位法人证书）、资质证书、银行资信证明等证明性证书一致
	响应函签字盖章	有响应函，有法定代表人或其委托代理人签字并加盖单位章
	响应文件格式	符合采购文件“响应文件格式”要求
	报价唯一	只能有一个有效报价，按采购文件规定提交备选方案的除外
	法定代表人授权委托	有授权书，授权书有法定代表人及其委托代理人签字并加盖单位公章
资格评审	营业执照	有营业执照
	净资产	□不要求 □满足采购公告的要求
	供应商资格	满足法律法规及采购文件的要求
	证明材料	无弄虚作假/失信处罚记录

续 表

评审环节	评审因素	评审标准
响应性评审	报价	没有超过最高限价
	工作总进度	符合采购文件第二章“采购需求”的规定
	响应文件有效期	满足采购文件的规定
	缔约保证金	满足采购文件的规定
	商务偏差	无采购人不能接受的偏差内容
	其他	无法律法规及采购文件规定的其他无效响应内容

说明：初步评审活动依照形式评审、资格评审、响应性评审顺序进行，前一个环节不符合采购文件要求的不得进入下一个环节。

2.3 详细评审

对通过初步评审的响应文件进行详细评审。详细评审包括商务评审、技术评审和价格评审。

2.3.1 服务商务评审

表 5－2　　商务评审因素（________分）

序号	考核内容	分值权重	评分细则
1	信誉		本项分为优、良、合格三档（其中：优得________分，良得________分，合格得________分）：
2	□类似项目业绩		本项分为优、良、合格三档（其中：优得________分，良得________分，合格得________分）：
3	□项目负责人资历和业绩		本项分为优、良、合格三档（其中：优得________分，良得________分，合格得________分）：
4	其他因素：____________		

2.3.2 服务技术评审

表 5－3　　技术评审因素（________分）

序号	考核内容	分值权重	评分细则	得分
1	项目的概况描述及理解		对项目的背景、工作目标、工作内容理解认识是否深刻、准确 □优　□良　□合格	
2	服务团队		□职称 □业绩	
3	服务进度要求		工作进度计划保障措施，符合总体工期要求，关键线路清晰，计划控制手段有效 □优　□良　□合格	
4	工作质量保障措施		根据本项目特点提出的工作方案，设计质量保证措施全面、合理、可行 □优　□良　□合格	

续　表

序号	考核内容	分值权重	评分细则	得分
5	服务难点、重点分析		对服务项目难点、重点的分析透彻 □优　□良　□合格	
6	项目服务方案		服务方案合理、可行、思路清晰 方案要点： 各阶段工作要点、各专业及专项服务基本内容、工作方法、管理计划、协调配合方式和方法、服务成果响应等 □优　□良　□合格	
7	服务保证措施		组织措施、人员保障、机制措施、紧急情况预案 □优　□良　□合格	
8	项目实施建议		针对采购人关注的重点，在合同履约期间提出了合理化建议 □优　□良　□合格	
9	项目附加服务		相关附加承诺并详细说明 □优　□良　□合格	

说明：采购人依据项目特点，设置总分值和各项指标的权重，并对优、良、合格确定相应分值，由评审小组评审，最后汇总分值。

2.3.3　澄清补正

响应文件存在含义不清、针对同一事项前后表述不一致、明显的文字或计算错误的，评审小组可以要求供应商进行书面澄清、说明和补正。

2.3.4　价格评审

表 5－4　　价格折算分值的办法

序号	规　则
1	通过初审的合格供应商进入评审基准价计算程序
2	确定基准价 □当合格供应商的数量 <5 家时，所有合格供应商报价的算术平均值作为基准价；当合格供应商的数量 ≥5 家时，扣除一个最高报价和一个最低报价后的算术平均值作为基准价 □以合格供应商报价中最低值为基准价 □其他方法
3	供应商的报价与基准价相比，每高于基准价 1% 扣________分，按插入法进行计算

说明：1. 建议价格折算的分值权重≥10%。

2. 关于基准价折算的方法仅供参考。企业可根据项目特点和行业经验、地区惯例，规定折算的具体办法。

2.4　评审结果

计算供应商综合得分。

评审得分 = α × 商务分 + β × 技术分 + θ × 价格分

α、β、θ 依据项目需要设置不同权重。

综合得分最高的为排名第一的候选成交供应商；如综合得分相同，可依照下列考量因素得分排序确定供应商排名。

表 5－5　　供应商排序参考因素

序号	考量因素
1	
2	
3	
4	
…	随机抽取决定

05 – G

□直接评估法

1. 办法适用

本办法适用采购需求较为复杂或服务标准不清晰的采购项目。

2. 评审办法

2.1 评审方法

本次评审采用直接评估法。

2.2 初步评审

表5–1 初步评审标准

评审环节	评审因素	评审标准
形式评审	供应商名称	与营业执照（事业单位法人证书）、资质证书、银行资信证明等证明性证书一致
	响应函签字盖章	有响应函，有法定代表人或其委托代理人签字并加盖单位章
	响应文件格式	符合采购文件“响应文件格式”要求
	报价唯一	只能有一个有效报价，按采购文件规定提交备选方案的除外
	法定代表人授权委托	有授权书，授权书有法定代表人及其委托代理人签字并加盖单位公章
资格评审	营业执照	有营业执照，且经营范围与采购项目一致
	净资产	□不要求 □满足采购公告的要求
	供应商资格	满足法律法规及采购文件的要求
	证明材料	无弄虚作假/失信处罚记录
响应性评审	报价	没有超过最高限价
	工作总进度	符合采购文件第二章“采购需求”的规定
	响应文件有效期	满足采购文件的规定
	缔约保证金	满足采购文件的规定
	商务偏差	无采购人不能接受的偏差内容
	其他	无法律法规及采购文件规定的其他无效响应内容

2.3 详细评审

表 5－2 评估标准

序号	评价因素	考核内容	权重	评分标准	得分
1	对供应商总体评价	经营状况		□优 □良 □合格 □差	
		履约能力		□优 □良 □合格 □差	
		□征信情况		□优 □良 □合格 □差	
		□质量认证		□优 □良 □合格 □差	
		其他因素		□优 □良 □合格 □差	
2	□响应方案的总体评价	响应方案的完整性、针对性、合理性		□优 □良 □合格 □差	
		项目难点、重点分析		□优 □良 □合格 □差	
		质量、进度、安全保障		□优 □良 □合格 □差	
		其他因素		□优 □良 □合格 □差	
3	□响应方案性价比分析	报价合理性		□优 □良 □合格 □差	
		□全生命周期费用考量		□优 □良 □合格 □差	
		□与同类行业、企业、类似方案的比较		□优 □良 □合格 □差	
		其他		□优 □良 □合格 □差	
4	□其他			□优 □良 □合格 □差	

2.4 评审结果

2.4.1 计算上述各考核项目得分之和。

得分最高的确定为成交候选人。

2.4.2 得分相同以随机抽取方式确定成交供应商。

说明：该办法没有赋予每个等级分值或分值区间，评审因素供参考，采购人可根据项目特点增减或调整更换、细化评审因素。

05－Q

□其他方法

本次评审采用＿＿＿＿＿（评审办法）＿＿＿＿＿

说明：由采购人依据项目确定的其他评审方法，如最低报价法、投票法、排序法、两步法等。

第六章

合同草案（参考文本）

一、简易合同文本范例详见本书附录B

二、标准合同文本(略)

第七章

响应文件组成及格式附件

07－S

□施工类

目　　录

1. 响应函及其附录

1.1 响应函

致：______（采购人名称）______

1. 我方已仔细研究了________（项目名称）采购文件的全部内容，愿意以含税价人民币________（大写）__________，__________（小写）__________的报价（其中不含税价为________；增值税为__________________）完成本项目工程并按合同约定履行义务。

2. 我方响应文件包括以下内容：

（1）响应函及其附录（报价表）。

（2）法定代表人证明或授权委托书。

□（3）联合体协议书。

□（4）缔约保证金。

□（5）资格审查资料。

□（6）响应方案。

□（7）响应文件的澄清说明等其他有关材料。

响应文件的上述组成部分如有不一致的内容，以响应函为准。

3. 我方承诺，我方响应采购文件的全部要求。

4. 我方承诺在采购文件有效期内不撤销响应文件。

5. 如我方成交，我方承诺：

（1）在收到通知书后，在成交通知书规定的期限内与你方签订合同。

（2）在签订合同时不向你方提出附加条件。

（3）按照采购文件的要求递交履约保证金。

（4）在合同期限内完成合同规定的全部义务。

6. 我方在此声明，所递交的响应文件及有关资料内容完整、真实和准确，且不存在采购公告/邀请书中供应商不得存在的情形。

7. ____________________（其他补充说明）。

供应商：________________（单位公章）

法定代表人或委托代理人：______________（签字或盖章）

________年________月________日

1.2　响应函附录 A

工程名称：________

表 7－1　　工程施工报价情况汇总表

单位工程名称	报价（万元）						备注
	总计	分部分项工程量报价	其他项目报价	措施费报价	规费项目报价	增值税项目报价	
合计							

注：1. 总报价人民币大写：______________。
　　2. 项目负责人姓名：________；　手机号：______________；　身份证号码：________________。

供应商：____________（单位公章）
法定代表人或委托代理人：__________（签字或盖章）
______年______月______日

1.3　响应函附录 B

工程名称：____（项目名称）____　标段号：________

表 7－2

序号	条款内容	合同条款号	约定内容	备注
1	项目负责人		姓名：______	
2	工期		______日历天	
3	缺陷责任期			
4	承包人履约保证金金额			
5	分包		见拟分包计划表	
6	逾期竣工违约金		______元/天	
7	逾期竣工违约金最高限额			
8	质量标准及违约赔偿承诺			
9	价格调整的差额计算			
10	预付款额度			
11	质量保证金扣留百分比			
12	质量保证金额度			
…	……			

注：供应商在响应文件中规定的实质性要求和条件的基础上，可作出其他有利于采购人的承诺。此类承诺可在本表中予以补充填写。

供应商：____________（单位公章）
法定代表人或委托代理人：____________（签字或盖章）
______年______月______日

2. 法定代表人证明或授权委托书

2.1 法定代表人证明格式

法定代表人证明

供应商：____

单位性质：____

地　　址：____

成立时间：________年________月________日

经营期限：____

姓　　名：________　　　性　　别：________

年　　龄：________　　　职　　务：________

系________________（供应商名称）________________的法定代表人。

特此证明。

粘贴法定代表人身份证原件**正反面**的扫描件

供应商：____________（单位公章）

________年________月________日

2.2 法人授权委托书

授权委托书

本人______（姓名）______系______（供应商名称）______的法定代表人，现授权______（姓名）______为我方代理人。代理人根据授权，以我方名义签署、澄清、说明、提交、撤回、修改（项目名称、项目编号、标段/标包号）的施工响应文件、签订合同和处理有关事宜，其法律后果由我方承担。

本授权书于________年________月________日至________年________月________日有效，代理人无转委托权。

特此声明。

粘贴被授权人身份证原件**正反面**的扫描件

供应商：________________（单位公章）

法定代表人：______________（签字或盖章）

身份证号码：____________________________

委托代理人：______________（签字或盖章）

身份证号码：____________________________

________年________月________日

□3. 联合体协议书

联合体协议书（格式）

联合体各方：

甲方：____________________

法定代表人：____________________

住所：____________________

乙方（可有多个成员）：____________________

法定代表人：____________________

住所：____________________

根据相关政策法规之规定，联合体各方经协商一致，就　（项目名称）　进行联合响应，现就各方承担的工作和义务明确如下。

第一条　联合体各方同意以________为牵头人，以其身份共同参加本项目

第二条　各方承担的工作范围

一、甲方的工作范围包括

（一）甲方的合同金额占合同总额的________%

（二）具体承担如下工作：＿＿＿＿＿＿＿＿＿＿

（……）

二、乙方的工作范围包括

（一）乙方的合同金额占合同总额的＿＿＿＿%

（二）具体承担如下工作：＿＿＿＿＿＿＿＿＿＿

（……）

第三条　各方承担的义务

一、甲方承担的义务

（一）＿＿＿＿＿＿＿＿＿＿＿＿＿＿＿＿＿＿＿＿

（二）＿＿＿＿＿＿＿＿＿＿＿＿＿＿＿＿＿＿＿＿

（……）

二、乙方承担的义务

（一）＿＿＿＿＿＿＿＿＿＿＿＿＿＿＿＿＿＿＿＿

（二）＿＿＿＿＿＿＿＿＿＿＿＿＿＿＿＿＿＿＿＿

（……）

第四条　联合体各方就共同承担的工作范围对采购人承担连带责任

第五条　本协议一式＿＿＿＿份，联合体各方各持＿＿＿＿份，一份作为响应文件的组成部分提交

甲方：＿＿＿＿＿＿＿＿（盖章）　　乙方：＿＿＿＿＿＿（盖章）

法定代表人：＿＿＿＿＿（签字）　　法定代表人：＿＿＿＿＿＿（签字）

＿＿＿＿年＿＿＿＿月＿＿＿＿日　　＿＿＿＿年＿＿＿＿月＿＿＿＿日

□4. 缔约保证金

4.1　缔约保证金复印件

□4.2　基本账户证明

证明

我单位本次所参加的＿＿（项目名称）＿＿项目采购活动，已提交缔约保证金＿＿＿＿元，由我单位的基本账户（账号：　　　　　）转出，情况属实。

如存在不真实和弄虚作假行为，我方愿意放弃成交资格并承担因此所引起的一切法律后果。

特此证明。

供应商：＿＿＿＿＿＿＿＿（盖章）

法定代表人或委托代理人：＿＿＿＿＿＿＿＿（签字）

＿＿＿＿年＿＿＿＿月＿＿＿＿日

□5. 资格审查资料

5.1　供应商基本情况表

表 7－3

<table>
<tr><td>供应商名称</td><td colspan="9"></td></tr>
<tr><td>注册地址</td><td colspan="5"></td><td colspan="2">邮政编码</td><td colspan="2"></td></tr>
<tr><td rowspan="2">联系方式</td><td>联系人</td><td colspan="4"></td><td colspan="2">电　话</td><td colspan="2"></td></tr>
<tr><td>传　真</td><td colspan="4"></td><td colspan="2">网　址</td><td colspan="2"></td></tr>
<tr><td>组织结构</td><td colspan="9"></td></tr>
<tr><td>法定代表人</td><td>姓名</td><td></td><td colspan="2">技术职称</td><td colspan="3"></td><td>电话</td><td></td></tr>
<tr><td>技术负责人</td><td>姓名</td><td></td><td colspan="2">技术职称</td><td colspan="3"></td><td>电话</td><td></td></tr>
<tr><td>成立时间</td><td colspan="2"></td><td colspan="7">□员工总人数：</td></tr>
<tr><td>企业资质等级</td><td colspan="2"></td><td rowspan="5">其中</td><td colspan="4">项目负责人</td><td colspan="2"></td></tr>
<tr><td>营业执照号</td><td colspan="2"></td><td colspan="4">□高级职称人员</td><td colspan="2"></td></tr>
<tr><td>注册资金</td><td colspan="2"></td><td colspan="4">□中级职称人员</td><td colspan="2"></td></tr>
<tr><td>开户银行</td><td colspan="2"></td><td colspan="4">□初级职称人员</td><td colspan="2"></td></tr>
<tr><td>账号</td><td colspan="2"></td><td colspan="4">□技工</td><td colspan="2"></td></tr>
<tr><td>经营范围</td><td colspan="9"></td></tr>
<tr><td>备注</td><td colspan="9"></td></tr>
</table>

注：1. 本表后应附企业法人营业执照、资质证书副本、安全生产许可证等材料的复印件。

2. 组成联合体参与响应的，联合体各方均应提供此表。

5.2　近三年财务状况

提供的具体要求见供应商须知表 3－1 第 1.2 款。

5.3　近________年类似项目情况表

表 7－4

序号	年份	项目名称	合同金额	委托内容	委托单位	所附证明材料在本响应文件中的页码

续 表

序号	年份	项目名称	合同金额	委托内容	委托单位	所附证明材料在本响应文件中的页码
…						

注：1. 本表后应附合同扫描件。

2. 业绩要求，以合同签订日期为准，须提供合同首页（显示项目名称或项目内容页）和签字盖章页扫描件或影印件。

3. 已承揽尚在履约期合同，以合同签订日期为准，须提供合同首页（显示项目名称或项目内容页）和签字盖章页的扫描件或影印件。

5.4　拟委任的主要人员汇总表

表 7－5

<table>
<tr><th rowspan="2">序号</th><th rowspan="2">本项目任职</th><th rowspan="2">姓名</th><th rowspan="2">职称</th><th rowspan="2">专业</th><th colspan="3">执业或职业资格证明</th><th rowspan="2">备注</th></tr>
<tr><th>证书名称</th><th>级别</th><th>证号</th></tr>
<tr><td></td><td></td><td></td><td></td><td></td><td></td><td></td><td></td><td></td></tr>
<tr><td></td><td></td><td></td><td></td><td></td><td></td><td></td><td></td><td></td></tr>
<tr><td></td><td></td><td></td><td></td><td></td><td></td><td></td><td></td><td></td></tr>
<tr><td></td><td></td><td></td><td></td><td></td><td></td><td></td><td></td><td></td></tr>
<tr><td></td><td></td><td></td><td></td><td></td><td></td><td></td><td></td><td></td></tr>
<tr><td></td><td></td><td></td><td></td><td></td><td></td><td></td><td></td><td></td></tr>
</table>

5.5　主要人员简历表

表 7－6

<table>
<tr><td>姓名</td><td></td><td>年龄</td><td></td><td>执业或职业资格证书名称</td><td></td></tr>
<tr><td>职称</td><td></td><td>学历</td><td></td><td>拟在本项目任职</td><td></td></tr>
<tr><td>工作年限</td><td colspan="3"></td><td>从事类似工作年限</td><td></td></tr>
<tr><td>毕业学校</td><td colspan="5">年毕业于　　　　　　学校　　　　　专业</td></tr>
<tr><td colspan="6">主要工作经历</td></tr>
<tr><td>时间</td><td colspan="3">参加过的类似项目</td><td>担任职务</td><td>发包人及联系电话</td></tr>
<tr><td></td><td colspan="3"></td><td></td><td></td></tr>
<tr><td></td><td colspan="3"></td><td></td><td></td></tr>
<tr><td></td><td colspan="3"></td><td></td><td></td></tr>
<tr><td></td><td colspan="3"></td><td></td><td></td></tr>
<tr><td></td><td colspan="3"></td><td></td><td></td></tr>
</table>

注：供应商应根据供应商须知中的要求在本表后附相关证明材料。

□6. 响应方案

□6.1　施工组织设计

6.1.1　供应商应根据采购文件和对现场的勘察情况，采用文字并结合图表形式，参考以下要点编制本工程的施工组织设计：

（1）施工方案及技术措施。

（2）质量保证措施和创优计划。

（3）施工总进度计划及保证措施（包括横道图或标明关键线路的网络进度计划、保障进度计划需要的主要施工机械设备、劳动力需求计划及保证措施、材料设备进场计划及其他保证措施等）。

（4）施工安全措施计划。

（5）文明施工措施计划。

（6）施工场地治安保卫管理计划。

（7）施工环保措施计划。

（8）特殊气候条件下（高温、冬季、雨季、台风等根据工程实际工期确定）施工方案。

（9）施工现场总平面布置（供应商应提交一份施工总平面图，绘出现场临时设施布置图表并附文字说明，说明临时设施、加工车间、现场办公、设备及仓储、供电、供水、卫生、生活、道路、消防等设施的情况和布置）。

（10）项目组织管理机构。

（11）成品保护和工程保修工作的管理措施和承诺。

（12）任何可能的紧急情况的处理措施、预案以及抵抗风险（包括工程施工过程中可能遇到的各种风险）的措施。

（13）与发包人、项目管理单位、监理（包括投资监理）及设计人的配合。

（14）采购文件规定的其他内容。

6.1.2　施工组织设计除采用文字表述外可附下列图表，图表及格式要求附后。

□附件1：拟投入本工程的主要施工设备表

□附件2：拟配备本工程的试验和检测仪器设备表

□附件3：劳动力计划表

□附件4：计划开、竣工日期和施工进度网络图

□附件5：施工总平面图

□附件6：临时用地表

□附件7：拟分包项目一览表

附件1：拟投入本工程的主要施工设备表

表7-7

序号	设备名称	型号规格	数量	国别产地	制造年份	额定功率（kW）	生产能力	用于施工部位	备注

附件2：拟配备本工程的试验和检测仪器设备表

表7-8

序号	仪器设备名称	型号规格	数量	国别产地	制造年份	已使用台时数	用途	备注

附件3：劳动力计划表

表7－9　　　　单位：人

工种	按工程施工阶段投入劳动力情况					

附件4：计划开、竣工日期和施工进度网络图

1. 供应商应提交施工进度网络图或施工进度表，说明按采购文件要求的计划工期进行施工的各个关键日期。

2. 施工进度表可采用网络图和（或）横道图表示。

附件5：施工总平面图

供应商应提交一份施工总平面图，绘出现场临时设施布置图表并附文字说明，说明临时设施、加工车间、现场办公、设备及仓储、供电、供水、卫生、生活、道路、消防等设施的情况和布置。

附件6：临时用地表

表7－10

用途	面积（m^2）	位置	需用时间

附件 7：拟分包项目一览表

表 7－11

分包项目	主要内容	预计工程金额	拟委托企业名称	拟委托企业资质	拟设项目负责人资格	类似工程情况

□7．响应文件的澄清说明等其他有关材料

供应商须知前附表规定的材料或供应商认为需要补充的其他内容，由供应商按实际情况提供或补充。

07 –H

□货物类

目　　录

1. 响应函及其附录

1.1 响应函

致：________（采购人名称）________

1. 我方已仔细研究了________（项目名称）采购文件的全部内容，愿意以含税价人民币________（小写）________，________（小写）________的报价（其中不含税价为________；增值税为________________）提供本项目货物并按合同约定履行义务。

2. 我方的响应文件包括以下内容：

（1）响应函及其附录（报价表）。

（2）法定代表人证明或授权委托书。

□（3）联合体协议书。

□（4）缔约保证金。

□（5）商务条件和技术参数偏离表。

□（6）资格审查资料。

□（7）响应方案。

□（8）响应文件的澄清说明等其他有关材料。

响应文件的上述组成部分如有不一致的内容，以响应函为准。

3. 我方承诺除商务条件和技术参数偏离表列出的偏差外，我方响应采购文件的全部要求。

4. 我方承诺在采购文件有效期内不撤销响应文件。

5. 如我方成交，我方承诺：

（1）在收到通知书后，在成交通知书规定的期限内与你方签订合同。

（2）在签订合同时不向你方提出附加条件。

（3）按照采购文件的要求提交履约保证金。

（4）在合同期限内完成合同规定的全部义务。

6. 我方在此声明，所递交的响应文件及有关资料内容完整、真实和准确，且不存在采购公告/邀请书中供应商不得存在的情形。

7. ______________________________（其他补充说明）。

供应商：______________（单位公章）

法定代表人或委托代理人：____________（签字或盖章）

________年________月________日

1.2 报价一览表（格式）

项目名称：________ 采购编号：________ 包件号：________

表7－1

序号	分项名称	单位	数量	单价（万元）			总价（万元）			备注
				不含税金额	税额	价税合计	不含税金额	税额	价税合计	
1										
2										
3										
4										
5										
6										
…										
	合计报价									

注：所有价格均用人民币表示，单位为万元。

供应商：＿＿＿＿＿＿＿＿（单位公章）

法定代表人或委托代理人：＿＿＿＿＿＿＿（签字或盖章）

＿＿＿＿年＿＿＿＿月＿＿＿＿日

1.3　分项报价表（格式）

项目名称：＿＿＿＿＿＿

采购编号：＿＿＿＿＿＿　　包件号：＿＿＿＿＿＿

表7－2

序号	产品名称	原产地和制造商	型号规格	数量	单价	总价	交货期	备注
1								
2								
3								
4								
5								
6								
7								
8								
…								

注：1. 所有价格均用人民币表示，单位为万元。

2. 如果单价汇总与总价不符时，以单价汇总为准，并修正总价。

3. 供应商可自行增加表格行数。

供应商：＿＿＿＿＿＿（单位公章）

法定代表人或委托代理人：＿＿＿＿＿（签字或盖章）

＿＿＿＿年＿＿＿＿月＿＿＿＿日

1.4 备品备件、易损件报价表（格式）

项目名称：____________

采购编号：____________ 包件号：____________

［提供按照出厂标准供应的，质保期内每年维修保养所需的易损件（包括工装的易损件）备品备件清单，并承诺质保期后按“采购需求”和“供应商须知”中关于响应报价对备品备件、易损件的要求为采购人提供］

表 7－3

序号	名称	型号	数量	单价	总价
1					
2					
3					
4					

供应商：________________（单位公章）

法定代表人：______________（签字或盖章）

身份证号码：____________________________

委托代理人：______________（签字或盖章）

身份证号码：____________________________

________年________月________日

2. 法定代表人证明或授权委托书

2.1 法定代表人证明格式

法定代表人证明

供应商：____

单位性质：____

地　　址：____

成立时间：________年________月________日

经营期限：____

姓　　名：________　　性　　别：________

年　　龄：________　　职　　务：________

系________________（供应商名称）____________________________的法定代表人。

特此证明。

粘贴法定代表人身份证原件**正反面**的扫描件

供应商：__________（单位公章）

________年________月________日

2.2　法人授权委托书

授权委托书

本人_____（姓名）_____系_____（供应商名称）_____的法定代表人，现授权_____（姓名）_____为我方代理人。代理人根据授权，以我方名义签署、澄清、说明、提交、撤回、修改（项目名称、项目编号、标段/标包号）的货物响应文件、签订合同和处理有关事宜，其法律后果由我方承担。

本授权书于________年________月________日至________年________月________日有效，代理人无转委托权。

特此声明。

粘贴被授权人身份证原件**正反面**的扫描件

供应商：________________（单位公章）

法定代表人：______________（签字或盖章）

身份证号码：____________________________

委托代理人：______________（签字或盖章）

身份证号码：____________________________

________年________月________日

□3. 联合体协议书

联合体协议书（格式）

联合体各方：

甲方：______________ 乙方（可有多个成员）：______________

法定代表人：________ 法定代表人：________

住所：______________ 住所：______________

根据相关政策法规之规定，联合体各方经协商一致，就______（项目名称）______进行联合响应，现就各方承担的工作和义务明确如下。

第一条　联合体各方同意以________为牵头人，以其身份共同参加本项目

第二条　各方承担的工作范围

一、甲方的工作范围包括

（一）甲方的合同金额占合同总额的________%

（二）具体承担如下工作：____________________

（……）

二、乙方的工作范围包括

（一）乙方的合同金额占合同总额的________%

（二）具体承担如下工作：____________________

（……）

第三条　各方承担的义务

一、甲方承担的义务

（一）______________________________________

（二）______________________________________

（……）

二、乙方承担的义务

（一）______________________________________

（二）______________________________________

（……）

第四条　联合体各方就共同承担的工作范围对采购人承担连带责任

第五条　本协议一式________份，联合体各方各持________份，一份作为响应文件的组成部分提交

甲方：________________（盖章） 乙方：____________（盖章）

法定代表人：__________（签字） 法定代表人：____________（签字）

________年________月________日 ________年________月________日

□4. 缔约保证金

4.1　缔约保证金复印件

□4.2　基本账户证明

证明

我单位本次所参加的_____（项目名称）_____项目采购活动，已提交缔约保证金________元，由我单位的基本账户（账号：____________）转出，情况属实。

如存在不真实和弄虚作假行为，我方愿意放弃成交资格并承担因此所引起的一切法律后果。

特此证明。

供应商：____________（盖章）

法定代表人或委托代理人：____________（签字）

________年________月________日

□5. 商务条件和技术参数偏离表

5.1　商务条件偏离表（格式）

商务条件偏离表（格式）

项目名称：________

文件编号：________　　包件号：________

表7－4

序号	采购文件条目号	采购文件商务条款	响应文件的商务条款	偏离	说明
1		交货期			
2		付款方式			
3		质保期			
4		维修响应时间			
…					

注：对不满足采购文件要求的部分，必须明确如实填写并说明原因。

5.2　技术参数偏离表（格式）

技术参数偏离表（格式）

项目名称：________

采购编号：________　　包件号：________

表 7－5

序号	货物名称	采购规格	响应规格	偏离	说明
1					
2					
3					
…					

注：对不满足招标文件要求的部分，必须明确如实填写并说明原因。

□6. 资格审查资料

6.1 供应商基本情况表

表 7－6

<table>
<tr><td>供应商名称</td><td colspan="6"></td></tr>
<tr><td>注册地址</td><td colspan="3"></td><td>邮政编码</td><td colspan="2"></td></tr>
<tr><td rowspan="2">联系方式</td><td>联系人</td><td colspan="2"></td><td>电话</td><td colspan="2"></td></tr>
<tr><td>传真</td><td colspan="2"></td><td>网址</td><td colspan="2"></td></tr>
<tr><td>组织结构</td><td colspan="6"></td></tr>
<tr><td>法定代表人</td><td>姓名</td><td></td><td>技术职称</td><td></td><td>电话</td><td></td></tr>
<tr><td>技术负责人</td><td>姓名</td><td></td><td>技术职称</td><td></td><td>电话</td><td></td></tr>
<tr><td>成立时间</td><td colspan="2"></td><td colspan="4">□员工总人数：</td></tr>
<tr><td>企业资质等级</td><td colspan="2"></td><td rowspan="5">其中</td><td>□项目负责人</td><td colspan="2"></td></tr>
<tr><td>营业执照号</td><td colspan="2"></td><td>□高级职称人员</td><td colspan="2"></td></tr>
<tr><td>注册资金</td><td colspan="2"></td><td>□中级职称人员</td><td colspan="2"></td></tr>
<tr><td>开户银行</td><td colspan="2"></td><td>□初级职称人员</td><td colspan="2"></td></tr>
<tr><td>账号</td><td colspan="2"></td><td>□技工</td><td colspan="2"></td></tr>
<tr><td>经营范围</td><td colspan="6"></td></tr>
<tr><td>备注</td><td colspan="6"></td></tr>
</table>

注：1. 本表后应附企业法人营业执照、资质证书副本、安全生产许可证等材料的复印件。

2. 组成联合体参与响应的，联合体各方均应提供此表。

6.2 近三年财务状况

提供的具体要求见供应商须知表 3－1 第 1.2 款。

□6.3　近________年类似项目业绩清单（格式）

项目名称：________

文件编号：________　　包件号：________

表 7－7

序号	年份	项目名称	合同金额	委托内容	委托单位	所附证明材料在本响应文件中的页码
1						
2						
3						
4						
5						
6						
…						

注：1. 本表后应附合同扫描件。

2. 业绩要求，以合同签订日期为准，须提供合同首页（显示项目名称或项目内容页）和签字盖章页扫描件或影印件。

3. 已承揽尚在履约期的合同，以合同签订日期为准，须提供合同首页（显示项目名称或项目内容页）和签字盖章页的扫描件或影印件。

□7. 响应方案

7.1　项目供货方案

（格式内容由供应商自拟）

7.2　货物技术规格书

（格式内容由供应商自拟）

货物的主要技术规格参数、结构、性能和特点等的详细描述（不允许仅用样本来代替）。

7.3　售后服务承诺书

售后服务承诺书（格式）

内容应包括（但不限于）以下内容：

（1）供应商应确保采购人能够得到及时优质的售后服务。供应商的服务应包括产品提供，配套产品提供，产品安装、调试，质保期内免费服务和质保期外的有偿服务。

（2）质保期：（供应商自拟）。若供应商分批交货，则以最后一次交货后清点完毕起计算质保期。供应商还应承担由此产生的产品费、到安装现场运费、保险费等一切费用。

（3）供应商应提交质保期的维护保养计划书；提供质保期以外每年的维修保养计划书，明确维修保养服务措施和人员安排方案。

（4）质保期内外，故障响应时间：（供应商自拟）。

（5）质保期后的维修服务收费标准：合同总价的＿＿＿＿%（供应商自拟）。

（6）其他服务承诺：（供应商自拟）。

7.4 项目实施的质量保证、时间要求及相关服务承诺、应急预案措施等

（格式内容由供应商自拟）

7.5 项目进度表

项目进度表（格式）

项目名称：＿＿＿＿

文件编号：＿＿＿＿　　包件号：＿＿＿＿

表 7－8

项目节点及主要标志	各节点的完工时间

注：包括交货进度，安装调试及验收进度等内容。

7.6 安装调试、培训方案、验收标准（格式内容由供应商自拟）

7.7 本采购文件之采购需求中所需的全部内容

7.8 供应商认为需加以说明的其他内容

□8. 响应文件的澄清说明等其他有关材料

供应商须知规定的材料或供应商认为需要补充的其他内容，由供应商按实际情况提供或补充。

07－F

□服务类

目　　录

1. 响应函及其附录

1.1 响应函

致：__________（采购人名称）____________

1. 我方已仔细研究了__________（项目名称）采购文件的全部内容，愿意以含税价人民币____________（大写）__________，__________（小写）__________的报价（其中不含税价为________；增值税为__________________）提供本项目服务并按合同约定履行义务。

2. 我方的响应文件包括以下内容：

（1）响应函及其附录（报价表）。

（2）法定代表人证明或授权委托书。

□（3）联合体协议书。

□（4）缔约保证金。

□（5）商务条件/技术参数偏离表。

□（6）资格审查资料。

□（7）响应方案。

□（8）其他材料。

响应文件的上述组成部分如有不一致的内容，以响应函为准。

3. 我方承诺除商务条件/技术参数偏离表列出的偏差外，我方响应采购文件的全部要求。

4. 我方承诺在采购文件有效期内不撤销响应文件。

5. 如我方成交，我方承诺：

（1）在收到通知书后，在成交通知书规定的期限内与你方签订合同。

（2）在签订合同时不向你方提出附加条件。

（3）按照采购文件的要求提交履约保证金。

（4）在合同期限内完成合同规定的全部义务。

6. 我方在此声明，所递交的响应文件及有关资料内容完整、真实和准确，且不存在采购公告/邀请书中供应商不得存在的情形。

7. ______________________________（其他补充说明）。

供应商：__________（单位公章）

法定代表人或委托代理人：________（签字或盖章）

________年________月________日

1.2 报价一览表（格式）

项目名称：____________________

项目编号：____________________

表 7 – 1　　　　货币单位：万元（人民币）

序号	服务费用分项名称	数量	单价			计算依据和公式	总价			备注
			不含税金额	税额	价税合计		不含税金额	税额	价税合计	
1										
2										
3										
4										
5										
6										
	合计报价									

注：响应报价应包含提供服务直至达到要求结果所付出的直接费用等所有费用。供应商若有漏项则自行承担相关风险；若报价有虚增项目或数量，结算时相应扣除该部分费用。

供应商单位：____________（盖章）

法定代表人或委托代理人：____________（签字或盖章）

________年________月________日

2. 法定代表人证明或授权委托书

2.1　法定代表人证明格式

法定代表人证明

供应商：____

单位性质：____

地　　址：____

成立时间：________年________月________日

经营期限：____

姓　　名：________　　　　性　　别：________

年　　龄：________　　　　职　　务：________

系________________（供应商名称）________________的法定代表人。

特此证明。

粘贴法定代表人身份证原件**正反面**的扫描件

供应商：__________（单位公章）

________年________月________日

2.2　法人授权委托书

授权委托书

本人＿＿（姓名）＿＿系＿＿（供应商名称）＿＿的法定代表人，现授权＿＿（姓名）＿＿为我方代理人。代理人根据授权，以我方名义签署、澄清、说明、提交、撤回、修改（项目名称、项目编号、标段/标包号）的服务响应文件、签订合同和处理有关事宜，其法律后果由我方承担。

本授权书于________年________月________日至________年________月________日有效，代理人无转委托权。

特此声明。

粘贴被授权人身份证原件**正反面**的扫描件

供应商：________________（单位公章）

法定代表人：______________（签字或盖章）

身份证号码：____________________________

委托代理人：______________（签字或盖章）

身份证号码：____________________________

________年________月________日

□3. 联合体协议书

联合体协议书（格式）

联合体各方：

甲方：______________　　　　乙方（可有多个成员）：______________

法定代表人：________　　　　法定代表人：________

住所：______________　　　　住所：______________

根据相关政策法规之规定，联合体各方经协商一致，就_____（项目名称）_____进行联合响应，现就各方承担的工作和义务明确如下。

第一条　联合体各方同意以________为牵头人，以其身份共同参加本项目

第二条　各方承担的工作范围

一、甲方的工作范围包括

（一）甲方的合同金额占合同总额的________%

（二）具体承担如下工作：____________________

（……）

二、乙方的工作范围包括

（一）乙方的合同金额占合同总额的________%

（二）具体承担如下工作：____________________

（……）

第三条　各方承担的义务

一、甲方承担的义务

（一）____________________

（二）____________________

（……）

二、乙方承担的义务

（一）____________________

（二）____________________

（……）

第四条　联合体各方就共同承担的工作范围对采购人承担连带责任

第五条　本协议一式________份，联合体各方各持________份，一份作为响应文件的组成部分提交

甲方：________________（盖章）　　　　乙方：____________（盖章）

法定代表人：__________（签字）　　　　法定代表人：____________（签字）

________年________月________日　　　　________年________月________日

□4. 缔约保证金

4.1　缔约保证金复印件

□4.2　基本账户证明

证明

我单位本次参加的＿＿（项目名称）＿＿项目采购活动，已提交缔约保证金＿＿＿＿元，由我单位的基本账户（账号：＿＿＿＿＿＿＿＿）转出，情况属实。

如存在不真实和弄虚作假形式，我方愿意放弃成交资格并承担因此所引起的一切法律后果。

特此证明。

供应商：＿＿＿＿（盖章）
法定代表人或委托代理人：＿＿＿＿（签字）
＿＿＿＿年＿＿＿＿月＿＿＿＿日

□5. 商务条件/技术参数偏离表

商务条件偏离表（格式）

项目名称：＿＿＿＿＿＿

项目编号：＿＿＿＿＿＿

表 7－2

序号	采购文件商务条款	响应文件的商务条款	偏离	说明
1	服务期限			
2	付款方式			
3	……			

注：对不满足采购文件要求的部分，必须明确如实填写并说明原因。

□6. 资格审查资料

6.1　供应商基本情况表

表 7 – 3

<table>
<tr><td>供应商名称</td><td colspan="9"></td></tr>
<tr><td>注册地址</td><td colspan="5"></td><td>邮政编码</td><td colspan="3"></td></tr>
<tr><td rowspan="2">联系方式</td><td>联系人</td><td colspan="4"></td><td>电话</td><td colspan="3"></td></tr>
<tr><td>传真</td><td colspan="4"></td><td>网址</td><td colspan="3"></td></tr>
<tr><td>组织结构</td><td colspan="9"></td></tr>
<tr><td>法定代表人</td><td>姓名</td><td></td><td colspan="2">技术职称</td><td colspan="3"></td><td>电话</td><td></td></tr>
<tr><td>技术负责人</td><td>姓名</td><td></td><td colspan="2">技术职称</td><td colspan="3"></td><td>电话</td><td></td></tr>
<tr><td>成立时间</td><td colspan="2"></td><td colspan="7">□员工总人数：</td></tr>
<tr><td>企业资质等级</td><td colspan="2"></td><td rowspan="5">其中</td><td colspan="4">项目负责人</td><td colspan="2"></td></tr>
<tr><td>营业执照号</td><td colspan="2"></td><td colspan="4">□高级职称人员</td><td colspan="2"></td></tr>
<tr><td>注册资金</td><td colspan="2"></td><td colspan="4">□中级职称人员</td><td colspan="2"></td></tr>
<tr><td>开户银行</td><td colspan="2"></td><td colspan="4">□初级职称人员</td><td colspan="2"></td></tr>
<tr><td>账号</td><td colspan="2"></td><td colspan="4">□技工</td><td colspan="2"></td></tr>
<tr><td>经营范围</td><td colspan="9"></td></tr>
<tr><td>备注</td><td colspan="9"></td></tr>
</table>

注：1. 本表后应附企业法人营业执照、□资质证书副本、□安全生产许可证等材料的复印件。

2. 组成联合体参与磋商的，联合体各方均应提供此表。

6.2　近三年财务状况

提供的具体要求见供应商须知表 3 – 1 第 1.2 款。

6.3　近________年类似项目业绩清单（格式）

□类似项目业绩清单（格式）

项目名称：____________

项目编号：____________

表 7 – 4

序号	年份	项目名称	合同金额	委托内容	委托单位	所附证明材料在本响应文件中的页码
1						
2						
3						
…						

注：1. 本表后应附合同扫描件。

2. 业绩要求，以合同签订日期为准，须提供合同首页（显示项目名称或项目内容页）和签字盖章页扫描件或影印件。

3. 已承揽尚在履约期的合同，以合同签订日期为准，须提供合同首页（显示项目名称或项目内容页）和签字盖章页的扫描件或影印件。

□6.4 拟委任的主要人员汇总表

表 7－5

序号	本项目任职	姓名	职称	专业	执业或职业资格证明			备注
					证书名称	级别	证号	

□6.5 主要人员简历表

表 7－6

<table>
<tr><td>姓名</td><td></td><td>年龄</td><td></td><td colspan="2">执业或职业
资格证书名称</td><td colspan="2"></td></tr>
<tr><td>职称</td><td></td><td>学历</td><td></td><td colspan="2">拟在本项目任职</td><td colspan="2"></td></tr>
<tr><td>工作年限</td><td colspan="3"></td><td colspan="2">从事类似工作年限</td><td colspan="2"></td></tr>
<tr><td>毕业学校</td><td colspan="7">年毕业于　　　　学校　　　　专业</td></tr>
<tr><td colspan="8">主要工作经历</td></tr>
<tr><td colspan="2">时间</td><td colspan="3">参加过的类似项目</td><td>担任职务</td><td colspan="2">委托人/发包人及联系电话</td></tr>
<tr><td colspan="2"></td><td colspan="3"></td><td></td><td colspan="2"></td></tr>
<tr><td colspan="2"></td><td colspan="3"></td><td></td><td colspan="2"></td></tr>
<tr><td colspan="2"></td><td colspan="3"></td><td></td><td colspan="2"></td></tr>
<tr><td colspan="2"></td><td colspan="3"></td><td></td><td colspan="2"></td></tr>
<tr><td colspan="2"></td><td colspan="3"></td><td></td><td colspan="2"></td></tr>
<tr><td colspan="2"></td><td colspan="3"></td><td></td><td colspan="2"></td></tr>
<tr><td colspan="2"></td><td colspan="3"></td><td></td><td colspan="2"></td></tr>
</table>

注：供应商应根据供应商须知中的要求在本表后附相关证明材料。

□7. 响应方案

□7.1　整体服务方案

（内容由供应商自拟）

□7.2　服务质量保证措施

（内容由供应商自拟）

□7.3　合理化建议及特色服务

（内容由供应商自拟）

□7.4　拟投入本项目的人员配置情况

（格式参见附件1）

□7.5　采购需求中所需的全部内容

□7.6　供应商认为需加以说明的其他内容

□8. 响应文件澄清说明等其他有关材料

供应商须知前附表规定的材料或供应商认为需要补充的其他内容，由供应商按实际情况提供或补充。

附件：

附件1：拟委任的主要人员汇总表
附件2：主要人员简历表

附件1：拟委任的主要人员汇总表

表7-7

序号	本项目任职	姓名	职称	专业	执业或职业资格证明			备注
					证书名称	级别	证号	

附件2：主要人员简历表

表7-8

<table>
<tr><td>姓名</td><td></td><td>年龄</td><td></td><td>执业或职业
资格证书名称</td><td></td></tr>
<tr><td>职称</td><td></td><td>学历</td><td></td><td>拟在本项目任职</td><td></td></tr>
<tr><td>工作年限</td><td colspan="3"></td><td>从事类似工作年限</td><td></td></tr>
<tr><td>毕业学校</td><td colspan="5">年毕业于　　　　学校　　　　专业</td></tr>
<tr><td colspan="6">主要工作经历</td></tr>
</table>

时间	参加过的类似项目	担任职务	发包人及联系电话

注：供应商应根据供应商须知中的要求在本表后附相关证明材料。

附录A

采购文件示例

采购文件示例 1

使用邀请招标方式采购的简单物业服务项目

	项目特征要求	文件编制模块选择
		封皮和目录
1	邀请方式：邀请招标	第一章　投标邀请书（01 – Y）
2	项目性质：物业管理	第二章　采购需求（02 – F）
3		第三章　供应商须知（03 – T）
4	采购方法：招标采购 采购方式：邀请招标	第四章　采购方法（04 – Z – 2）
5	评审办法：经评审的最低价法	第五章　评审办法（05 – D）
6	合同草案：服务类简易合同	第六章　合同草案（06 – F – 1）
7	响应文件格式：服务类响应文件	第七章　响应文件组成及格式附件（07 – F）

（□正本 □副本）

文件编号

物业管理项目招标文件

招标人：________

法定代表人或授权委托人：________

（单位公章）

________年________月________日

目 录

01 – Y

第一章 ☑投标邀请书

1. 采购条件和方法

1.1 采购条件

___物业管理项目___已具备采购条件，经___（企业有关部门）___批准，现邀请贵单位参加本□施工 □货物 □服务项目采购活动。

1.2 采购方法

☑招标采购 □询比价采购 □谈判采购 □直接采购

2. 采购内容和范围

本项目采购内容和范围______________________________。

项目□计划工期 □交货期 ☑服务期为________天。

□建设地点 □交货地点 ☑服务地点位于______________________________。

□施工质量安全要求 □货物质量标准或主要技术性能指标 ☑服务质量要求或服务标准如下：

______________________________。

□联合体各方不得以自己名义单独提交响应文件，或参加其他联合体参与本项目采购活动。否则，相关响应文件均无效。

□其他______________________________。

□3. 技术成果的补偿

本次采购对未成交供应商的技术成果□给予经济补偿 □不予补偿。

给予经济补偿的依照下列标准支付经济补偿费：______________________________。

4. 采购文件的获取

4.1 获取时间

从________年________月________日 9：00 起至________年________月________日 17：00 止（北

京时间）。

4.2　获取方式

□在________平台下载采购文件，下载路径___________________。
□在_____（详细地址）_____购买采购文件。

4.3　交纳采购文件工本费

□__不收费__。
□每套售价人民币________元（售后不退）。

4.4　联系人

供应商在购买或领取采购文件时务必填写本次采购业务的联系人，在采购过程中的相关信息将以短信形式发送到该联系人手机上。

4.5　客服电话

供应商下载采购文件失败或遇到其他问题时请拨打客服电话________联系咨询。

5. 响应文件的递交

5.1　递交响应文件截止时间。

________年________月________日________时________分（北京时间）

5.2　递交地址

□加密上传到__________________。
□指派专人送至_____（地点）_____。

6. 其他

□6.1　注册、登录（适用电子采购）

6.1.1　本项目通过________平台进行供应商注册、购买采购文件、下载采购文件、网上询比价、澄清等。供应商须访问________平台完成注册、交费、下载等有关操作，平台登录方式：

（1）____。
（2）____。

□6.1.2　CA 证书办理及驱动下载。

CA 证书用于确保采购过程响应文件的合法性和保密性，登录平台后，系统会自动弹出 CA 数字证书在线办理提示窗口，办理 CA 证书需要 3 ~ 5 天，由_____（数字认证）_____公司颁发。

CA 认证客服电话：________________。

6.2 响应文件递交注意事项

6.2.1 逾期递交的响应文件，采购人将予以拒收。

□6.2.2 供应商请于响应文件递交截止时间前登录________平台进入响应文件递交页面。供应商的电脑和网络环境应按照________平台要求。电子响应文件逾期上传或上传未成功，采购人拒收响应文件（平台自动关闭上传端口）。采购人温馨提醒，为避免响应文件递交截止时间前可能发生网络拥堵，建议供应商适当提前上传时间。

□6.2.3 为防止解密失败，允许供应商递交密封的电子媒介作为备份文件。

7. 确认

请贵单位收到本邀请书后，于________年________月________日________时前，以书面形式回复确认是否参加本次采购活动。未在规定时间内回复的，视为放弃本项目采购活动。

8. 联系方式

采 购 人：____________________	采购代理机构：________________
地　　址：____________________	地　　址：____________________
邮　　编：____________________	邮　　编：____________________
联 系 人：____________________	联 系 人：____________________
电　　话：____________________	电　　话：____________________
电子邮箱：____________________	电子邮箱：____________________
____________________（单位公章）	____________________（单位公章）
________年________月________日	________年________月________日

确认通知

________（采购人名称）：

我方已于________年________月________日收到你方________年________月________日发出的______（项目名称）______参加采购活动的邀请书，并确认□参加　□不参加本次采购活动。

谢谢邀请。

被邀请单位名称：____________（单位公章）

委托代理人签字：____________

________年________月________日

02 – F

第二章　采购需求

☑服务类采购

表 2 – 1　　服务项目

包号	品目号	服务项目名称	主要服务内容	服务时间		服务地点	成果	验收方式
				开始	结束			
		物业管理						

附件：服务项目详细说明。

03 – T

第三章 供应商须知

1. 对供应商的资格要求

表 3 – 1

<table>
<tr><td rowspan="3">供应商资质条件、能力和信誉</td><td>1.1</td><td>资质条件</td><td>□不适用
☑适用；供应商应提供相关资质证书副本的复印件，以证明供应商具有承担本项目要求的资质
资质证书包括：____________</td></tr>
<tr><td>1.2</td><td>财务要求</td><td>☑不适用
□适用；供应商应提供近年财务会计报表复印件，包括□资产负债表、□现金流量表、□利润表等；近年财务会计报表是指________年至________年的
□财务报表
□经内部审计的财务报表
□经外部会计师事务所或审计机构审计的财务报表</td></tr>
<tr><td>1.3</td><td>业绩要求</td><td>□不适用
☑适用
业绩要求如下：
☑类似业绩
□生产企业业绩
□供应商业绩
□国内业绩
□国外业绩
业绩证明材料要求：
☑中标通知书/成交通知书
□竣工验收报告/验收证明
□业主证明
□其他材料
业绩证明材料种类要求：
□提供上述勾选的任一项证明材料即可
□需同时提供上述勾选的所有证明材料
□其他要求：____________</td></tr>
</table>

续 表

<table>
<tr><td rowspan="3">供应商资质条件、能力和信誉</td><td>1.4</td><td>信誉要求</td><td>□不适用
☑适用；供应商应提供相关信誉情况的证明材料：
________________</td></tr>
<tr><td>1.5</td><td>项目负责人资格要求</td><td>☑不适用
□适用；项目负责人应当具备的专业：________；应当具备的资质（资格）等级________级
供应商应提供拟委任的主要人员汇总表和主要人员简历表</td></tr>
<tr><td>1.6</td><td>项目管理班子要求</td><td>□不适用
□适用；供应商应提供：
□拟委任的主要人员汇总表
□拟委任的主要人员简历表</td></tr>
<tr><td></td><td>1.7</td><td>其他证明材料</td><td></td></tr>
</table>

2. 供应商不得存在的情形

□见采购公告第3.2款（适用于采购公告方式）。

☑供应商不得存在下列情形之一（适用于招标邀请书方式）：

（1）与本项目其他供应商的单位负责人为同一人。

（2）与本项目其他供应商存在直接控股关系。

（3）与本项目其他供应商存在管理关系。

（4）近三年内在经营活动中存在如下严重不良情形：

①被本项目所在地省级以上行业主管部门依法暂停、取消参加政府采购活动资格的。

②处于被责令停产停业、暂扣或者吊销执照、暂扣或者吊销许可证、吊销资质证书状态。

③进入清算程序，或被宣告破产，或其他丧失履约能力的情形。

④根据公司供应商管理要求，被禁止参与采购活动且处于有效期内。

⑤其他禁止情形：______（如有关信用信息要求）______。

3. 本次交易一般规则

表3－2

<table>
<tr><th>阶段</th><th>条款号</th><th>项目</th><th>规　则</th></tr>
<tr><td rowspan="2">准备及其响应</td><td>3.1</td><td>踏勘现场</td><td>□不组织
□组织
踏勘时间：________________
踏勘集中地点：________________</td></tr>
<tr><td>3.2</td><td>预备会</td><td>□不组织
□组织
召开时间：________________
召开地点：________________</td></tr>
</table>

续 表

阶段	条款号	项目	规　则
准备及其响应	3.3	分包	□允许 ☑不允许
	3.4	响应截止时间	□见采购公告 ☑见投标邀请书
	3.5	最高限价或其计算方法	□不设置 □设置 最高限价或计算方法为________________
	3.6	响应文件有效期	________日历天（从响应文件递交截止日算起）
	3.7	缔约保证金	□须提交缔约保证金________元人民币 缔约保证金形式________ 采购人指定账户名称、开户银行及其账号如下： 账户名称：________________ 开户银行：________________ 账号：________________ ☑无须提交保证金
	3.8	响应文件份数	☑以电子文件形式通过________平台递交以下文件： ☑资格审查文件1份 ☑商务文件1份 □技术文件1份 □并附光盘或其他电子存储媒介 ☑纸质文件正本1份，副本________份
	3.9	响应文件的密封和标记	□响应文件应密封并在密封处加盖公章，标注正本和副本 封面应注明： 项目名称：________________ 供应商名称：________________ 供应商地址：________________ 联系人及其联系方式：________________ □不要求密封
	3.10	响应文件提交办法	☑本项目全流程在________平台上进行，在线提交响应文件、参与线上采购活动，进行项目评审 □本项目在________平台公示采购需求，线上提交采购响应文件；线下提交纸质响应文件，并参与采购活动，进行项目评审 □不在________平台公示，线下提交纸质响应文件，并参与采购活动，进行项目评审 □专人递送（详细地址）： ________________

续　表

阶段	条款号	项目	规　则
文件开启及评审	3.11	开启文件仪式	□不举行仪式 ☑举行 举行时间：同响应截止时间 地点：采购公告或邀请书中指定地点
	3.12	开启文件前的密封检查	□不适用 ☑适用 密封情况检查顺序：________________ 文件开启顺序：________________
	3.13	评审小组的组建	☑组建评审小组；成员：________人，其中采购人代表________人，专家________人 评审专家确定方式： □随机抽取 ☑直接聘请 □不组建
	3.14	评审办法	见第五章评审办法有关条款
	3.15	成交候选人公示媒介	☑公示；公示媒介：________________平台 □不公示
确定成交人	3.16	成交办法	见第四章采购方法有关条款
	3.17	签订合同	见第四章采购方法有关条款
	3.18	履约担保	履约担保的形式：________________ 履约担保的金额：________________ 提交时间：________________
其他	3.19	需要补充的其他内容	□如招标采购代理费金额、支付人、支付方式等

□4. 本次交易的特别规定

对于施工技术方案简单、工期较短、季节性强的中小型工程，或者标准通用设备、材料以及有关服务的采购，可以不要求供应商编制施工组织设计、安装调试方案或服务大纲等技术响应文件，可不进行技术评审。

5. 发生下列情况之一者，视为无效响应行为

5.1　响应文件未密封或未按规定签字、盖章的。

5.2　未按采购文件的规定提交缔约保证金的。

5.3　响应文件未按规定格式填写，或内容与采购文件严重背离的。

5.4　响应文件有两个以上的报价（采购文件允许提交备选方案除外）的。

5.5　质量标准不符合采购文件要求的。

5.6　服务期不符合采购文件要求的。

5.7　报价超过最高限价的。

5.8　供应商不符合国家或者采购文件规定的资格条件。

5.9　响应文件没有对采购文件的实质性要求和条件作出响应。

5.10　其他不符合采购文件要求的情形。

6. 缔约保证金不予退还的情形

6.1　供应商在规定的要约有效期内撤销响应文件的。

6.2　成交人无正当理由拒签合同或未按采购文件规定提交履约担保的。

6.3　供应商有行贿、恶意串通、弄虚作假等违法行为的。

7. 响应文件要求

7.1　响应文件包括下列内容：

（1）响应函及其附录。
（2）法定代表人证明或授权委托书。
□（3）联合体授权书。
□（4）缔约保证金
□（5）商务条件/技术参数偏离表。
□（6）资格审查资料。
□（7）响应方案。
□（8）响应文件的澄清说明等其他有关材料。

7.2　响应文件的格式依据项目情况在第七章“响应文件组成及格式附件”中选取。

8. 异议和投诉

依照《国有企业采购操作规范》和《国有企业采购管理规范》有关规定和程序执行。

9. 本章附件

附件 1：响应文件开启表
附件 2：问题澄清通知
附件 3：问题的澄清
附件 4：成交通知书
附件 5：成交结果通知书
附件 6：报价表（服务类采购）

附件 1：响应文件开启表

开启时间：________年________月________日________时________分

序号	供应商	报价	其他信息	备注	供应商代表签名

采购人代表________　　　　　　　　记录人________

________年________月________日

□附件 2：问题澄清通知

编号：

（供应商名称）：

______（项目名称）______的评审小组，对你方的响应文件进行了仔细的审查，现需你方对下列问题以书面形式予以澄清。

1.

2.

请将上述问题的澄清于________年________月________日________时前递交至____（详细地址）____；采用电子文件方式的，应在________年________月________日________时前将原件上传________平台。

____（项目名称）____评审小组
采购人：____________（公章）
或代理机构：____________（公章）
________年________月________日

□附件3：问题的澄清

编号：

____（项目名称）____评审小组：

问题澄清通知（编号：________）已收悉，现澄清如下。

1.

2.

供应商：____________（公章）
法定代表人或委托代理人：____________（签字）
________年________月________日

附件4：成交通知书

____（成交人名称）____：

你方递交的响应文件已被我方接受，你方已被确定为成交供应商。

成交金额，大写：________，小写：________。

成交内容范围：____。

请你方在接到本通知书后的________日内与我方签订采购合同，并按采购文件第三章供应商须知的规定向我方提交履约保证金。

签订合同地点：____。

采购人：____________（公章）
或代理机构：____________（公章）
________年________月________日

附件5：成交结果通知书

____（未成交人名称）____：

我方已接受____（成交人名称）____于____（响应日期）____所递交的____（项目名称）____响应文件，确定____（成交人名称）____为成交供应商。

感谢你单位对我们工作的大力支持!

采购人：____________（公章）
或代理机构：____________（公章）
________年________月________日

附件6：☑报价表（服务类采购）

（1）报价说明：

（2）报价表：

<table>
<tr><th rowspan="2">序号</th><th rowspan="2">服务费用
分项名称</th><th rowspan="2">数量</th><th colspan="3">单价（万元）</th><th rowspan="2">计算依据
和公式</th><th colspan="3">总价（万元）</th><th>备注</th></tr>
<tr><th>不含
税金额</th><th>税额</th><th>价税
合计</th><th>不含
税金额</th><th>税额</th><th>价税
合计</th><th></th></tr>
<tr><td>1</td><td></td><td></td><td></td><td></td><td></td><td></td><td></td><td></td><td></td><td></td></tr>
<tr><td>2</td><td></td><td></td><td></td><td></td><td></td><td></td><td></td><td></td><td></td><td></td></tr>
<tr><td>3</td><td></td><td></td><td></td><td></td><td></td><td></td><td></td><td></td><td></td><td></td></tr>
<tr><td>4</td><td></td><td></td><td></td><td></td><td></td><td></td><td></td><td></td><td></td><td></td></tr>
<tr><td>5</td><td></td><td></td><td></td><td></td><td></td><td></td><td></td><td></td><td></td><td></td></tr>
<tr><td>6</td><td></td><td></td><td></td><td></td><td></td><td></td><td></td><td></td><td></td><td></td></tr>
<tr><td></td><td colspan="9">合计报价（小写）</td><td></td></tr>
</table>

备注：1. 总报价人民币（大写）：____________。
2. 项目负责人姓名________；　手机号：________。
身份证号码：________________。

供应商：__________（单位公章）
法定代表人或委托代理人：________（签字或盖章）
________年________月________日

04 – Z – 2

第四章　采购方法

<table>
<tr><th colspan="3">□04 – Z – 1 公开招标　☑04 – Z – 2 邀请招标</th></tr>
<tr><td rowspan="3">1.
招
标
文
件</td><td>1. 1
招标文件的组成</td><td>本招标文件包括：
（1）招标公告（或投标邀请书）
（2）采购需求
（3）供应商须知
（4）采购方法
（5）评审办法
（6）合同草案
（7）投标文件格式</td></tr>
<tr><td>1. 2
招标文件的澄清</td><td>1. 2. 1　投标人应仔细阅读和检查招标文件的全部内容；如发现缺页或附件不全，应及时向招标人提出，以便补齐；如有疑问，应在投标截止时间前 2 日以书面形式提出澄清申请，要求招标人对招标文件予以澄清
1. 2. 2　招标人在收到澄清申请 3 日内做出答复（收到次日起算）
1. 2. 3　投标人在收到澄清通知后，应在 1 日内以书面形式告知招标人，确认已收到该澄清通知</td></tr>
<tr><td>1. 3
招标文件的修改</td><td>1. 3. 1　在投标截止时间 2 日前，招标人可以书面形式修改招标文件，并通知所有已购买招标文件的投标人；如果修改招标文件的时间距投标截止时间的间隔可能影响投标文件编制的，相应延长投标截止时间
1. 3. 2　投标人收到修改通知后，应在 1 日内以书面形式告知招标人，确认已收到该修改通知</td></tr>
<tr><td>2.
投
标
文
件</td><td>2. 1
投标文件的组成</td><td>投标文件包括
（1）投标函及其附录（报价表）
（2）法定代表人证明或授权委托书
□（3）联合体协议书
□（4）缔约保证金
（5）商务条件/技术参数偏离表
（6）资格审查资料
（7）投标方案
（8）其他资料</td></tr>
</table>

续　表

2. 投标文件	2.2 其他	2.2.1　投标报价详见第三章供应商须知附件6的有关规定 2.2.2　投标保证金详见第三章供应商须知3.7 2.2.3　投标有效期详见第三章供应商须知3.6
	2.3 资格审查表	☑资格预审：如果投标人在资质条件、组织机构、财务能力、信誉等资格条件与资格预审时提交的资格预审申请文件相比发生变化的，应按新情况更新或补充其在资格预审申请文件中提供的资料，以证实其各项资格条件仍能继续满足资格预审文件的要求，具备承担本项目的资质条件、能力和信誉 □资格后审：投标人依照第三章供应商须知1.1～1.7要求填写
	2.4 投标文件的编写	2.4.1　投标文件应当对招标文件有关□工期　□交货期　☑服务期、投标有效期、质量要求、技术标准和要求、招标范围等实质性内容做出响应 2.4.2　投标文件应用不褪色的材料书写或打印 □投标文件正本除封面、封底、目录、分隔页外，其余每一页均应加盖投标人单位公章，并由投标人的法定代表人或其委托代理人签字 □投标文件中投标函及其附录以及载有合同实质内容的页面应加盖投标人单位公章，并由投标人的法定代表人或其委托代理人签字
3. 投标	3.1 递交投标文件要求	3.1.1　投标文件的密封 ☑现场递交的电子媒介 □现场递交的纸质投标文件 需密封在密封袋中，在封口处加盖投标人单位公章，密封袋上需写明： ____（项目名称）____标段投标文件在____年____月____日____时____分（同投标截止时间）前不得开启 3.1.2　递交方式和地点见第三章供应商须知3.10 3.1.3　在规定的投标截止时间前，投标人可以修改或撤回已递交的投标文件，但应以书面形式通知招标人；招标人收到书面通知后，向投标人出具签收凭证 3.1.4　修改的内容为投标文件的组成部分；修改的投标文件应按规定签字盖章、密封、标识和递交，并标明“修改”字样 3.1.5　投标人对招标文件有异议，可在投标截止前2日内提出，招标人应在1日内答复
4. 开标	4.1 时间地点	4.1.1　开标时间和地点见第三章供应商须知3.11 4.1.2　在投标截止时间投标人不足3家不能开标，经企业规定程序直接转入其他采购方式
	4.2 程序要求	招标举行开标仪式 主持人按下列程序进行开标： （1）宣布开标纪律 （2）公布在投标截止时间前递交投标文件的投标人名称，并点名确认投标人法定代表人或其委托代理人是否在场 □（3）宣布主持人、开标人、唱标人、记录人、监标人等有关人员姓名 （4）除第三章供应商须知另有约定外，由投标人推荐的代表检查投标文件的密封情况 （5）宣布投标文件开启顺序：按递交投标文件的先后顺序的逆序 （6）设有标底的，公布标底 （7）按照宣布的开标顺序当众开标，公布投标人名称、标段名称、投标保证金的递交情况、投标报价、质量目标、□工期　□交货期　☑服务期，以及其他招标文件规定开标时公布的内容，并进行文字记录 （8）主持人、开标人、唱标人、记录人、监标人、投标人的法定代表人或其委托代理人等在开标记录上签字确认

续 表

<table>
<tr><td rowspan="4">5. 评标</td><td>5. 1
评标
委员会</td><td>评标委员会的组成见第三章供应商须知 3. 13</td></tr>
<tr><td>5. 2
专家回避</td><td>评标委员会成员有下列情形之一的，应当回避：
（1）投标人或投标人的主要负责人的近亲属
（2）项目主管部门或者行政监督部门的人员
（3）与投标人有经济利益关系，可能影响对投标公正评审的
（4）曾因在招标、评标以及其他与招标投标有关活动中从事违法行为而受过行政处罚或刑事处罚的</td></tr>
<tr><td>5. 3
评标办法</td><td>☑经评审的最低价法
☐综合评分法
☐直接评估法
☐其他方法</td></tr>
<tr><td>5. 4
评标报告</td><td>依据法律和招标文件的要求向招标人提交评标报告，推荐合格的中标候选人</td></tr>
<tr><td rowspan="3">6. 授予合同</td><td>6. 1
公示及
处理</td><td>☑招标人在评标委员会提交评标报告后 3 日内在________平台公示中标候选人
☐不公示，依企业制度规定向有关部门报告
公示后有异议按照企业规定处理
公示无异议或异议处理完毕后，招标人应及时确定中标人</td></tr>
<tr><td>6. 2
确定
中标人</td><td>招标人在评标委员会推荐的合格候选人中确定中标人
☐依照评标委员会提交的评审报告，采购人确定最适合的投标人为中标人
☑评标委员会按照需求任务书确定的标准排序，排名第一的供应商为中标人
☐招标人按照最终报价排序决定报价最低的为中标人</td></tr>
<tr><td>6. 3
发出中标
通知书</td><td>公示无异议或异议处理完毕后，招标人应及时向中标人发出中标通知书，同时向未中标人发出中标结果通知书</td></tr>
<tr><td rowspan="3">7. 签订合同</td><td>7. 1
细化完善
合同</td><td>中标通知书发出后，招标人应协助企业合同管理部门，根据采购结果，针对合同非实质性内容进一步补充或细化合同条款
招标人应对合同双方提出的相关补充、细化条款的合法性和合理性进行分析，发现可能损害企业的合法利益、增加了企业的义务、背离了招标文件和中标供应商投标文件的实质性内容的，招标人应及时告知企业合同管理部门并提出预防风险的建议</td></tr>
<tr><td>7. 2
签订书面
合同</td><td>招标人和中标供应商应在双方约定的期限内签订合同，并向企业主管部门备案、报告，其中，招标采购项目应在发出中标通知书 30 日内签订合同。由于中标人拒绝签订合同，未按照招标文件规定的形式、金额、递交时间等要求提交履约保证金，或其他原因导致在规定期限内合同无法签订的，招标人应及时采取补救措施</td></tr>
<tr><td>☐7. 3
退还缔约
保证金</td><td>双方签订书面合同 3 日内退还投标人提交的缔约保证金</td></tr>
</table>

05 – D

第五章　评审办法
☑经评审的最低价法

1. 适用情形

经评审的最低价法一般适用于具有通用技术、性能标准或者采购人对其技术、性能没有特殊要求的采购项目。

2. 评审办法

2.1　评审方法

供应商的报价应当符合采购文件规定的技术要求和标准，但评审小组无须对响应文件的技术部分进行价格评审。

除报价外，评审还应考虑的商务因素一般有以下几种：

①内陆运输费用及保险费。

②竣工期、交货期或服务期限。

③支付条件。

④备品备件以及售后服务（如有）。

⑤价格调整因素。

经澄清确认后修正的最终报价应当认为是供应商的真实要约，可以作为合同签约价。

2.2　评审程序

2.2.1　初步评审

表 5 – 1　　**初步评审标准**

评审环节	评审因素	评审标准
形式评审	供应商名称	与营业执照（事业单位法人证书）、资质证书、银行资信证明等证明性证书一致
	响应函签字盖章	有响应函，有法定代表人或其委托代理人签字并加盖单位章
	响应文件格式	符合采购文件“响应文件格式”要求
	报价唯一	只能有一个有效报价，按采购文件规定提交备选方案的除外
	法定代表人授权委托	有授权书，授权书有法定代表人及其委托代理人签字并加盖单位公章

续 表

评审环节	评审因素	评审标准
资格评审	营业执照	有营业执照
	净资产	☑不要求 □满足采购公告的要求
	供应商资格	满足法律法规及采购文件的要求
	证明材料	无弄虚作假/失信处罚记录
响应性评审	报价	没有超过最高限价
	工作总进度	符合采购文件第二章“采购需求”的规定
	响应文件有效期	满足采购文件的规定
	履约保证金	满足采购文件的规定
	商务偏差	无采购人不能接受的偏差内容
	其他	无法律法规及采购文件规定的其他无效响应内容

说明：初步评审活动依照形式评审、资格评审、响应性评审顺序进行，前一个环节不符合采购文件要求的不得进入下一个环节。

2.2.2 详细评审

☑不评审

□对各供应商商务条件的非价格因素进行评审，汇总并确定各供应商经评审的合同价格。

表 5－2　主要非价格因素表

序号	主要因素	折价内容	折价办法
1	□运输费用	由采购人支付的货物运到现场的运费和保险费；其他由采购人可能支付的额外费用，如运输超大件设备需要对道路加宽、桥梁加固所需支出的费用等	采购人额外支付的费用以项目市场价计入评审价
2	□不同货币价格调整	按采购文件规定的价格调整方式，调整各供应商的报价	对不同币值报价按照采购文件规定截止日前28天的外汇中间价折算人民币报价
3	□竣工期、交货期或服务期限	竣工期、交货期或服务期限的偏差在采购文件所允许的范围内的响应文件，根据采购文件的规定，将竣工期、交货期或服务期限偏差折算成价格因素，计入评审价中	将允许偏差范围内采购人的直接损失计入评审价，如每晚一天增加________元
4	□付款条件	响应文件中所提的支付条件，在采购文件允许的偏离范围内，根据采购文件规定的贴现率计算出其净现值，差值计入评审价中	依据采购文件要求支付日当日中国人民银行的贴现率计算净值，其差值计入评审价
5	□备品备件及售后服务	采购文件要求供应商在报价之外单报该笔费用，应将其加到报价后进行评审；采购文件未做出“包括”或“不包括”的规定，应计算出该部分内容可能产生的合价后，将其加到报价后进行评审	同左

续　表

序号	主要因素	折价内容	折价办法
6	□优惠条件	供应商承诺给采购人的其他优惠，以采购文件规定的截止日期为准，并按采购文件规定的换算方法贴现折算后，作为评审价格因素	采购文件规定截止日前 28 天为计算贴现时间
7	□其他可能折算为价格的因素	按对采购人有利或不利的原则，对实施过程中必然发生，而在响应文件中又属于明显漏项的部分，应给予相应的补项，计入评审价	同左

2.2.3　评审结果

评审后，评审价格最低的供应商为成交供应商。

如价格得分相同，可采取随机抽取的方式确定成交供应商。

06－F－1

第六章　合同草案
☑服务类简易合同

物业服务合同

发包方（全称）：____（以下简称甲方）

服务方（全称）：____（以下简称乙方）

根据《中华人民共和国民法典》及相关法律法规的规定，经平等友好协商，双方就如下有偿服务事项协商一致，订立本合同。

1. 总则

1.1　物业基本情况：

物业类型：________小区

坐落位置：________市________区________社区

东：________路　西：________路

南：________路　北：________路

占地面积：________平方米

建筑面积：________平方米

1.2　乙方提供服务的受益人为本物业的全体业主和物业使用人，本物业的全体业主和物业使用人均应对履行本合同承担相应的责任。

2. 委托管理事项

2.1　房屋建筑共用部位的维修、养护和管理，包括楼盖、屋顶、外墙面、承重结构、楼梯间、走廊通道、门厅。

2.2　共用设施、设备的维修、养护、运行和管理，包括共用的上下水管道、落水管、垃圾道、烟囱、共用照明、高压水泵房及楼内消防设施、设备。市政公用设施和附属建筑物、构筑物的维修、养护和管理，包括道路、室外上下水管道、化粪池、自行车棚。

2.3　公用绿地、花木、建筑小品等的养护与管理。

2.4　附属配套建筑和设施的维修、养护和管理，包括文化、体育娱乐场所。

2.5 公共环境卫生，包括公共场所、房屋共用部位的清洁卫生，垃圾的收集、清运。

2.6 交通与车辆停放秩序的管理。

2.7 维护公共秩序，包括巡视、门岗执勤。

2.8 管理与物业相关的工程图纸。

2.9 组织开展社区文化娱乐活动。

2.10 负责向业主和物业使用人收取下列费用：

（1）物业管理服务费。

（2）公共设施维修基金。

（3）承租户的房租。

2.11 业主和物业使用人房屋自用部位、自用设施及设备的维修、养护，在当事人提出委托时，乙方应接受委托并合理收费。

2.12 对业主和物业使用人违反业主公约的行为，针对具体行为并根据情节轻重，采取批评、规劝、警告、制止。

3. 委托管理期限

委托管理期限为________年。自________年________月________日起至________年________月________日止。

4. 双方权利义务

4.1 甲方权利义务：

（1）代表和维护产权人、使用人的合法权益。

（2）制定业主公约并监督业主和物业使用人遵守公约。

（3）审定乙方拟定的物业管理制度。

（4）检查监督乙方管理工作的实施及制度的执行情况。

（5）审定乙方提出的物业管理服务年度计划、财务预算及决算。

（6）当业主和物业使用人不按规定交纳物业管理费时，负责催交或以其他方式偿付。

（7）协调、处理本合同生效前发生的管理遗留问题。

（8）协助乙方做好物业管理工作和组织宣传教育、文化活动。

4.2 乙方权利义务：

（1）根据有关法律法规及本合同的约定，制订物业管理制度。

（2）对业主和物业使用人违反法规、政策的行为，提请有关部门处理。

（3）按本合同第________条的约定，对业主和物业使用人违反业主公约的行为进行处理。

（4）可选聘专营公司承担本物业的专项管理业务，但不得将本物业的管理责任转让给第三方。

（5）负责编制房屋、附属建筑物、构筑物、设施、设备、绿化等的年度维修养护计划和大中修方案，经双方议定后由乙方组织实施。

（6）向业主和物业使用人告知物业使用的有关规定。当业主和物业使用人装修物业时，告知有关限制条件，订立书面约定，并负责监督。

（7）编制物业管理年度管理计划、资金使用计划及决算报告。

（8）________个月向全体业主和物业使用人公布一次管理费用收支账目。

（9）本物业的公用设施不得擅自占用和改变使用功能，如需要本物业内改、扩建或完善配套项目，须与甲方协商后报有关部门批准方可实施。

5. 物业管理服务质量

乙方须按下列约定，实现目标管理。

（1）房屋外观：整洁无破损，外观完好率100%。

（2）设备运行：良好无安全隐患。

（3）房屋及设施、设备的维修、养护：及时处理用户报修，按计划完成。

（4）公共环境：环境设施完备，实行标准化保洁。

（5）绿化：绿化管理要经常化、制度化，无破坏、践踏及占用现象，保证绿化成活率达到________%。

（6）交通秩序：按规定做好小区内机动车辆出入及存车处车辆管理和保管，维护小区交通秩序，保障小区内车辆安全。

（7）保安：加强防范，完成治安保卫工作，保证业主及物业使用人生命财产安全。

（8）急修：随叫随到。

（9）小修：及时率达98%以上。

6. 物业管理服务费用

6.1 物业管理服务费。

（1）本物业的管理服务费，住宅房屋由乙方按________收取。

（2）管理服务费标准的调整，按市物价局有关规定并经过业主大会讨论通过调整。

（3）业主和物业使用人逾期交纳物业管理费的，从逾期之日起按每天物业管理费的________%收取滞纳金。

6.2 使用人自用部分收费。

乙方对业主和物业使用人的房屋自用部位、自用设备，共用部位的维修、养护及其他特约服务，由当事人按实际发生的费用计付，收费标准须经甲方同意。

6.3 其他乙方向业主和物业使用人提供的服务项目和收费标准如下：

（1）有偿服务按市场价规定收费。

（2）特约服务双方议价。

6.4 房屋的共用部位，共用设施、设备，公共场地的维修、养护费用。

（1）房屋共用部位的小修、养护费用，由业主和自管单位承担；大中修费用，由自管单位承担；更新费用，由自管单位承担。

（2）房屋共用设施、设备的小修、养护费用，由自管单位承担；大中修费用，由自管单位承担；更新费用，由自管单位承担。

（3）市政公用设施和附属建筑物、构筑物的小修、养护费用，由自管单位承担；大中修费用，由自管单位承担；更新费用由自管单位承担。

（4）公共绿地的养护费用，由自管单位承担；改造、更新费用，由自管单位承担。

（5）附属配套建筑和设施的小修、养护费用，由自管单位承担；大中修费用，由自管单位承担；更新费用，由自管单位承担。

7. 违约责任

7.1 甲方违反合同第________条的约定，使乙方未完成规定管理目标，乙有权要求甲方在一定期限内解决，逾期未解决的，乙方有权终止合同；造成乙方经济损失的，甲方应给予乙方经济赔偿。

7.2 乙方违反本合同第 5 条的约定，未能达到约定的管理目标，甲方有权要求乙方限期整改，逾期未整改的，甲方有权终止合同；造成甲方经济损失的，乙方应给予甲方经济赔偿。

7.3 乙方违反本合同第 6 条的约定，擅自提高收费标准的，甲方有权要求乙方清退；造成甲方经济损失的，乙方应给予甲方经济赔偿。

7.4 甲乙双方任一方无法律依据提前终止合同的，违约方应赔偿对方________万元的违约金；造成对方经济损失的，应给予经济赔偿。

8. 附则

8.1 双方约定自本合同生效之日起________天内，根据甲方委托管理事项，办理完交接验收手续。

8.2 合同期满后，乙方全部完成合同并且管理成绩优秀，大多数业主和物业使用人反映良好，可续订合同。

8.3 双方可对本合同的条款进行补充，以书面形式签订补充协议，补充协议与本合同具有同等效力。

8.4 本合同之附件均为合同有效组成部分。本合同及其附件内，空格部分填写的文字与印刷文字具有同等效力。

本合同及其附件和补充协议中未规定的事宜，均遵照中华人民共和国有关法律法规的相关规定执行。

8.5 本合同正本连同附件（略）共 6 页，一式三份，甲乙双方及物业行政主管部门（备案）各执一份，具有同等法律效力。

8.6 因房屋建筑质量、设备设施质量或安装技术等原因，达不到使用功能，造成重大事故的，由甲方承担责任并作善后处理。导致质量事故的直接原因，以政府主管部门的鉴定为准。

8.7 本合同执行期间，如遇不可抗力，致使合同无法履行时，双方应按有关法律规定及时协商处理。

8.8 本合同在履行中如发生争议，双方应协商解决或报请物业管理行政主管部门进行调解。

8.9 合同期满本合同自然终止，双方如续订合同，应在该合同期满 30 天前向对方提出书面意见。

8.10 合同签约地____

8.11 本合同自签字、盖章之日起生效。

甲方签章：________　　　　乙方签章：________

代表人：________　　　　代表人：________

________年________月________日　　　　________年________月________日

07 – F

第七章　响应文件组成及格式附件

☑服务类

目　　录

1. 响应函及其附录

1.1　响应函

致：______（采购人名称）______

1. 我方已仔细研究了____物业管理____（项目名称）采购文件的全部内容，愿意以含税价人民币________（大写）________，__________（小写）__________的报价（其中不含税价为________；增值税为__________________）提供本项目服务并按合同约定履行义务。

2. 我方的响应文件包括以下内容：

（1）响应函及其附录（报价表）。

（2）法定代表人证明或授权委托书。

□（3）联合体协议书。

□（4）缔约保证金。

□（5）商务条件/技术参数偏离表。

□（6）资格审查资料。

□（7）响应方案。

□（8）响应文件的澄清说明等其他有关材料。

响应文件的上述组成部分如有不一致的内容，以响应函为准。

3. 我方承诺除商务条件/技术参数偏离表列出的偏差外，我方响应采购文件的全部要求。

4. 我方承诺在采购文件有效期内不撤销响应文件。

5. 如我方成交，我方承诺：

（1）在收到成交通知书后，在通知书规定的期限内与你方签订合同。

（2）在签订合同时不向你方提出附加条件。

（3）按照采购文件的要求递交履约保证金。

（4）在合同期限内完成合同规定的全部义务。

6. 我方在此声明，所递交的响应文件及有关资料内容完整、真实和准确，且不存在采购公告/邀请书中供应商不得存在的情形。

7. ______________________________（其他补充说明）。

供应商：__________（单位公章）

法定代表人或委托代理人：________（签字或盖章）

________年________月________日

1.2　报价一览表（格式）

项目名称：____________________

项目编号：____________________

表 7－1　　　　　　　　　　　　　　　　　　　　　　　　　　　　　　货币单位：元（人民币）

序号	服务费用分项名称	数量	单价			计算依据和公式	总价			备注
			不含税金额	税额	价税合计		不含税金额	税额	价税合计	
1										
2										
3										
4										
5										
…										
	合计报价									

注：响应报价应包含提供服务直至达到要求结果所付出的直接费用等所有费用。供应商若有漏项则自行承担相关风险；若报价有虚增项目或数量，结算时相应扣除该部分费用。

供应商单位：____________（盖章）

法定代表人或委托代理人：____________（签字或盖章）

________年________月________日

2. 法定代表人证明或授权委托书

2.1　法定代表人证明格式

法定代表人证明

供应商：____

单位性质：____

地　　址：____

成立时间：________年________月________日

经营期限：____

姓　　名：________　　　性　　别：________

年　　龄：________　　　职　　务：________

系________________（供应商名称）____________________的法定代表人。

特此证明。

粘贴法定代表人身份证原件**正反面**的扫描件

供应商：__________（单位公章）

________年________月________日

2.2 法人授权委托书

授权委托书

本人_____（姓名）_____系_____（供应商名称）_____的法定代表人，现授权_____（姓名）_____为我方代理人。代理人根据授权，以我方名义签署、澄清、说明、提交、撤回、修改(项目名称、项目编号、标段号）的响应文件、签订合同和处理有关事宜，其法律后果由我方承担。

本授权书于________年________月________日至________年________月________日有效，代理人无转委托权。

特此声明。

粘贴被授权人身份证原件**正反面**的扫描件

供应商：________________（单位公章）

法定代表人：______________（签字或盖章）

身份证号码：____________________________

委托代理人：______________（签字或盖章）

身份证号码：____________________________

________年________月________日

□3. 联合体协议书

联合体协议书（格式）

联合体各方：

甲方：______________　　　　乙方（可有多个成员）：______________

法定代表人：________　　　　法定代表人：________

住所：______________　　　　住所：______________

根据相关政策法规之规定，联合体各方经协商一致，就______（项目名称）______进行联合响应，现就各方承担的工作和义务明确如下：

第一条　联合体各方同意以________为牵头人，以其身份共同参加本项目

第二条　各方承担的工作范围

一、甲方的工作范围包括

（一）甲方的合同金额占合同总额的________%

（二）具体承担如下工作：____________________________________

（……）

二、乙方的工作范围包括

（一）乙方的合同金额占合同总额的________%

（二）具体承担如下工作：____________________________________

（……）

第三条　各方承担的义务

一、甲方承担的义务

（一）____________________________________

（二）____________________________________

（……）

二、乙方承担的义务

（一）____________________________________

（二）____________________________________

（……）

第四条　联合体各方就共同承担的工作范围对采购人承担连带责任

第五条　本协议一式________份，联合体各方各持________份，一份作为响应文件的组成部分提交

甲方：________________（盖章）　　　　乙方：____________（盖章）

法定代表人：__________（签字）　　　　法定代表人：____________（签字）

________年________月________日　　　　________年________月________日

□4. 缔约保证金

4.1　缔约保证金复印件

□4.2　基本账户证明

证明

我单位本次参加的＿＿＿（项目名称）＿＿＿项目采购活动，已提交缔约保证金＿＿＿＿元，由我单位的基本账户（账号：＿＿＿＿＿＿＿＿）转出，情况属实。

如存在不真实和弄虚作假行为，我方愿意放弃成交资格并承担因此所引起的一切法律后果。

特此证明。

供应商：＿＿＿＿（盖章）

法定代表人或委托代理人：＿＿＿＿（签字）

＿＿＿＿年＿＿＿＿月＿＿＿＿日

□5. 商务条件/技术参数偏离表

商务条件偏离表（格式）

项目名称：＿＿＿＿＿＿＿＿＿＿

项目编号：＿＿＿＿＿＿＿＿＿＿

表 7－2

序号	采购文件商务条款	响应文件的商务条款	偏离	说明
1	服务期限			
2	付款方式			
3	……			

注：对不满足采购文件要求的部分，必须明确如实填写并说明原因。

□6. 资格审查资料

6.1 供应商基本情况表

表 7－3

<table>
<tr><td>供应商名称</td><td colspan="6"></td></tr>
<tr><td>注册地址</td><td colspan="3"></td><td>邮政编码</td><td colspan="2"></td></tr>
<tr><td rowspan="2">联系方式</td><td>联系人</td><td colspan="2"></td><td>电话</td><td colspan="2"></td></tr>
<tr><td>传真</td><td colspan="2"></td><td>网址</td><td colspan="2"></td></tr>
<tr><td>组织结构</td><td colspan="6"></td></tr>
<tr><td>法定代表人</td><td>姓名</td><td></td><td>技术职称</td><td></td><td>电话</td><td></td></tr>
<tr><td>技术负责人</td><td>姓名</td><td></td><td>技术职称</td><td></td><td>电话</td><td></td></tr>
<tr><td>成立时间</td><td colspan="2"></td><td colspan="4">□员工总人数：</td></tr>
<tr><td>企业资质等级</td><td colspan="2"></td><td rowspan="5">其中</td><td>项目负责人</td><td colspan="2"></td></tr>
<tr><td>营业执照号</td><td colspan="2"></td><td>□高级职称人员</td><td colspan="2"></td></tr>
<tr><td>注册资金</td><td colspan="2"></td><td>□中级职称人员</td><td colspan="2"></td></tr>
<tr><td>开户银行</td><td colspan="2"></td><td>□初级职称人员</td><td colspan="2"></td></tr>
<tr><td>账号</td><td colspan="2"></td><td>□技工</td><td colspan="2"></td></tr>
<tr><td>经营范围</td><td colspan="6"></td></tr>
<tr><td>备注</td><td colspan="6"></td></tr>
</table>

注：1. 本表后应附企业法人营业执照、□资质证书副本、□安全生产许可证等材料的复印件。

2. 组成联合体参与响应的，联合体各方均应提供此表。

6.2 近三年财务状况

提供的具体要求见供应商须知表 3－1 第 1.2 款。

6.3 近三年类似项目业绩清单（格式）

☑类似项目业绩清单（格式）

项目名称：____________________

项目编号：____________________

表 7－4

序号	年份	项目名称	合同金额	委托内容	委托单位	所附证明材料在本响应文件中的页码
1						
2						
3						
…						

注：1. 本表后应附合同扫描件。

2. 业绩要求，以合同签订日期为准，须提供合同首页（显示项目名称或项目内容页）和签字盖章页扫描件或影印件。

3. 已承揽尚在履约期合同，以合同签订日期为准，须提供合同首页（显示项目名称或项目内容页）和签字盖章页的扫描件或影印件。

☑6.4 拟委任的主要人员汇总表

表 7－5

序号	本项目任职	姓名	职称	专业	执业或职业资格证明			备注
					证书名称	级别	证号	

☑6.5 主要人员简历表

表 7－6

<table>
<tr><td>姓名</td><td></td><td>年龄</td><td></td><td>执业或职业
资格证书名称</td><td></td></tr>
<tr><td>职称</td><td></td><td>学历</td><td></td><td>拟在本项目任职</td><td></td></tr>
<tr><td>工作年限</td><td colspan="3"></td><td>从事类似工作年限</td><td></td></tr>
<tr><td>毕业学校</td><td colspan="5">年毕业于　　　　　学校　　　　专业</td></tr>
<tr><td colspan="6">主要工作经历</td></tr>
</table>

时间	参加过的类似项目	担任职务	委托人/发包人及联系电话

注：供应商应根据供应商须知中的要求在本表后附相关证明材料。

□7. 响应方案

□7.1 整体服务方案

（内容由供应商自拟）

□7.2 服务质量保证措施

（内容由供应商自拟）

□7.3 合理化建议及特色服务

（内容由供应商自拟）

□7.4 拟投入本项目的人员配置情况

（格式参见附件1）

□7.5 采购需求中所需的全部内容

□7.6 供应商认为需加以说明的其他内容

□8. 响应文件的澄清说明等其他有关材料

供应商须知前附表规定的材料或供应商认为需要补充的其他内容，由供应商按实际情况提供或补充。

附件：

附件1：拟委任的主要人员汇总表
附件2：主要人员简历表

附件 1：拟委任的主要人员汇总表

表 7－7

序号	本项目任职	姓名	职称	专业	执业或职业资格证明			备注
					证书名称	级别	证号	

附件 2：主要人员简历表

表 7－8

<table>
<tr><td>姓名</td><td></td><td>年龄</td><td></td><td>执业或职业
资格证书名称</td><td colspan="2"></td></tr>
<tr><td>职　称</td><td></td><td>学历</td><td></td><td>拟在本项目任职</td><td colspan="2"></td></tr>
<tr><td>工作年限</td><td colspan="3"></td><td>从事类似工作年限</td><td colspan="2"></td></tr>
<tr><td>毕业学校</td><td colspan="6">年毕业于　　　　　学校　　　　专业</td></tr>
<tr><td colspan="7">主要工作经历</td></tr>
<tr><td>时间</td><td colspan="3">参加过的类似项目</td><td>担任职务</td><td colspan="2">发包人及联系电话</td></tr>
<tr><td></td><td colspan="3"></td><td></td><td colspan="2"></td></tr>
<tr><td></td><td colspan="3"></td><td></td><td colspan="2"></td></tr>
<tr><td></td><td colspan="3"></td><td></td><td colspan="2"></td></tr>
<tr><td></td><td colspan="3"></td><td></td><td colspan="2"></td></tr>
<tr><td></td><td colspan="3"></td><td></td><td colspan="2"></td></tr>
<tr><td></td><td colspan="3"></td><td></td><td colspan="2"></td></tr>
<tr><td></td><td colspan="3"></td><td></td><td colspan="2"></td></tr>
</table>

注：供应商应根据供应商须知中的要求在本表后附相关证明材料。

采购文件示例 2

使用询比方式采购的小型施工项目

	项目特征要求	文件编制模块选择
		封皮和目录
1	邀请方式：公告采购	第一章　采购公告（01－G）
2	项目性质：小型施工	第二章　采购需求（02－S）
3		第三章　供应商须知（03－T）
4	采购方法：询比价采购 采购方式：询比采购	第四章　采购方法（04－J－3）
5	评审办法：其他方法（最低报价）	第五章　评审办法（05－Q）
6	合同草案：施工类简易合同	第六章　合同草案（06－S－1）
7	响应文件格式：施工类响应文件	第七章　响应文件组成及格式附件（07－S）

（□正本　□副本）

文件编号

＿＿小型施工＿＿项目采购文件

采购人：＿＿＿＿

法定代表人或授权委托人：＿＿＿＿

（单位公章）

＿＿＿＿年＿＿＿＿月＿＿＿＿日

目　　录

01－G

第一章　采购公告
小型施工（项目名称）

1. 采购条件和方法

1.1　采购条件

____小型工程项目（项目名称）____已具备采购条件，经____（企业有关部门）____批准，现对该□施工　□货物　□服务项目实施公开采购活动，公开邀请合格供应商参加本项目采购竞争。

1.2　采购方法

□招标采购　☑询比价采购　□谈判采购　□直接采购

2. 采购内容和范围

本项目采购内容和范围____。

项目☑计划工期　□交货期　□服务期为________天。

☑建设地点　□交货地点　□服务地点位于________。

☑施工质量安全要求　□货物质量标准或主要技术性能指标　□服务质量要求或服务标准如下：

____。

□其他____。

□3. 供应商资格要求

3.1　供应商资格要求

参与本项目采购活动的供应商应当是中华人民共和国境内的☑法人□非法人组织□自然人。同时还应具备如下条件

□（1）供应商应当具备________资质。

□（2）项目负责人应当具备________资格条件。

□（3）供应商应当具有承接过同类项目的业绩。

□（4）项目负责人应当具有承接过同类项目的业绩。

□（5）在人员、专业技术、设备、资金等方面具有相应的能力。

□（6）其他要求：____。

3.2　供应商不得存在下列情形之一

（1）与本项目其他供应商的单位负责人为同一人。

（2）与本项目其他供应商存在直接控股关系。

（3）与本项目其他供应商存在管理关系。

（4）近三年内在经营活动中存在以下严重不良情形：

①被本项目所在地省级以上行业主管部门依法暂停、取消投标或禁止参加采购活动的。

②处于被责令停产停业、暂扣或者吊销执照、暂扣或者吊销许可证、吊销资质证书状态。

③进入清算程序，或被宣告破产，或其他丧失履约能力的情形。

④根据公司供应商管理要求，被禁止参与采购活动且在有效期内。

⑤其他禁止情形：____。

3.3　本次项目□接受　☑不接受联合体参加采购活动

联合体各方按照其分工协议，应当满足本条第3.1款规定的相应条件和要求；联合体各方均不得存在本条第3.2款规定的情形；联合体各方不得以自己名义单独提交相应文件，或参加其他联合体参与本项目采购活动。否则，相关响应文件均无效。

□4. 技术成果的补偿

本次采购对未成交供应商的技术成果□给予经济补偿　□不予补偿。

给予经济补偿的依照下列标准支付经济补偿费：________。

5. 采购文件的获取

5.1　获取时间

从________年________月________日9：00起至________年________月________日17：00止（北京时间）。

5.2　获取方式

□在____________________平台下载采购文件，下载路径____________________________________。

□在____（详细地址）____购买采购文件。

5.3　交纳采购文件工本费

□不交纳。

□每套售价人民币________元（售后不退）。

5.4　联系人

供应商在购买或领取采购文件时务必填写本次采购业务的联系人，在采购过程中的相关信息将以短信形式发送到该联系人手机上。

5.5　客服电话

供应商下载采购文件失败或遇到其他问题请拨打客服电话________________联系咨询。

6. 响应文件的递交

6.1　递交响应文件截止时间

________年________月________日________时________分（北京时间）。

6.2 递交地址

☑加密上传到________________平台。

☐指派专人送至______（地点）______。

7. 其他

7.1 发布公告的其他媒介

本项目采购公告同时在______（发布公告的媒介名称）______上发布。

☑7.2 注册、登录（适用电子采购）

7.2.1 本项目通过________平台进行供应商注册、购买采购文件、下载采购文件、网上提交响应文件、澄清等。供应商须访问________平台完成注册、交费、下载等有关操作，平台登录方式：

（1）____。

（2）____。

☐7.2.2 CA证书办理及驱动下载。

CA证书用于确保采购过程响应文件的合法性和保密性，登录平台后，系统会自动弹出CA数字证书在线办理提示窗口，办理CA证书需要3～5天，由______（数字认证）______公司颁发。

CA认证客服电话：____。

7.3 响应文件递交注意事项

7.3.1 逾期递交的响应文件，采购人将予以拒收。

☑7.3.2 供应商请于响应文件递交截止时间前登录________平台进入响应文件递交页面。供应商的电脑和网络环境应按照________平台要求。电子响应文件逾期上传或上传未成功，采购人拒收响应文件（平台自动关闭上传端口）。采购人温馨提醒，为避免在响应截止时间网络拥堵，建议供应商适当提前上传时间。

☑7.3.3 为防止解密失败，允许供应商递交密封的电子媒介作为备份文件。

8. 联系方式

采 购 人：____________________	采购代理机构：________________
地　　址：____________________	地　　址：____________________
邮　　编：____________________	邮　　编：____________________
联 系 人：____________________	联 系 人：____________________
电　　话：____________________	电　　话：____________________
电子邮箱：____________________	电子邮箱：____________________
________________（单位公章）	________________（单位公章）
________年________月________日	________年________月________日

02－S

第二章　采购需求

☑施工类采购

表2－1

项号	内容	说明与要求
1.1	工程名称	
1.2	建设地点	
1.3	工程规模和主要特征	
1.4	任务范围	
1.5	质量标准	
1.6	承包方式	
1.7	工期要求	施工总工期：________日历天 计划开工时间：________年________月________日 计划竣工时间：________年________月________日
1.8	标准	
1.9	图纸	
1.10	工程量清单	
1.11	其他	

注：标准、图纸和工程量清单及其他文件，采购人可另行专页编制，供供应商购买或有偿租借。

附件：项目详细说明。

03 – T

第三章　供应商须知

1. 对供应商的资格要求

表 3 – 1

<table>
<tr><td rowspan="3">供应商资质条件、能力和信誉</td><td>1.1</td><td>资质条件</td><td>☐不适用
☑适用；供应商应提供相关资质证书副本的复印件，以证明供应商具有承担本项目要求的资质
资质证书包括________________________________</td></tr>
<tr><td>1.2</td><td>财务要求</td><td>☑不适用
☐适用；供应商应提供近年财务会计报表复印件，包括☐资产负债表、☐现金流量表、☐利润表等；近年财务会计报表是指________年至________年的
☐账务报表
☐经内部审计的财务报表
☐经外部会计师事务所或审计机构审计的财务报表</td></tr>
<tr><td>1.3</td><td>业绩要求</td><td>☑不适用
☐适用；业绩要求如下：
☐类似业绩
☐生产企业业绩
☐供应商业绩
☐国内业绩
☐国外业绩
业绩证明材料要求：
☐中标通知书/成交通知书
☐竣工验收报告/验收证明
☐业主证明
☐其他材料
业绩证明材料种类要求：
☐提供上述勾选的任一项证明材料即可
☐需同时提供上述勾选的所有证明材料
☐其他要求：________________</td></tr>
</table>

续 表

<table>
<tr><td rowspan="2">供应商资质条件、能力和信誉</td><td>1.4</td><td>信誉要求</td><td>□不适用
☑适用；供应商应提供相关信誉情况的证明材料：
________</td></tr>
<tr><td>1.5</td><td>项目负责人资格要求</td><td>☑不适用
□适用；项目负责人应当具备的资质（资格）等级：专业________级
供应商应提供拟委任的主要人员汇总表和主要人员简历表</td></tr>
<tr><td></td><td>1.6</td><td>其他证明材料</td><td></td></tr>
</table>

2. 供应商不得存在的情形

☑见采购公告第3.2款（适用于采购公告方式）。

□供应商不得存在下列情形之一（适用于采购邀请书方式）：

（1）与本项目其他供应商的单位负责人为同一人。

（2）与本项目其他供应商存在直接控股关系。

（3）与本项目其他供应商存在管理关系。

（4）近三年内在经营活动中存在以下严重不良情形：

①被本项目所在地省级以上行业主管部门依法暂停、取消参加政府采购活动资格的。

②处于被责令停产停业、暂扣或者吊销执照、暂扣或者吊销许可证、吊销资质证书状态。

③进入清算程序，或被宣告破产，或其他丧失履约能力的情形。

④根据公司供应商管理要求，被禁止参与采购活动且在有效期内。

⑤其他禁止情形：________（如有关信用信息要求）________。

3. 本次交易一般规则

表3－2

<table>
<tr><th>阶段</th><th>条款</th><th>项目</th><th>规　则</th></tr>
<tr><td rowspan="2">准备及其响应</td><td>3.1</td><td>踏勘现场</td><td>☑不组织
□组织
踏勘时间：________
踏勘集中地点：________</td></tr>
<tr><td>3.2</td><td>预备会</td><td>☑不组织
□组织
召开时间：________
召开地点：________</td></tr>
</table>

续 表

阶段	条款	项目	规 则
准备及其响应	3.3	分包	☑不允许 □允许 允许分包的内容：____________ 分包商应当满足的要求：____________
	3.4	响应截止时间	☑见采购公告 □见采购邀请书
	3.5	最高限价	□不设置 □设置 □最高限价：________ □最高限价计算方式：________
	3.6	响应文件有效期	____日历天（从响应文件递交截止日算起）
	3.7	缔约保证金	□无须提交 □须提交 缔约保证金为____元人民币 缔约保证金形式____ 采购人指定账户名称、开户银行及其账号如下： 账户名称：________ 开户银行：________ 账号：________
	3.8	响应文件份数	☑以电子文件形式通过____平台递交以下文件： □资格审查文件 1 份 ☑商务文件 1 份 □技术文件 1 份 ☑并附光盘或其他电子存储媒介 □纸质文件正本 1 份，副本____份
	3.9	响应文件的密封和标记	□不要求密封 ☑要求密封；响应文件应在密封处加盖公章，标注正本和副本，封皮应注明： 项目名称：____________ 供应商名称：____________ 供应商地址：____________ 联系人及其联系方式：________
	3.10	响应文件提交	☑本项目应当在线提交电子响应文件 □本项目在线下提交纸质响应文件；响应文件送达地址：____________

续 表

<table>
<tr><th>阶段</th><th>条款</th><th>项目</th><th>规 则</th></tr>
<tr><td rowspan="5">文件开启及评审</td><td>3.11</td><td>响应文件开启会议</td><td>☑不举行
□举行
会议时间：同响应截止时间
会议地点：采购公告或邀请书中指定地点</td></tr>
<tr><td>3.12</td><td>开启文件前的密封检查</td><td>☑不适用
□适用
密封情况检查顺序：____________________
文件开启顺序：____________________</td></tr>
<tr><td>3.13</td><td>评审小组</td><td>□不组建
☑组建
评审小组构成：________人，其中采购人代表________人，专家________人
评审专家确定方式：
□随机抽取
☑直接聘请</td></tr>
<tr><td>3.14</td><td>评审办法</td><td>见第五章评审办法有关条款</td></tr>
<tr><td>3.15</td><td>成交候选人</td><td>□不公示
☑公示；公示媒介：____________________平台</td></tr>
<tr><td rowspan="3">确定成交人</td><td>3.16</td><td>成交办法</td><td>见第四章采购方法有关条款</td></tr>
<tr><td>3.17</td><td>签订合同</td><td>见第四章采购方法有关条款</td></tr>
<tr><td>3.18</td><td>履约担保</td><td>□无须提供
□须提供
履约担保形式：______________________________
履约担保金额：______________________________
提交时间：______________________________</td></tr>
<tr><td>其他</td><td>3.19</td><td>需要补充的其他内容</td><td>□如招标采购代理费金额、支付人、支付方式等</td></tr>
</table>

☑4. 本次交易的特别规定

对于施工技术方案简单、工期较短、季节性强的中小型工程，或者标准通用设备、材料以及有关服务的采购，可以不要求供应商编制施工组织设计、安装调试方案或服务大纲等技术响应文件，可不进行技术评审。

5. 发生下列情况之一者，视为无效响应行为

5.1 响应文件未密封或未按规定签字、盖章的。

5.2 未按采购文件的规定提交缔约保证金的。

5.3 响应文件未按规定格式填写，或内容与采购文件严重背离的。

5.4 响应文件有两个以上报价的（采购文件允许提交备选方案的除外）。

5.5　质量标准不符合采购文件要求的。

5.6　服务期不符合采购文件要求的。

5.7　报价超过最高限价的。

5.8　供应商不符合国家或者采购文件规定的资格条件。

5.9　响应文件没有对采购文件的实质性要求和条件作出响应。

5.10　其他不符合采购文件要求的情形。

6. 缔约保证金不予退还的情形

6.1　供应商在规定的要约有效期内撤销响应文件的。

6.2　成交人无正当理由拒签合同或未按采购文件规定提交履约担保的。

6.3　供应商有行贿、恶意串通、弄虚作假等违法行为的。

7. 响应文件要求

7.1　响应文件包括下列内容

（1）响应函及其附录。

□（2）法定代表人证明或授权委托书。

□（3）联合体授权书。

□（4）缔约保证金。

□（5）资格审查资料。

□（6）响应方案。

□（7）响应文件的澄清说明等其他有关材料。

7.2　响应文件的格式依据项目情况在第七章“响应文件组成及格式附件”中选取

8. 异议和投诉

依照《国有企业采购操作规范》和《国有企业采购管理规范》有关规定和程序执行。

9. 本章附件

附件 1：响应文件开启表

附件 2：问题澄清通知

附件 3：问题的澄清

附件 4：成交通知书

附件 5：成交结果通知书

附件 6：报价表（施工类采购）

附件 1：响应文件开启表

开启时间：________年________月________日________时________分

序号	供应商	报价	其他信息	备注	供应商代表签名

采购人代表________　　　　　　　　记录人________

________年________月________日

□**附件 2：问题澄清通知**

编号：

______（供应商名称）______：

______（项目名称）______的评审小组，对你方的响应文件进行了仔细的审查，现需你方对下列问题以书面形式予以澄清。

1.

2.

请将上述问题的澄清于________年________月________日________时前递交至________（详细地址）________；采用电子文件方式的，应在________年________月________日________时前将原件上传________平台。

______（项目名称）______评审小组

采购人：__________（公章）

或代理机构：__________（公章）

________年________月________日

□附件 3：问题的澄清

编号：

______（项目名称）______评审小组：

问题澄清通知（编号：____________）已收悉，现澄清如下。

1.

2.

供应商：__________（公章）

法定代表人或委托代理人：__________（签字）

________年________月________日

附件 4：成交通知书

______（成交人名称）______：

你方递交的响应文件已被我方接受，你方已被确定为成交供应商。

成交金额，大写：________，小写：________。

成交内容范围：____。

请你方在接到本通知书后的________日内与我方签订采购合同，并按采购文件第三章供应商须知的规定向我方提交履约保证金。

签订合同地点：____。

采购人：__________（公章）

或代理机构：__________（公章）

________年________月________日

附件 5：成交结果通知书

________________（未成交人名称）：

我方已接受______（成交人名称）______于______（响应日期）______所递交的______（项目名称）______响应文件，确定______（成交人名称）______为成交供应商。

感谢你单位对我们工作的大力支持！

采购人：__________（公章）

或代理机构：__________（公章）

________年________月________日

附件 6：☑报价表（施工类采购）

采购人依据采购文件的要求编制响应文件报价表，采用工程量清单的参照下列格式填写报价。

（1）报价说明：

____。

（2）报价表：

单位工程名称	报 价（万元）						备注
	总计	分部分项工程费	措施项目费	不可竞争费	其他项目	税金	
合计							

备注：1. 总报价人民币大写：____________。

2. 项目负责人姓名：________；　手机号：________。

身份证号码：________________。

供应商：__________（单位公章）

法定代表人或委托代理人：________（签字或盖章）

________年________月________日

04－J－3

第四章 采购方法

☑询比采购①	
邀请方式：□公告 □邀请书	
1. 采购准备	1.1 供应商提交首次响应文件截止时间为________年________月________日________时 1.2 在采购文件约定的时间、地点，供应商应向采购人递交响应文件。响应文件按照采购文件第三章供应商须知3.9的要求密封，按照3.10的规定提交 □1.3 资格审查执行第三章供应商须知1.1～1.7的规定 1.4 在规定截止时间响应供应商数量为2家的，采购活动可以继续进行；响应供应商为1家的，经采购人管理部门批准后，可转入单源直接采购程序
2. 询比程序	2.1 本次询比活动分为：________轮 首次开始时间（北京时间）：________ 活动的地点：________________________________ 和供应商沟通的顺序在活动开始后抽签决定 2.2 询比活动分为三个阶段
	2.2.1 第一阶段，采购人依次和每个供应商进行沟通，各种采购因素以及内容细节均可予以沟通协商，但不应改变采购文件的实质性内容 每轮沟通过程中应当给供应商更多的表现、表达和磋商的时间和空间，方便采购人获取价格上的利益；在合同条件确定后，供应商报出最终价
	2.2.2 第二阶段，评审小组按照采购文件规定的商务条件、技术条件对供应商响应文件进行评审 评审过程中，响应供应商数量为2家的，不影响采购活动的正常进行 其中需要澄清的允许供应商澄清
	2.2.3 第三阶段，评审小组对进入最后轮次的响应文件进行价格评审，并汇总评审结果
3. 评审办法	评审小组对供应商响应文件进行评审拟采用 □经评审的最低价法 □综合评分法 □直接评估法 ☑其他方法
4. 特别规定	4.1 在采购活动中允许供应商退出谈判活动，并可以在发出成交通知书3日内退还缔约保证金
	4.2 采购人不得就供应商提出的最终报盘或最终报价与其再进行谈判

① 本方式适用于采购需求明确、但不符合招标采购其他条件，合同条件相对简单的采购项目。

续 表

5. 成交规则	□采购人按照最终报价排序决定报价最低的为成交人 □采购人依据评审小组评审结果的排序，确定排名第一的供应商为成交人 □采购人依据企业生产需要的报盘确定成交人
6. 成交通知	采购人应在确定成交供应商后及时向成交人发出成交通知书，向其他供应商发出结果通知书
7. 结果公告	□在________平台公告成交供应商名单 □向参与响应的供应商公布成交供应商名单、数量和价格等信息 □不在________平台公告，依企业制度向有关部门备案或报告
8. 签订书面合同	采购人履行相应程序后在________日内和供应商签订书面合同 □在询比结束并和成交人签订合同 3 日内，应退还响应供应商的缔约保证金

05－Q

第五章　评审办法
□其他方法

最低报价法。

最低报价的供应商为本项目成交人。

06－S－1

第六章　合同草案
□施工类简易合同

发包方（全称）：____（以下简称甲方）

承包方（全称）：____（以下简称乙方）

根据《中华人民共和国民法典》及相关法律法规的规定，经平等友好协商，双方就本建设工程施工事项协商一致，订立本合同。

1. 工程概况

1.1　工程名称：____。

1.2　工程地点：____。

1.3　工程内容：____。

1.4　资金来源：____。

2. 工程承包范围

承包范围：____。

3. 合同工期

开工日期：____。

竣工日期：____。

合同工期总日历天数____________天。

4. 质量标准

工程质量标准：____。

5. 合同价款

金额（大写）：________元（人民币）￥：________。

6. 付款方式

____。

7. 乙方承诺

乙方向甲方承诺按照合同约定进行施工、竣工并在质量保修期内承担工程质量保修责任。如乙方所施工项目不能达到验收部门要求所产生的误工、返工费用均由乙方全部承担。

8. 甲方承诺

甲方向乙方承诺按照合同约定的期限和方式支付合同价款及其他应当支付的款项。

9. 甲方安全责任

（1）开工前甲方对乙方进行施工安全技术交底。

（2）甲方应要求乙方制定施工安全措施，在开始施工前报甲方备案。

（3）甲方有协助乙方搞好安全施工、施工管理以及督促检查的义务。甲方有权检查督促乙方执行有关安全施工方面的工作规定，对乙方不符合安全文明施工的行为进行制止、纠正并发出安全整改通知书，直至清退出场。

（4）甲方有权对乙方参与施工的人员进行安全技术知识和安全工作规程的抽考。

（5）乙方在施工中发生的施工事故，电网、设备事故等，甲方有责任负责调查、统计上报。乙方在施工中如发生国务院《特别重大事故调查程序暂行规定》所规定的特大事故，甲方有权督促乙方立即通知当地政府和公安部门，要求派人保护现场，并有权要求乙方提供事故调查书面结论及处理意见。

（6）发生以下情况停工整顿，因停工造成的违约责任由乙方承担：

①人身伤亡事故。

②发生施工机械、生产主设备及公共设施严重损坏事故。

③发生违章作业、冒险作业不听劝告的。

④施工现场脏、乱、差，不能满足安全和文明施工要求的。

10. 乙方安全责任

乙方作为工程项目的施工单位，对工程施工及生产生活过程中发生的人身伤害、设备损坏事故承担全部责任。乙方应切实履行以下安全责任：

（1）乙方所提供的承包工程要求的相关资质证明材料应真实、合法、有效。

（2）乙方必须贯彻执行国家有关安全生产的法律法规，必须制定相应的安全管理制度；严格执行《施工安全工作规程》《施工建设安全工作规程》等有关施工生产规程。

（3）现场施工应遵守国家和地方关于劳动安全，劳务用工法律法规及规章制度，保证其用工的合法性。乙方必须按国家有关规定，为施工人员购买人身保险，配备合格的劳动防护用品、安全用具。

（4）乙方一切施工活动，必须编制安全施工措施，施工前对全体施工人员进行全面的安全技术交底，并在整个施工过程正确、完整地执行，无措施或未交底严禁布置施工。

（5）乙方用于本工程项目的施工机械、工器具及安全防护用具的数量和质量必须满足施工需要，乙方对因使用工器具不当所造成的人员伤害及设备损坏负责。

（6）开工前，乙方应组织全体施工人员进行安全教育，并将参加安全教育人员名单（包括临时增补或调换人员）进行备案。特种作业人员必须持有有关部门核发的合格有效的上岗资格证书。

（7）开工前，乙方应组织人员确认施工区域、作业环境符合安全要求，一经开工，就表示乙方已确认施工现场、作业环境、设施、设备、工器具符合安全要求并处于安全状态。

（8）乙方应在施工范围装设临时围栏或警告标志，不得超越指定的施工范围进行施工，禁止无关人员进入施工现场。

（9）乙方施工过程中应做到工完、料尽、场地清，确保安全文明施工。

（10）乙方必须接受甲方的监督、检查，对甲方提出的安全整改意见必须及时整改。

11. 违约责任

11.1　乙方责任。

（1）由于乙方责任造成对方或第三方的人身伤害、设备损坏等财产损失，由乙方承担相应责任，并赔偿对方或第三方因此造成的全部损失。

（2）合同履行中，发现乙方提供的有关资质材料无效，甲方有权解除合同，并由乙方承担由此造成的一切损失。

（3）乙方未设置安监人员；未能正确、全面执行安全技术措施、施工组织设计；施工人员未掌握本工程项目特点及施工安全措施；用于本工程项目的施工机械、工器具及安全防护用品不满足施工需要，甲方有权要求乙方立即停工整改，由此引起的后果及损失由乙方承担。

11.2　甲方责任。

甲方负责周边施工环境及现场协调，满足施工条件要求，如由此造成的窝工等问题工期顺延。

甲方应按照本合同约定支付预付款、进度款，超过约定时间________天，乙方有权解除合同并要求甲方赔偿乙方相应损失。

12. 其他

12.1　若乙方无正当理由单方终止本合同，除承担由此给甲方造成的经济损失外，还应向甲方支付工程总造价50%的违约金。

12.2　若乙方违反本合同之上述有关约定，不按工期竣工、质量未达到设计规范或要求、存在较大安全隐患或发生安全事故以及发生其他导致本合同无法履行的行为，甲方有权单方解除本合同并要求乙方清场，乙方对该行为给甲方造成的经济损失应当予以赔偿。

13. 解释权

甲方对本合同上述各条款具有解释权。

14. 附则

本合同一式两份，甲、乙双方各执一份，具有同等法律效力。未尽事项甲乙双方应积极协商解决。该责任书自双方签字、盖章之日起生效，至乙方负责施工之上述项目办完工程验收交接并竣工结算后，即告终止。

甲方：__________	乙方（施工责任方）：__________
经办人：__________	施工责任人：__________
______年______月______日	______年______月______日

07－S

第七章　响应文件组成及格式附件

☑施工类

目　　录

1. 响应函及其附录

1.1　响应函

致：______（采购人名称）______

1. 我方已仔细研究了________（项目名称）采购文件的全部内容，愿意以含税价人民币________（大写）__________，__________（小写）__________的报价（其中不含税价为________；增值税为________________）完成本项目工程并按合同约定履行义务。

2. 我方的响应文件包括以下内容。

（1）响应函及其附录（报价表）。

（2）法定代表人证明或授权委托书。

□（3）联合体协议书。

□（4）缔约保证金。

□（5）资格审查资料。

□（6）响应方案。

□（7）响应文件的澄清说明等其他有关材料。

响应文件的上述组成部分如有不一致的内容，以响应函为准。

3. 我方承诺，我方响应采购文件的全部要求。

4. 我方承诺在采购文件有效期内不撤销响应文件。

5. 如我方成交，我方承诺：

（1）在收到通知书后，在成交通知书规定的期限内与你方签订合同。

（2）在签订合同时不向你方提出附加条件。

（3）按照采购文件的要求递交履约保证金。

（4）在合同期限内完成合同规定的全部义务。

6. 我方在此声明，所递交的响应文件及有关资料内容完整、真实和准确，且不存在采购公告/邀请书中供应商不得存在的情形。

7. ____________________（其他补充说明）。

供应商：__________（单位公章）

法定代表人或委托代理人：________（签字或盖章）

________年________月________日

1.2 响应函附录 A

工程名称：________

表 7－1　　工程施工报价情况汇总表

单位工程名称	报价（万元）						备注
	总计	分部分项工程量报价	其他项目报价	措施费报价	规费项目报价	增值税项目报价	
合计							

备注：1. 总报价人民币大写：________________。

2. 项目负责人姓名：________；　手机号：________；　身份证号码：________________。

供应商：__________（单位公章）

法定代表人或委托代理人：________（签字或盖章）

________年________月________日

1.3 响应函附录 B

工程名称：　（项目名称）　　标段号：________

表 7－2

序号	条款内容	合同条款号	约定内容	备注
1	项目负责人		姓名：________	
2	工期		________日历天	
3	缺陷责任期			
4	承包人履约保证金金额			
5	分包		见拟分包计划表	
6	逾期竣工违约金		________元/天	
7	逾期竣工违约金最高限额			
8	质量标准及违约赔偿承诺			
9	价格调整的差额计算			
10	预付款额度			
11	预付款保函金额			
12	质量保证金扣留百分比			
13	质量保证金额度			
…	……			

注：供应商在响应文件中规定的实质性要求和条件的基础上，可作出其他有利于采购人的承诺。此类承诺可在本表中予以补充填写。

供应商：____________（单位公章）

法定代表人或委托代理人：____________（签字或盖章）

________年________月________日

2. 法定代表人证明或授权委托书

2.1 法定代表人证明格式

法定代表人证明

供应商：________________________________

单位性质：________________________________

地　　址：________________________________

成立时间：________年________月________日

经营期限：________________________________

姓　　名：________　　　性　　别：________

年　　龄：________　　　职　　务：________

系________（供应商名称）________的法定代表人。

特此证明。

粘贴法定代表人身份证原件**正反面**的扫描件

供应商：____________（单位公章）

________年________月________日

2.2 法人授权委托书

授权委托书

本人____（姓名）____系____（供应商名称）____的法定代表人，现授权____（姓名）____为我方代理人。代理人根据授权，以我方名义签署、澄清、说明、提交、撤回、修改（项目名称、项目编号、标段号）的施工响应文件、签订合同和处理有关事宜，其法律后果由我方承担。

本授权书于________年________月________日至________年________月________日有效，代理人

无转委托权。

特此声明。

粘贴被授权人身份证原件**正反面**的扫描件

供应商：________________（单位公章）

法定代表人：______________（签字或盖章）

身份证号码：___________________________

委托代理人：______________（签字或盖章）

身份证号码：___________________________

________年________月________日

□3. 联合体协议书

联合体协议书（格式）

联合体各方：

甲方：_________________________

法定代表人：___________________

住所：_________________________

乙方（可有多个成员）：_________________________

法定代表人：___________________

住所：_________________________

根据相关政策法规之规定，联合体各方经协商一致，就_____（项目名称）_____进行联合响应，现就各方承担的工作和义务明确如下。

第一条　联合体各方同意以________为牵头人，以其身份共同参加本项目

第二条　各方承担的工作范围

一、甲方的工作范围包括

（一）甲方的合同金额占合同总额的________%

（二）____________________________________

（……）

二、乙方的工作范围包括

（一）乙方的合同金额占合同总额的________%

（二）____________________________________

（……）

第三条 各方承担的义务

一、甲方承担的义务

（一）____________________________________

（二）____________________________________

（……）

二、乙方承担的义务

（一）____________________________________

（二）____________________________________

（……）

第四条 联合体各方就共同承担的工作范围对采购人承担连带责任

第五条 本协议一式________份，联合体各方各持________份，一份作为响应文件的组成部分提交

甲方：________________（盖章）	乙方：____________（盖章）
法定代表人：__________（签字）	法定代表人：____________（签字）
________年________月________日	________年________月________日

□4. 缔约保证金

4.1 缔约保证金复印件

□4.2 基本账户证明

证明

我单位本次所参加____________项目的缔约保证金________元，由我单位的基本账户（账号：________________）转出，情况属实。

如存在不真实和弄虚作假行为，我方愿意放弃成交资格并承担因此所引起的一切法律后果。

特此证明。

供应商：__________（盖章）

法定代表人或委托代理人：__________（签字）

________年________月________日

□5. 资格审查资料

5.1 供应商基本情况表

表 7－3

<table>
<tr><td>供应商名称</td><td colspan="6"></td></tr>
<tr><td>注册地址</td><td colspan="3"></td><td>邮政编码</td><td colspan="2"></td></tr>
<tr><td rowspan="2">联系方式</td><td>联系人</td><td colspan="2"></td><td>电　话</td><td colspan="2"></td></tr>
<tr><td>传　真</td><td colspan="2"></td><td>网　址</td><td colspan="2"></td></tr>
<tr><td>组织结构</td><td colspan="6"></td></tr>
<tr><td>法定代表人</td><td>姓名</td><td></td><td>技术职称</td><td></td><td>电话</td><td></td></tr>
<tr><td>技术负责人</td><td>姓名</td><td></td><td>技术职称</td><td></td><td>电话</td><td></td></tr>
<tr><td>成立时间</td><td colspan="2"></td><td colspan="4">□员工总人数：</td></tr>
<tr><td>企业资质等级</td><td colspan="2"></td><td rowspan="5">其中</td><td>项目负责人</td><td colspan="2"></td></tr>
<tr><td>营业执照号</td><td colspan="2"></td><td>□高级职称人员</td><td colspan="2"></td></tr>
<tr><td>注册资金</td><td colspan="2"></td><td>□中级职称人员</td><td colspan="2"></td></tr>
<tr><td>开户银行</td><td colspan="2"></td><td>□初级职称人员</td><td colspan="2"></td></tr>
<tr><td>账号</td><td colspan="2"></td><td>□技　工</td><td colspan="2"></td></tr>
<tr><td>经营范围</td><td colspan="6"></td></tr>
<tr><td>备注</td><td colspan="6"></td></tr>
</table>

注：1. 本表后应附企业法人营业执照、资质证书副本、安全生产许可证等材料的复印件。

2. 组成联合体参与响应的，联合体各方均应提供此表。

5.2 近三年财务状况

提供的具体要求见供应商须知表 3－1 第 1.2 款。

5.3 近________年类似项目情况表

表 7－4

序号	年份	项目名称	合同金额	委托内容	委托单位	所附证明材料在本响应文件中的页码

续　表

序号	年份	项目名称	合同金额	委托 内容	委托单位	所附证明材料在本 响应文件中的页码
…						

注：1. 本表后应附合同扫描件。

2. 业绩要求，以合同签订日期为准，须提供合同首页（显示项目名称或项目内容页）和签字盖章页扫描件或影印件。

3. 已承揽尚在履约期合同，以合同签订日期为准，须提供合同首页（显示项目名称或项目内容页）和签字盖章页的扫描件或影印件。

5.4　拟委任的主要人员汇总表

表7－5

序号	本项目任职	姓名	职称	专业	执业或职业资格证明			备注
					证书名称	级别	证号	

5.5　主要人员简历表

表7－6

<table>
<tr><td>姓名</td><td></td><td>年龄</td><td></td><td>执业或职业
资格证书名称</td><td></td></tr>
<tr><td>职称</td><td></td><td>学历</td><td></td><td>拟在本项目任职</td><td></td></tr>
<tr><td>工作年限</td><td colspan="3"></td><td>从事类似工作年限</td><td></td></tr>
<tr><td>毕业学校</td><td colspan="5">年毕业于　　　　　　学校　　　　　专业</td></tr>
<tr><td colspan="6">主要工作经历</td></tr>
<tr><td>时　间</td><td colspan="3">参加过的类似项目</td><td>担任职务</td><td>发包人及联系电话</td></tr>
<tr><td></td><td colspan="3"></td><td></td><td></td></tr>
<tr><td></td><td colspan="3"></td><td></td><td></td></tr>
<tr><td></td><td colspan="3"></td><td></td><td></td></tr>
<tr><td></td><td colspan="3"></td><td></td><td></td></tr>
<tr><td></td><td colspan="3"></td><td></td><td></td></tr>
<tr><td></td><td colspan="3"></td><td></td><td></td></tr>
<tr><td></td><td colspan="3"></td><td></td><td></td></tr>
</table>

注：供应商应根据供应商须知中的要求在本表后附相关证明材料。

□6. 响应方案

□6.1 施工组织设计

6.1.1 供应商应根据采购文件和对现场的勘察情况，采用文字并结合图表形式，参考以下要点编制本工程的施工组织设计：

（1）施工方案及技术措施。

（2）质量保证措施和创优计划。

（3）施工总进度计划及保证措施（包括横道图或标明关键线路的网络进度计划、保障进度计划需要的主要施工机械设备、劳动力需求计划及保证措施、材料设备进场计划及其他保证措施等）。

（4）施工安全措施计划。

（5）文明施工措施计划。

（6）施工场地治安保卫管理计划。

（7）施工环保措施计划。

（8）特殊气候条件下（高温、冬季、雨季、台风等根据工程实际工期确定）施工方案。

（9）施工现场总平面布置（供应商应提交一份施工总平面图，绘出现场临时设施布置图表并附文字说明，说明临时设施、加工车间、现场办公、设备及仓储、供电、供水、卫生、生活、道路、消防等设施的情况和布置）。

（10）项目组织管理机构。

（11）成品保护和工程保修工作的管理措施和承诺。

（12）任何可能的紧急情况的处理措施、预案以及抵抗风险（包括工程施工过程中可能遇到的各种风险）的措施。

（13）与发包人、项目管理单位、监理（包括投资监理）及设计人的配合。

（14）采购文件规定的其他内容。

6.1.2 施工组织设计除采用文字表述外可附下列图表，图表及格式要求附后。

□附件1：拟投入本工程的主要施工设备表

□附件2：拟配备本工程的试验和检测仪器设备表

□附件3：劳动力计划表

□附件4：计划开、竣工日期和施工进度网络图

□附件5：施工总平面图

□附件6：临时用地表

□附件7：拟分包项目一览表

附件 1：拟投入本工程的主要施工设备表

表 7－7

序号	设备名称	型号规格	数　量	国别产地	制造年份	额定功率（kW）	生产能力	用于施工部位	备注

附件 2：拟配备本工程的试验和检测仪器设备表

表 7－8

序号	仪器设备名称	型号规格	数量	国别产地	制造年份	已使用台时数	用途	备注

附件3：劳动力计划表

表7－9　　　　　　　　　　　　　　　　　　　　　　　　　　　　单位：人

工种	按工程施工阶段投入劳动力情况						

附件4：计划开、竣工日期和施工进度网络图

1. 供应商应提交施工进度网络图或施工进度表，说明按采购文件要求的计划工期进行施工的各个关键日期。

2. 施工进度表可采用网络图和（或）横道图表示。

附件5：施工总平面图

供应商应提交一份施工总平面图，绘出现场临时设施布置图表并附文字说明，说明临时设施、加工车间、现场办公、设备及仓储、供电、供水、卫生、生活、道路、消防等设施的情况和布置。

附件 6：临时用地表

表 7－10

用途	面积（m^2）	位　置	需用时间

附件 7：拟分包项目一览表

表 7－11

分包项目	主要内容	预计工程金额	拟委托企业名称	拟委托企业资质	拟设项目负责人资格	类似工程情况

□7. 响应文件的澄清说明等其他有关材料

供应商须知前附表规定的材料或供应商认为需要补充的其他内容，由供应商按实际情况提供或补充。

采购文件示例3

使用单一来源采购方式采购的工业原材料项目

	项目特征要求	文件编制模块选择
		封皮和目录
1	邀请方式：邀请采购	第一章　采购邀请书（01－Y）
2	项目性质：工业原材料	第二章　采购需求（02－H）
3	采购方法：直接采购 采购方式：单源直接采购	第三章　采购方法（04－A－1）
4	合同草案：货物类简易合同	第四章　合同草案（06－H－1）

（□正本　□副本）

文件编号

＿＿原材料＿＿采购文件

采购人：＿＿＿＿

法定代表人或授权委托人：＿＿＿＿

（单位公章）

＿＿＿＿年＿＿＿＿月＿＿＿＿日

目　　录

01－Y

第一章　☑采购邀请书
原材料（项目名称）

1. 采购条件和方法

1.1　采购条件

____原材料（项目名称）____已具备采购条件，经____（企业有关部门）____批准，现邀请贵单位参加本□施工　☑货物　□服务项目采购活动。

1.2　采购方法

□招标采购　□询比价采购　□谈判采购　☑直接采购

2. 采购内容和范围

本项目采购内容和范围：________________。

项目□计划工期　☑交货期　□服务期为________天。

□建设地点　☑交货地点　□服务地点位于________________。

□施工质量安全要求　☑货物质量标准或主要技术性能指标　□服务质量要求或服务标准如下：

________________。

联合体各方不得以自己名义单独提交响应文件，或参加其他联合体参与本项目采购活动。否则，相关响应文件均无效。

□其他________________。

□3. 技术成果的补偿

本次采购对未成交供应商的技术成果□给予经济补偿　□不予补偿。

给予经济补偿的依照下列标准支付经济补偿费：________。

4. 采购文件的获取

4.1　获取时间

从________年________月________日 9：00 起至________年________月________日 17：00 止（北

京时间）。

4.2 获取方式

□在____________________平台下载采购文件，下载路径__________________________________。

☑在_____（详细地址）_____购买采购文件。

4.3 交纳采购文件工本费

☑__不收费__。

□每套售价人民币________元（售后不退）。

4.4 联系人

供应商在购买或领取采购文件时务必填写本次采购业务的联系人，在采购过程中的相关信息将以短信形式发送到该联系人手机上。

4.5 客服电话

供应商下载采购文件失败或遇到其他问题请拨打客服电话________________联系咨询。

5. 响应文件的递交

5.1 递交响应文件截止时间

________年________月________日________时________分（北京时间）。

5.2 递交地址

□加密上传到____________________。

☑指派专人送至_____（地点）_____。

6. 其他

6.1 发布公告的其他媒介

本项目采购公告同时在_____（发布公告的媒介名称）_____上发布。

□6.2 注册、登录（适用电子采购）

6.2.1 本项目通过________平台进行供应商注册、购买采购文件、下载采购文件、网上提交响应文件、澄清等。供应商须访问________平台完成注册、交费、下载等有关操作，平台登录方式：

（1）____。

（2）____。

□6.2.2 CA 证书办理及驱动下载。

CA 证书用于确保采购过程响应文件的合法和保密性，登录平台后，系统会自动弹出 CA 数字证书在线办理提示窗口，办理 CA 证书需要 3 ~5 天，由______（数字认证）______公司颁发。

CA 认证客服电话：________________。

6.3　响应文件递交注意事项

6.3.1　逾期递交的响应文件，采购人将予以拒收。

□6.3.2　供应商请于响应文件递交截止时间前登录________平台进入响应文件递交页面。供应商的电脑和网络环境应按照________平台要求。电子响应文件逾期上传或上传未成功，采购人拒收响应文件（平台自动关闭上传端口）。采购人温馨提醒：为避免响应文件递交截止时间前可能发生网络拥堵，建议供应商适当提前上传时间。

□6.3.3　为防止解密失败，允许供应商递交密封的电子媒介作为备份文件。

7. 确认

请贵单位收到本邀请书后，于________年________月________日________时前，以书面形式回复确认是否参加本次采购活动。未在规定时间内回复的，视为放弃本项目采购活动。

8. 联系方式

采 购 人：____________________　　采购代理机构：________________

地　　址：____________________　　地　　址：____________________

邮　　编：____________________　　邮　　编：____________________

联 系 人：____________________　　联 系 人：____________________

电　　话：____________________　　电　　话：____________________

电子邮箱：____________________　　电子邮箱：____________________

__________________（单位公章）　　__________________（单位公章）

________年________月________日　　________年________月________日

确认通知

（采购人名称）：

我方已于________年________月________日收到你方________年________月________日发出的______（项目名称）______参加采购活动的邀请书，并确认□参加　□不参加本次采购活动。

谢谢邀请。

被邀请单位名称：____________（单位公章）

委托代理人签字：____________

________年________月________日

02 – H

第二章　采购需求
☑货物类采购

1. 供货范围（材料或设备及其他）

1.1　供应商须确认此范围并提供细化清单（格式）

表 2 – 1

编号	名称	规格和型号	数量	产地	生产厂家	价格	小计
合计							

注：该表格式仅供参考，具体表格应和响应文件的报价格式一致。

1.2　商务条件/技术参数偏离表

表 2 – 2

编号	采购文件		响应文件	
	条目	简要内容	条目	简要内容

2. 交货期

表 2－3

交货顺序	设备（材料）名称型号	交货时间	交货地点	数量	重量

□3. 参数要求

表 2－4

序号	参数名称	设计值	保证值	试验值	备注

说明：以上表格仅供参考。

04 – A – 1

第三章　采购方法

☑单源直接采购①	
1. 采购准备	1.1　采购人向特定供应商发出采购邀请或订单并提出协商的时间、地点或路径 1.1.1　本次单源直接采购的协商时间拟定于________年________月________日________时 1.1.2　□通过________平台直接采购 ☑线下协商，地点拟定于：________
2. 采购程序	与供应商沟通、协商的主要内容应包括 （1）质量是否满足要求 （2）交付时间是否满足要求 （3）交付量是否满足要求 （4）交付地点是否满足要求 （5）在此基础上的合理报价
3. 采购记录	采购人在采购过程中应做好过程和结果记录 记录主要内容包括 （1）企业采购管理部门批准文号或允许单源直接采购的清单目录编号 （2）协商过程争议要点及解决办法 （3）协商日期和地点、采购人员名单 协商记录应由采购小组参加采购的全体人员签字认可；对记录有异议的采购人员，应签署不同意见并说明理由；采购人员拒绝在记录上签字又不书面说明其不同意见和理由的，视为同意
4. 成交办法	在满足采购人采购需求的基础上，双方达成合意完成合同文件
5. 结果公告	□在________平台公告成交供应商名单 □向参与响应的供应商公布成交供应商名单、数量和价格等信息 □不在________平台公告，依企业制度向有关部门备案或报告
6. 签订书面合同	采购人履行相应程序后在________日内和供应商签订书面合同

① 本方式适用于采购需求明确，但因多种原因需要和特定供应商直接采购的项目。

06－H－1

第四章　合同草案

合同编号：

甲方（买方）：____________　　　乙方（卖方）：____________

根据《中华人民共和国民法典》及相关法律法规的规定，经平等友好协商，甲乙双方就甲方向乙方采购____________________产品事宜达成一致约定，并签订本合同。

1. 合同标的

序号	货物（材料或产品）名称	规格型号	单价	数量	小计	备注
1						
2						
…						
合计（人民币）　　　　元整						

2. 货款支付

2.1　甲方应按以下时间及方式将货款支付至乙方账号，即人民币________元整（大写）。

2.1.1　支付时间：甲方应在本合同签订后________个工作日内向乙方支付本合同全部款项。

2.1.2　支付方式：□转账　□电汇　□支票　□其他________________

2.1.3　乙方收款账户：

公司名称：

开户银行：

银行账号：

2.2　乙方应依法向甲方开具合法发票，甲方的开票信息：

名称：

纳税人识别号：

单位地址：

电话：

开户行：

银行账号：

2.3 甲乙双方均有义务对交易往来信息予以核对。

2.4 在甲方付清全部款项前，乙方保留对货物的所有权。但如是甲方定制产品，甲方必须无条件收货并支付货款。

3. 货物交付

3.1 由乙方或乙方指定单位委托承运人将产品送至交货地点交付给甲方指定人员。

3.2 甲乙双方签订合同后__3__个工作日内，乙方将产品交承运人运输，并承担运输和保险费用，运输方式为公路汽运。产品交付给甲方指定人员后，甲方应自行承担后续运输、保险费用以及产品毁损、灭失等风险。

3.3 乙方应按产品的标准出厂包装方式提供产品包装。

4. 收货验收

4.1 收货或提货时，甲方应检查产品包装是否完好，并按照合同核实产品数量及型号等事项。如产品数量、型号符合合同约定、外包装完好，视为到货验收合格。甲方应在送货单、收货单或提货单上加盖公章或由收货人签字确认，并交给送货人或承运人。

4.2 如收货或提货时发现产品数量或外观型号与合同不符，或者产品包装破损或有开箱痕迹时，甲方应与承运人一同开箱检验，并在送货单（收货单）中注明详细情况，由承运人和收货人共同签字认可。型号不符或包装破损致使产品损坏的由送货人或承运人带回或不予提取。其他产品甲方应按正常手续签收或提取。

5. 质量验收

5.1 甲方收货或提货后____5____日内进行质量验收，产品加电自检通过，外观完好及配套设备、数据完整即为合格。随机备品备件工具数量及供应办法以产品装箱单标注为准。如出现质量不合格及缺少随机配件工具情况，甲方应在收货或提货后____7____日内向乙方提出书面报告。否则，视为乙方货物质量验收合格。经甲方验收合格的产品，甲方不得再以任何质量问题为由向乙方主张索赔。

5.2 乙方应在收到甲方书面报告后____10____日内核实，并在____30____日内根据核实情况对产品予以调换、修理、补充随机配件工具。

6. 售后服务

由乙方为整机产品提供符合服务保证书内容的售后服务。

7. 违约责任

7.1　除双方另有约定外，如甲方未按合同约定支付货款，每逾期 1 日，应按逾期金额的 0.3% 向乙方支付违约金，且乙方有权延期交货直至甲方支付货款；如逾期达___30___日及以上的，除甲方按前述约定承担违约责任外，乙方有权单方随时解除买卖合同。如有前述情形的，甲方应赔偿乙方全部损失（包括但不限于备货费用，以及因追索欠款而发生的差旅费、诉讼费及律师费等相关费用）。

7.2　除双方另有约定外，如乙方不能如期交付产品，每迟延 1 日，应按逾期货物金额的 0.01% 向甲方支付违约金。乙方因本合同向甲方支付的各种违约金、赔偿总额不超过合同总价款的 5%。

7.3　除本合同另有约定外，任何一方不得随意变更或解除合同，否则即构成违约。违约方应赔偿由此给守约方造成的全部损失。

8. 不可抗力

不可抗力是指本合同签订时，双方所不能预见、并且它的发生及后果是不能克服和不能避免的客观情况。除不可抗力发生前已经违约外，一方因不可抗力不能履行合同时，根据不可抗力的影响，可以部分或者全部免除责任，但该方应于事件发生后，立即以电子邮件或传真等方式通知另一方，并在事件发生后15 日内用特快专递向对方发出事件发生地点有关政府部门或商会出具的证明文件，以证实不可抗力的存在。

9. 保密条款

任何一方或其工作人员、承包商、顾问或代理人获得的有关本合同的所有资料和文件（不论是财务、技术或其他方面）等，除为履行本合同义务或法律法规及政府机关等强制性要求外，未经另一方事先书面同意，在合同有效期内以及合同终止后三年内均不得向第三方透露或公开。否则，泄密方须赔偿对方损失（包括但不限于因泄密产生的直接损失、间接损失等）。

10. 反商业贿赂

甲乙双方同意共同遵守商业道德准则，拒绝商业贿赂，不得以任何方式（无论是直接、间接或通过第三方）给予对方人员回扣或进行其他方式的利益输送。否则，任何一方有权向另一方所在地纪检部门举报。

11. 法律适用及争议解决

11.1　本合同适用中华人民共和国境内的法律、法规等规定。

11.2　凡因本合同引起或与本合同有关的一切争议，双方应友好协商解决；协商解决不成的，任何一方均可向另一方住所所在地有管辖权的人民法院起诉，由此产生的全部费用（包括但不限于诉讼费、保全费、担保费、律师费等）均由败诉方承担。

12. 其他

12.1　经双方确认的合同履行往来文件以及双方就合同未尽事宜另行签订的书面文件作为本合同附件。附件（如有）是本合同不可分割的组成部分，除另有约定外，与本合同具有同等法律效力。

12.2　关于本合同履行及相关事宜的书面通知，双方一致同意以本合同尾部确认的地址作为通知送达地址，并指定联系人：

甲方联系人：________________　邮箱：________________　电话：________________

乙方联系人：________________　邮箱：________________　电话：________________

当一方的相关信息（如地址、账号、法定代表人、指定联系人等）发生变化时，应及时将变化信息书面通知对方。否则，应自行承担由此产生的不利后果。

12.3　本合同自双方签字盖章之日起生效，一式四份，双方各执两份，具有同等法律效力。

甲方：________________________　　乙方：________________________

地址：________________________　　地址：________________________

法定代表人或授权代表：________　　法定代表人或授权代表：________

签订时间：____________________　　签订时间：____________________

附录B

采购合同范例

合同说明

一、本书附录B的合同是编写单位选送的合同文本，属于简易合同范畴。供采购人编制采购文件参考选用。

二、附录B合同的编排顺序按照框架协议类、货物类、施工类、服务类排序。

三、服务类合同包括和工程有关的勘察、设计、监理合同，以及其他服务合同包括技术开发合同、信息咨询合同、租赁合同、托管合同、资产评估机构备选库入库协议、委托培训合同、道路绿化服务合同、物业服务合同、保安服务合同等。

四、上述合同为采购人提供了可以参考的模板，采购人可根据模板补充、修改、完善，其中画________的条款，依据合同约定的具体条款填写。

合同目录

合同范例 01

战略合作框架协议基本条款

（示范文本）

中国________

________年________月________日

战略合作框架协议

本协议由以下双方于________年________月________日在________签订。

甲方：________（以下简称“__________”）

法定代表人：________

住所：________

乙方：________（以下简称“__________”）

法定代表人：________

住所：________

（上述“甲方”和“乙方”以下合称为“双方”，单称为“一方”）

鉴于：

（1）____。

（2）____。

为促进、扩大和深化双方的合作，实现优势互补、互利互惠、合作共赢，双方在遵守法律法规、监管规定以及双方各自已签署的有关协议或安排的前提下，经友好协商一致，就战略合作事宜达成如下协议。

1. 合作目标

1.1 双方通过紧密合作，积极发挥各自优势，实现资源共享、优势互补，构建双赢、可持续发展的战略合作伙伴关系。

1.2 双方通过高效务实、创新的合作模式，促进短期成效与中长期战略目标的均衡发展，实现互利共赢、共同发展。

1.3 ____。

2. 合作原则

2.1 开放公平。坚持合作的开放性与公平性，坚持非排他性和非歧视性，不限制任何一方与其他方签署与本协议的内容相似的文件、从事相似的活动。

2.2 优势互补。充分发挥各自优势，积极推动双方优势资源的共享、协同、集成与互补。

2.3 互利共赢。双方应推动意向合作项目落地实施，提高合作效益和水平，实现互利共赢。

2.4 市场化原则。双方同意具体合作事项按市场化方式运作，相互给予优惠和便利，拓展发展空间；同等条件下，优先选择对方作为合作伙伴。

2.5 长期、稳定合作原则。基于彼此充分信任，双方的合作着眼于长期利益，致力于长期、稳定的合作。

2.6 ____。

3. 合作内容

双方将发挥各自优势，在________等领域进行战略合作。

3.1 ________领域的合作，合作项目包括但不限于：

3.1.1 ____；

3.1.2 ____。

3.1.3 上述意向合作项目主要由甲方________与乙方________进行对接。

3.2 ________领域的合作，合作项目包括但不限于：

3.2.1 ____；

3.2.2 ____。

3.2.3 上述意向合作项目主要由甲方________与乙方________进行对接。

3.3 ________领域的合作，合作项目包括但不限于：

3.3.1 ____；

3.3.2 ____。

3.3.3 上述意向合作项目主要由甲方________与乙方________进行对接。

4. 合作模式

4.1 本协议为指导双方战略合作的框架性文件，依据本协议，双方及双方在中国各地及中国境外的分支机构、子公司、分公司可结合具体业务需求，针对意向合作项目，按成熟一个、落实一个的基本思路推进。

4.2 作为战略合作伙伴，根据相互合作需要，双方及其下属单位在同等条件下，按照市场化机制，优先参与战略合作方的主导项目，优先选择战略合作方成为核心供应商，优先选用战略合作方的产品或服务，为战略合作方积极提供富有竞争力的产品或服务。

4.3 双方指定的对接单位进一步就意向合作项目开展交流与合作，并在符合国家法律法规及双方业务审批条件和办理程序的前提下，另行签订具体业务合作协议或业务合同，本协议约定事项与合作协议或业务合同约定不一致的，以合作协议或业务合同约定为准。

4.4 ____。

5. 合作机制

为顺利推进双方战略合作，加强沟通衔接，及时研究解决双方合作中出现的新情况、新问题，探索合作的新途径、新方式，保证合作项目的落实，双方建立如下合作机制。

5.1 双方高层会晤机制：通过双方高层领导互访或不定期会晤或高层联席会议，明确与充实战略合作重大事项，协调解决战略合作重大问题，指导和推动双方战略合作的深化实施和落实。

5.2 工作层面推进机制：双方成立专项工作小组，协调和推动具体项目合作。甲方指定________，乙方指定________为推动本协议的总体协调和联络机构，并明确各自总体协调负责人员，双方保持日常沟通联络，及时协调解决本协议履行中的问题。双方指定的对口子公司间亦应循例建立相应的合作沟通机制，明确相应合作领域的对口联系人，并将合作进展报告双方高层领导。

5.3 ____。

6. 知识产权与保密

6.1 知识产权。

6.1.1 在双方战略合作中，双方保证各自产品、服务及相关经营不会侵犯任何第三方的专利权、版权、商业秘密、商标或其他知识产权。

6.1.2 本协议中任何条款都不能被解释为一方对另一方明示或默示地授予任何知识产权的许可。双方承诺尊重并保护对方的知识产权，不得在依据本协议而签署的其他具体合作协议约定的许可范围之外使用对方知识产权（包括但不限于对方的任何商号、服务商标、品牌和商标）。

6.2 保密。

6.2.1 各方在订立及履行本协议的过程中向另一方提供的全部技术和商业信息、本协议的签署及内容均应被视为保密条款中所述的保密信息，任何一方未经对方事先书面同意，不得对外做宣传。对于一方（“披露方”）向另一方（“接收方”）提供的保密信息，未经披露方事先书面授权，接收方不得以任何方式向任何其他组织或个人泄露、转让、许可使用、交换、赠与或与任何其他组织或个人共同使用或不正当使用，除非（1）披露、公开或利用保密信息是履行本合作框架协议项下的义务适当所需；（2）因政府机关、法院或其他有权机构要求披露的信息而披露保密信息。

6.2.2 如因法律法规、国家政策、行业规章以及合作项目适用的境外法律和监管措施等强制要求必须披露、发布的，在不违反适用的境内外法律和监管措施禁令的情形下，一方需提前书面知会对方并与对方共同商讨发布内容、发布方式，并协助对方减少因该等信息披露而造成的不利影响。

6.2.3 本协议的变更、解除、终止不影响上述保密条款的效力。

7. 适用法律及争议解决

7.1 本协议的订立、效力、解释、履行、变更、解除、终止和争议解决均适用中华人民共和国（为本协议之目的，不包括香港特别行政区、澳门特别行政区及台湾地区）法律，并受其管辖。

7.2 [ ] 因本协议产生的，或与本协议有关的任何争议，双方应首先本着友好态度协商解决。若争议无法在一方向另一方提出友好协商的书面通知之日起二十日内通过协商方式予以解决，则任何一方有权向甲方所在地有管辖权的法院提起诉讼。

[ ] 因本协议产生的，或与本协议有关的任何争议，双方应首先本着友好态度协商解决。若争议无法在一方向另一方提出友好协商的书面通知之日起二十日内通过协商方式予以解决，应提交中国国际经济贸易仲裁委员会，按申请仲裁时该会实施的仲裁规则进行仲裁，仲裁地点在________。该裁决是终局的，对双方均有约束力。

［　］因本协议产生的，或与本协议有关的任何争议，双方应首先本着友好态度协商解决。若争议无法在一方向另一方提出友好协商的书面通知之日起三十日内通过协商方式予以解决，应提交____________________，按申请仲裁时该机构实施的仲裁规则进行仲裁，仲裁地点在____________。该裁决是终局的，对双方均有约束力。

7.3　在争议解决期间，除有争议的事项外，双方应继续全面履行本协议。

8. 其他

8.1　本协议未尽事宜，双方可协商解决，并以书面签订补充协议的形式对本协议中的有关问题做出补充、说明、解释，本协议的补充协议与本协议具有同等法律效力。

8.2　本协议的签订不影响双方（含双方下属分支机构）已有的其他合作协议的有效性及执行。

8.3　双方应独自承担因履行其在本协议中的责任而可能产生的所有成本和费用。

8.4　本协议自双方法定代表人（或授权代表）签字并盖章之日起生效，有效期为________年。有效期满后，双方可协商续签事宜。如依据本协议开展的具体合作项目的合作期限超过本协议约定有效期，不影响具体合作项目合作期限。在本协议有效期终止前三个月内，经双方协商一致，可再行延续，根据本协议开展的具体合作项目的合作期限以届时签订的合作协议或合作合同为准。

8.5　本协议一式________份，双方各持________份，各份协议均具有同等法律效力。

（以下无正文）

（本页为签字盖章页）

甲方：______________（盖章）

法定代表人/授权代表__________（签字）

乙方：______________（盖章）

法定代表人/授权代表__________（签字）

合同范例 02

××××年材料类物资框架采购协议

协议号：

甲方：××××集团有限公司采购中心

乙方：

鉴于：

1. ××××集团有限公司与乙方于（　）年（　）月（　）日签署了《战略合作协议》（协议编号：　　　　　）。

2. 甲方是××××集团有限公司物资采购归口管理部门。

为加强（　）年的进一步合作，经双方友好协商，签订本协议，双方共同遵守。

第一条　资源安排

1. 甲方承诺（　）年本协议有效期内向乙方直接订购（*数量、物资名称*）。

2. 乙方承诺（　）年本协议有效期内给予甲方（*数量、物资名称*）。

3. 每季度平衡资源时，乙方向甲方提供资源量说明，作为资源平衡的参考；甲方向乙方提供资源分配表，作为乙方安排生产和发运进度的依据。双方保证月平均安排资源量不少于（　）吨。

4. 如遇特殊情况，甲乙双方任何一方不能按期提报资源或安排生产，应提前通知对方，由双方协商解决。

第二条　价格确定

1. 甲乙双方应在每季度开始前开展价格联合谈判，对本协议项下产品价格进行调整和确认，作为本季度的采购价格。

2. 乙方承诺给予甲方所订购（　）的价格为国内当期市场最低价格。

3. 如钢材原材料价格出现较大波动并影响生产时，任何一方可以对本协议涉及的产品价格提出调整建议，双方本着互利互惠的合作原则就价格调整进行友好协商，双方应就新确认的价格签署书面变更协议，新价格自双方书面确认之日起开始执行。

第三条　产品订货

1. 正常订货。为了确保满足甲方全年的资源量及便于乙方的生产组织，甲方提前一个月以传真方式向乙方下达次季度具体订货单，订货单应由甲方业务负责人签署。乙方应于收到订货单后 3 日内，书面进行确认；如不能满足甲方订货单要求，也应在收到订货单 3 日内，书面告知甲方。

2. 紧急情况订货。对于甲方在紧急情况下向乙方下达的由业务负责人签署的临时订货单，乙方应于收到订货单后 3 日内，书面进行确认；如不能满足甲方订货单要求，也应在收到订货单 3 日内，书面告知甲方。

3. 甲方有权根据自身计划对订货单予以调整，乙方应予接受并配合。

4. 季度采购订单为本协议的附件，甲乙双方权利义务以本协议规定为准。

第四条　检验与验收

1. 乙方应按甲方要求积极处理任何质量问题。发生质量异议时，双方同意由（*检验机构*）进行检验。如双方对检验结果有异议，应共同确定并委托具有相应资质的第三方检验机构进行检验。

2. 乙方按甲方指定的收货地点发货，货交甲方指定的收货人后完成交货。货物发运后，乙方应立即将领货凭证、装车清单和质量保证书一并以快递方式寄送收货单位，以便收货单位及时验收入库。

第五条　结算

1. 甲方应在此协议生效后一个月内一次性向乙方支付（　）元人民币预付款（可使用 6 个月以内的银行承兑汇票），用于锁定其（　）的资源和价格优惠。该预付款可作为甲方单笔采购合同的预付款，甲方不再向乙方支付单笔合同预付款。

2.（　）年（　）月（　）日起，甲方可用该笔预付款冲抵当期的货款，（　）月（　）日前，乙方应将剩余部分的预付款退回甲方。若冲抵货款出现缺口，甲方应在接到乙方通知之日起十个工作日内将货款补足。

3. 在冲抵完毕后，甲方应在（　）年（　）月初再支付乙方（　）元人民币（可使用 6 个月以内的银行承兑汇票）作为下半年的预付款，按照前款所述操作方式于（　）年（　）月（　）日再开始冲抵，并于当月内完成。

4. 甲方应在每月 20 日前将当月实际收到的发票金额进行汇总，并在本月 25 日前按此金额以支票或汇票形式向乙方结算，乙方每月 20 日以后向甲方开具的发票转入次月结算。

5. 采取联合库存管理的物资，货款结算参照本协议第六条规定执行。

第六条　联合库存管理

1. 双方权利义务。乙方支持和配合甲方开展（　）联合库存管理工作。甲方负责每季度通知乙方实行联合库存管理的物资的具体数量、规格和技术要求，甲乙双方按照季度采购价格签订采购订单。

乙方负责按时、按质、按量交货，并按时出具商品使用报告及相应结算发票。甲方负责及时结算，并指定收货人及时收货。

2. 货款结算。

（1）季度订货在本季度内使用的，由甲乙双方按月结算，具体结算数量以最终用户的实际使用数量为准。最终用户于每月 10 日前按实际使用数量向甲方提交商品使用报告，作为甲方结算付款的依据。

（2）季度订货在本季度内没有使用的，在下一个季度的第二个月全部结算完毕，并注销采购订单。具体结算数量以最终用户和乙方签字确认的已发货未使用商品报告为准。最终用户于每季度第二个月 10 日前向甲方提交上一个季度上述商品使用报告，作为甲方结算付款的依据。

（3）甲方在收到乙方合格的发票后 1 个月内安排付款，并在乙方开具发票 3 个月内将货款付至乙方账户。

（4）订单规格一次订货量不高于 300 吨的视为最小结算批量，结算时一次结清。

3. 运杂费结算。运杂费由乙方代收代付，由最终用户直接和乙方结算。

第七条　包装

包装标准、包装物的提供与回收：

1. 产品所需包装由乙方合理包装，适合水运和长途内陆运输。

2. 包装物由乙方提供，不计费、不回收。

第八条　溢短装

实际交付货物数量超过或少于合同数量 5% 以内（含），不视为违约，按实际交付数量结算；超出数量超过合同数量 10% 的，甲方不另付款，短少数量超过合同数量 10% 的，甲方有权要求乙方补齐或承担违约责任；超出及短少数量在 5% ~10% 的，由甲乙双方另行协商解决。

第九条　风险转移

货物的风险及所有权自交付之时转移至甲方。即在约定时间、约定地点交付之前，货物的风险由乙方承担，交付之后货物的风险由甲方承担。

第十条　交货及运输

乙方代办托运，采用铁路运输或其他双方协议一致的运输方式，并负责根据甲方要求及委托，代为办理货物运输保险，运费、保险费由甲方承担。采取联合库存管理的物资，运保费的结算参照本协议第六条规定执行。

第十一条　不可抗力

1. 不可抗力是在本协议订立后发生的一方或双方在订立本协议时不能预见、不能避免并不能克服的客观情况，包括但不限于自然灾害、战争、爆炸、暴乱、罢工等。因不可抗力不能履行或不能如期履行本协议义务，遭受不可抗力的一方不承担违约责任。受不可抗力影响的一方应在不可抗力事件发生后24小时内通知对方，并在其后14日内向对方提供有效证明文件。任何一方故意或过失行为不应被视为不可抗力而免除责任。

2. 受不可抗力影响一方应采取措施，将不可抗力造成的损失减到最小。

3. 如乙方由于不可抗力事件导致交货期延迟且已书面通知甲方，乙方可以要求顺延交货期和履行其他相关义务，但乙方不应因此调整货物价格。如乙方未及时书面通知需方发生不可抗力事由或未采取必要的措施以减少不可抗力给甲方带来的损失，则乙方仍应按照原定期限供货和履行其他相关义务。

4. 如不可抗力事件影响延续到30（含）日历日以上，双方将就包括交货期、检验验收等相关问题进行协商。协商不成的，应适用本协议第十二条有关规定。

第十二条　违约责任

1. 如乙方未按期交货（不可抗力除外），应承担以下迟交货违约责任。

（1）每迟交1日历日应支付迟交部分货值0.15%的违约金，乙方支付违约金并不解除其交货义务，交货时间由双方另行商定。

（2）逾期交货超过60日历日，需方有权按本协议第十三条规定解除本协议或采购订单。乙方除支付迟交货违约金外还应赔偿因此给需方造成的损失。

（3）分期交货情况下，如乙方部分交货延迟导致采购订单被单方解除，需方有权就已接收部分货物向乙方要求退货，乙方应退还该部分货款、承担退货费用并赔偿因此给需方造成的损失。

2. 如乙方交付的货物不符合约定的数量，乙方应在需方要求的期限内补足。如逾期未补足，应按本条第1款承担迟交货违约责任。

3. 如乙方交付的货物在现场检验时被发现不符合本协议及技术协议的质量要求和规定指标，需方有权拒收货物、拒付货款并要求乙方更换。乙方应在需方要求的期限内解决问题或提供合格货物，并自货物被发现质量问题之日起按本条第1款承担迟交货违约责任。如乙方未在该期限内消除质量瑕疵，需方有权退货，乙方应退还货款并承担因此给需方造成的损失。

4. 如乙方发生本条所述违约行为并应向需方支付违约金，需方有权从应付货款中直接扣除。

5. 如本协议其他条款对违约责任有特别规定且比本条规定更为严格的，应执行其他条款约定。

6. 如发生本条或本协议其他条款未尽的其他违约情形，违约方应赔偿由此给守约方造成的损失。如违约系双方过错造成，应按各自责任比例承担违约责任。

第十三条　变更及终止

1. 双方经协商一致可变更或解除协议，并应采取书面形式。

2. 因不可抗力不能实现目的或未经对方书面同意，将协议部分或全部权利义务转让给第三方的，任何一方可单方解除协议。

第十四条　争议解决方式

凡因本协议及订单的签订及履行发生的一切争议，包括但不限于违约责任、协议效力和撤销终止等，应由双方友好协商解决，协商不成的，任何一方就该争议向甲方所在地有管辖权的人民法院提起诉讼或提交××××集团内部纠纷调解处理委员会调解处理（仅适用于签约方均为××××集团内部单位的情况）。

第十五条　其他

1. 本协议有效期自签字盖章之日起至（　）年（　）月（　）日或续签《战略合作协议》生效之日止，两者以先到为准。

2. 甲方与乙方的授权代表人签订的廉洁从业协议书或恪守商业道德协议书作为本协议的附件，是本协议不可分割的组成部分。

本协议一式八份，双方各持四份，双方授权代表签字并盖章后生效。

甲方（盖章）：
××××集团有限公司采购中心
甲方代表签字：________________
________年________月________日

乙方（盖章）：
乙方代表签字：________________
________年________月________日

合同范例 03

设备类物资通用框架采购协议

甲方合同号：	乙方合同号
甲方备注号：	乙方备注号：
甲　　方：××××集团有限公司采购中心	乙　　方：
住 所 地：××××市××××区××××路××号	住 所 地：
法人代表：	法人代表：

为建立长期稳定的合作关系，共同提升供应链绩效，甲乙双方本着平等自愿、诚实信用的原则，经协商一致，在北京以下列条款订立本协议。

第一条　定义

除非本协议其他处另有约定，本协议及其附件中的名词含义如下。

1.1　本协议：本协议包括协议正文、采购订单、技术协议、本协议附件以及本协议中提及的任何其他文件。

1.2　甲方：指（　），依法在中华人民共和国境内成立并合法存续，注册地址为（　）。

1.3　乙方：指（　），依法在中华人民共和国境内成立并合法存续，注册地址为（　）。如乙方不是本协议项下订单的卖方，则乙方应保证有权代表本条第 1.6 款所述供方签署本协议并担保供方能够按照本协议各项约定签订、执行采购订单。

1.4　最终用户：指（　），是本协议的最终用户或 EPC。

1.5　买方：指（　）（名单见附件________），按照本协议约定的条款和条件与供方签订采购订单。

1.6　卖方：指乙方［*选择性条款，不需要的请删除*：或其授权的公司（名单见附件________）］，按照本协议约定的条款和条件与买方签订采购订单。

1.7　采购订单：指甲乙双方依据本协议签订的包含规格型号、材质、数量、价格、交货期、交货方式和付款方式等具体要素的交易凭证（其格式见附件 3），是本协议不可分割的组成部分，与本协议具有同等法律效力。

1.8　技术协议：指最终用户和乙方就本协议项下的设备技术条件而签订的协议，是本协议不可分割的组成部分。

1.9　［*选择性条款，不需要的请删除*］储备清单：指采购订单买卖双方就本协议项下储物于商（定义见第十四条）品种的库存形式等内容，商讨、确定并签署的书面表格，是本协议不可分割的部分，包括但不限于储备模式、品种规格、库存数量、响应时间、库存地点、补库周期等内容。储备清单见附件 4。

1.10　本协议中乙方和卖方将统称“供方”。

第二条　供货范围

2.1　供方应按本协议约定的条款和条件，根据买方要求，向买方提供技术协议中所列的设备，该设备应符合本协议及技术协议约定的规格和标准。买方有权随时变更供货范围。

2.2　除采购订单另有约定外，供货范围包括但不限于主机、辅机、备品备件、专用工具、技术资料、运输及保险、培训、验收、调试、售后服务、随机配件清单、技术协议中约定的关键设备设计图纸等。

2.3　本协议不构成买方在协议有效期内向供方采购设备数量或金额的有约束力的承诺或保证，但甲方应尽合理努力将买方需求量预测结果告知供方，以便供方做好采购和生产计划安排。

2.4　供方同意根据本协议为买方日常需求预留合理的生产能力。供方同意优先排产买方所发出的采购订单。在买方紧急需求情况下，供方应调动生产资源，全力保证买方需求。

第三条　价格

3.1　本协议附件 1 所列价格构成应包括供方为完全履行其本协议项下采购订单义务而发生的所有成本和费用，包括但不限于任何相关机构就供方对本协议项下采购订单义务的履行征收的所有税款（包括增值税、营业税）和其他收费（包括送达交货地运杂、保险费）。该价格在本协议有效期内有效，不受订货数量、批量、交货期和市场价格波动影响。但当设备制造主要原材料平均市场价格上下浮动幅度大于百分之（　）（不含）时，供方可以向甲方申请价格调整。双方书面确认价格变更前，供方应继续按照原有价格向买方供货。

3.2　供方应以附件 1 所列价格为报价基准，根据技术协议要求，向买方报出买方所下达的采购需求所列设备的价格。该价格应在采购订单中具体确定。

第四条　采购订单

4.1　在本协议有效期内，所有供货将通过买方发出的由供方接受的采购订单完成。采购订单是本协议不可分割的组成部分，其未约定权利义务等内容均适用本协议有关规定。其约定与本协议不一致的，以采购订单约定为准。采购订单格式见附件 3。

4.2　买方在发出采购订单前，有权向供方发出技术询价，供方在接到买方的需求后，应立即与买方就拟采购设备的技术条件进行确认、报价，并签署技术协议，技术协议签署后，由买方向供方发出采购订单。供方应在收到采购订单 10 个工作日内以书面形式确认采购订单各项内容。发出订单和对订单内容的确认组成对双方具有法律约束力的采购订单。

4.3　除非有合理原因，供方有义务在本条第 4.2 款约定的期限内书面确认采购订单，以使采购订单及时生效执行。从采购订单发出之日起 10 个工作日内，如供方未确认也未拒绝，该采购订单应被视为已被供方接受。

4.4　非紧急情况下，如买方未为供方预留合理生产制造时间，供方可以暂缓接受采购订单，并与买方协商确定交货期。

4.5　供方在商务报价时，应在采购订单或技术协议中明确采购订单执行过程中人工服务范围（包括但不限于开工会、设计联络会、培训、工厂验收、现场开箱验收、现场服务等）及所需人工时，并在采购订单商务报价时报出上述费用。如因供方原因在采购订单或技术协议中未予明确或超时超范围服务，供方应自费按时按质提供服务，不得影响采购订单及技术协议中约定的供货和/或服务进度。

4.6　买方有权根据本协议决定是否向供方发出采购订单。本协议的签署在任何情况下不构成买方或甲方：（1）向卖方发出采购订单的义务；（2）向卖方对采购总量的承诺和保证。

4.7　买卖双方是采购订单权利义务主体，发票应直接向买方开具。甲方不就任何采购订单项下的包括但不限于付款、收货、验收、质量等事项承担任何形式的连带责任。

4.8　在本协议有效期内已生效的采购订单不受本协议因有效期届满终止影响。本协议相关条款仍适用于该采购订单直至该采购订单履行完毕。

第五条　交货

5.1　供方应按采购订单中规定的交货日期、交货地点及方式将设备交付至买方指定地点，并承担所有与交付相关的成本和费用、税及其他收费，包括但不限于税费、装箱费、运输费和卸载费。供方应通知买方承运人信息，设备备妥、装卸、起运及预计到货时间计划。

5.2　供方应为设备提供适合运输方式的安全可靠的包装、运输支撑件等，以保证其安全稳妥送达现场。如因供方自身原因导致装卸或运输中发生货物损坏、灭失或丢失，供方应自费对其进行修理、更换或补供。

5.3　供方应确保每次交货附有详细的交货单，交货单至少应写明采购订单号、采购订单日期和所交付设备的类型和数量。

5.4　除非另行书面约定，在采购订单项下设备在指定的交货地点卸载且由买方授权人员向供方出具收据或签署交货单的情形下，方可视为供方已完成交货。

5.5　除非买方书面同意，如供方提前交货、部分交货或超出订货量交货，买方有权拒收。

5.6　除非买卖双方另有约定，设备的风险和所有权在交付时转移给买方。

5.7　供方应在交付时一并向买方交付所有运输单据、质量文件、合格证书、操作说明以及其他证书。上述单据的任何迟延交付，均视为设备延迟交付。

5.8　技术文件应按照技术协议约定进行交付。

第六条　付款

6.1　供方应以本条约定之原则与买方商定付款方式，并在采购订单中就具体支付比例和单据达成一致。

6.2　货到付款情况下，货款在采购订单项下设备全部到项目现场开箱验收合格或安装调试完毕，运行正常后支付。供方应按买方要求提供增值税发票、验收证明、质量保证金（或银行质量保函）等支付文件，买方在收到并认可支付单据后3个月内支付相关货款。

6.3　货款分期支付情况下，货款在供方按买方要求达到制造进度节点后支付。供方应按买方要求出具预付款或进度款收据及其他单据。但在供方交货前支付的上述款项不应超过采购订单总金额的百分之三十。供方完成交货后，甲方按本条第 6.2 款约定的条件支付剩余货款。

6.4　为保证设备质量，供方应向买方提交质量保证金或银行质量保函，质量保证金或银行质量保函的金额应不少于采购订单总金额的百分之十。

6.5　买方支付价款不构成对设备和服务已符合合同及技术协议要求的认可。

第七条　技术条件变更

7.1　供方应严格按技术协议要求进行设计、选材和制造。如需对技术和设计进行变更，应提前（　）日以书面方式向甲方或买方提出请求，该请求需经甲方或买方书面同意后方可生效实施。

7.2　在本协议有效期内，买方有权随时提出技术条件变更，供方应全力配合，但供方有权就该变更所增加成本在合理范围内及合理期限内提出调整价格请求。

第八条　备品配件

8.1　供方应保证向买方提供合格的设备备品配件。本协议价格已包含（　）年备品配件。

8.2　附件（　）中设备备品配件价格在采购订单生效之日起一年内为固定价格。一年以后（　）年以内，该价格在本协议约定价格基础上涨幅不应超过百分之（　）。

8.3　对本协议未涉及的设备所需备品备件，供方保证自采购订单项下的设备交货之日起（　）年内，应以不超过市场平均水平的价格向买方供应。

第九条　过程控制

9.1　供方应保持有效、经过验证的质量保证体系，并根据要求及时向甲方或买方提供与质量保障措施相关的完整文件。如供方从其协作方或分包商处获得与本合同设备有关的重要材料、零部件或制造，供方应审核其质量控制体系以保证上述材料或制造质量。甲方或买方有权对供方质保体系进行考查，并提出整改意见，供方应在合理期限内完成整改。

9.2　供方应对外购原材料等进行严格的入厂复检。供方应详细记录原材料检验、加工、投入使用等情况并妥善保存，保证所有生产过程记录具有可追溯性。供方应根据甲方或买方要求提供每批货的进厂原材料及相关文件（包括但不限于原产地证明文件、材质报告、材料复验报告等），供甲方或买方进行检查。

9.3　如供方不能按本条第 9.1 款和第 9.2 款约定提供完整、可追溯的质量控制记录，导致设备存在重大质量隐患，甲方或买方有权按本协议第 15.2 款规定单方解除本合同。

9.4　供方应按技术协议要求、从指定的供应商处外购原材料，非经书面同意，供方不得将设备主要生产工序转包，不得委托其他工厂贴牌生产或从其他第三方购买关键原材料和部件。如供方拟变更本协议中有明确规定的主要原材料或外购件，则视为对本协议的变更，必须取得甲方书面同意，否则视为供方违约，供方应承担因此给买方造成的直接损失。

9.5　供方应在采购订单生效日期起 30 日内向买方提供符合技术协议规定的设备设计、制造和检验标准。如根据技术协议规定或经买方书面同意需从指定供货商采购原材料或从第三方采购关键部件，供方应在本合同生效日期起30日内，向买方书面提供向该供货第三方下单的证明材料。

9.6 供方应按照买方要求，定期向买方书面报告每笔采购订单下设备（包括外购原材料）生产制造进度。如设备在制造过程中发生异常情况，供方应在异常发生之时起24小时内书面通知买方，并在买方要求的时间内说明原因及提出解决措施。

9.7 在本协议有效期内的任何时间，甲方、买方或其他买方指派的第三方可以在合理时间对供方工厂及其制造过程进行质量和进度检查，以了解原材料供应、仓储、制造过程记录、人员配备等情况。供方应给予必要协助、全力配合。

第十条 分包与外购

10.1 供方应根据技术协议规定进行分包和外购，除此之外不得将设备、部件和原材料进行分包和外购。在技术协议规定外，供方需分包和外购的内容、分包商（供应商）和分包外购比例应征得买方书面同意。供方应确保分包商不得再次分包。

10.2 供方应将需分包与外购的设备、部件和原材料的内容、比例、分包商预选名单及资质材料提交买方书面确认。供方应在已经确认的分包商名单中选定分包商，并确定分包与外购设备的最终厂家。分包与外购设备最终厂家的确定必须经买方书面确认。

10.3 供方应在规定时间内提供隐去价格信息的关键部件的分包和外购采购合同、生产进度报告、检验报告等资料。如未按时交付上述资料，则应根据第十五条规定承担违约责任。

10.4 买方或最终用户有权自行或委托第三方赴供方工厂或外购原材料工厂进行检查，供方应提供完成上述检查的一切便利和配合。供方应在与分包商的供货合同中或订单中明确买方按本条约定享有的此项权利。

10.5 对于技术协议以外且买方不做要求的设备、部件和原材料，供方可以进行独立自主采购并采取适合自己的采购方式，但在分包与外购的设备、部件和原材料的问题上应充分采纳买方根据实际运行经验以及实地考察、调研所提出的意见和建议。供方根据本款分包和外购的设备、部件和原材料应严格遵守本合同及技术协议规定，供方应保证其质量和技术品质。

10.6 分包与外购设备、部件和原材料的技术服务及安装、调试等均由供方负责。

10.7 甲方或买方根据本条约定允许供方进行分包与外购，并不能免除供方在本合同项下任何责任和义务，也并不代表甲方或买方对缺陷的分包与外购设备、部件和原材料的接受和认可。

10.8 供方应保证分包与外购设备、部件和原材料的交货期、质量等均能满足本协议、采购订单的要求。如发生延迟交付或质量缺陷，供方应立即采取有效措施，避免本合同项下设备的供应发生延迟或质量缺陷，否则应按照本合同约定承担违约责任。

10.9 分包与外购设备、部件和原材料如发生其他违约、侵权责任，供方应承担相关责任。

第十一条 出厂前检验和现场验收

11.1 供方应按照技术协议要求对设备的生产制作过程进行关键点检验并在交付前对设备进行出厂前检验（以下简称“设备检验”），并根据设备检验结果制作检验报告，作为交付文件之一交付买方指定的收货人。出厂前检验合格，供方可发运货物；出厂前检验不合格，买方有权拒绝接收货物，供方应自费承担修换货等责任，并承担因此给买方造成的损失。

11.2 买方有权参加上述检验工作，在参加设备检验过程中如发现设备未按照本协议约定制造和生产，有权向供方书面提出改正建议和改正期限。供方积极响应买方提出的意见和建议。根据本协议要求需由买方签署设备检验合格报告的，供方在该报告签发后方可发运设备。买方接到通知后因自身原因未参加出厂前检验，视为买方放弃该检验权利，但该弃权并不免除供方按照本协议所产生的产品质量责任。

11.3 货物送达买方指定地点后由买方和供方共同进行现场验收。如供方未能出席，视为供方放弃该权利，买方有权自行完成现场验收，供方不得对验收结果提出异议。买方的检验结果和记录对双方有效，可作为向供方索赔的有效证据。

11.4 设备现场验收合格的，买方在验收完毕后合理期限内出具现场验收合格证明。该验收合格证明视为该批货物已被买方接受。

11.5 供方如对验收结果或修理、更换、索赔请求有异议，或供方提出书面异议，双方应在合理期限内进行共同复验。如双方代表在共同复验中对检验记录不能达成一致，应委托双方同意的第三方检验机构依照本协议标准进行最终检验。检验结果对双方都有约束力，因供方自身原因导致的货物质量不合格而产生的检验费用和其他直接费用全部由供方承担。

11.6 本条所指设备检验和现场验收均应按照技术协议约定的标准执行。

第十二条 安装调试和最终验收

12.1 货到现场验收合格后，供方应根据采购订单、技术协议提供设备安装调试服务或负责指导买方根据供方提供的技术资料、检验标准、图纸及说明书进行安装调试。安装调试应使设备能够正常运转，并达到本协议中要求的各项指标。除非另行书面约定，安装调试或安装调试指导费用已包含在本协议价格中。

12.2 安装调试完成后，经单机试运行，设备达到本协议约定的各项指标和要求的，买方签署相关验收证明后该设备验收合格。供方应负责设备所在装置在开工运行过程中所发生问题的处理与解决，直至装置生产出合格产品为止。

12.3 通常情况下，安装调试和最终验收应在货物到货后合理期限内完成。如因供方原因或设备质量问题造成最终验收延迟，则质量保证期不受本协议第13.1款约束，供方同意延长设备质量保证期。

第十三条 质量责任

13.1 设备质量保证期为最终验收合格投用后十二个月，采购订单中另有约定如严格于本协议的，应按照采购订单约定执行。在特殊工况条件下使用的设备，出于安全需要，其质量保证期应适当合理延长，具体时间由双方另行书面约定。如在此质量保证期内发生质量问题，供方应在买方要求的期限内自费修理调试或更换，货物质量保证期则以该质量问题被修正之日起重新计算。如供方未在上述期限内消除质量缺陷，买方有权退还全部或部分货物，并罚没供方质量保证金或银行质量保函。供方应返还全部或部分货款并承担因此给买方造成的损失，包括但不限于为维修、更换、拆卸安装已支付和需要支付的费用、损失等。

13.2 买方有权根据设备在质量保证期内所发生的问题扣罚供方的银行质量保函或质量保证金。

13.3 供方应保证设备整体和部分在生产过程中及交付前均不存在任何权利瑕疵，供方享有完全的所有权并有权进行任何处分，不存在任何第三人享有的物权等权利。

第十四条 ［*选择性条款，不需要的请删除*］储物于商

14.1 供方支持和配合甲方和买方［*请输入物资全名称*］储物于商工作。储物于商是指供方对《储备清单》中所列的物资提供仓储物流服务，并按照采购订单要求将储备物资按时按量保质交付给买方。

14.1.1 甲方责任：（1）协调、组织买方与供方确定《储备清单》；（2）协调买方和供方在储物于商过程中存在和发生的问题；（3）对买方和供方储物于商的行为实施监督。

14.1.2 买方责任：（1）与供方共同确定《储备清单》；（2）负责指定收货人及时收货并及时结算；（3）如在买方仓库设立的库存，则由买方进行管理（“买方管理库存”）并应妥善保管。

14.1.3 供方责任：（1）与买方共同确定《储备清单》；（2）按照《储备清单》在买方仓库或者在供方工厂（销售网点）所在地设立库存，并提供相应的仓储物流服务，在《储备清单》约定的响应时间和补库周期时间内，按时、保质、按量交货；（3）如在供方工厂（销售网点）所在地设立库存，由供方负责管理（“供方库存”），供方库存情况下，供方应优先保证买方的需求；（4）在买方管理库存（定义见14.1.2）期间，由供方承担库存物资所发生的损耗、锈蚀、变质等风险，发生上述情况后，供方应自费予以更换、补充。如库存物资发生损坏、灭失而达不到所要求的储备量时，供方应在接到买方通知后，在约定的补库周期内补足储备量。

14.2 储备的物资向买方交付前，所有权归属供方，物资毁损、损坏、灭失的风险由供方自行承担。

14.3 库存的处置。本协议有效期期满后，除非另有书面约定，供方应及时处理买方管理库存的物资，超过（ ）个月未处理的，买方有权重新安排仓储场所，供方应向买方支付仓储和移库费用，否则买方有权留置库存物资；超过（ ）月供方未处理的，买方有权自行确定处理价格并处理库存物资，处理所得货款由买方保管，保管超过（ ）个月的，供方应向买方支付管理费用。

14.4 库存信息管理。供方应按买方要求，每（ ）个月在指定的信息管理系统准确录入并维护库存信息和买方领用量信息。

14.5 如供方存在录入、维护库存管理信息不及时、不准确或未按约定储备物资、供应物资等行为的，甲方将根据该违约行为给甲方/买方造成经济损失和不良影响的程度，对供方进行供应商动态量化考核评价。

14.6 库存物资回购。供方应对剩余物资进行回购。剩余物资是已销售给买方但买方未使用的物资。买方应确保剩余物资全新未被使用且供方提供的质量文件齐全。应买方要求，供方应与买方对剩余物资进行清点，当剩余物资数量不超过本协议项下采购订单供货量的（ ）%时，供方应按［*请根据业务实际约定，例如本协议附件1 约定的*］；当剩余物资数量超过本协议项下采购订单供货总量的（ ）%时，供方应与买方另行协商确定回购价格。

第十五条 违约责任

15.1 如供方因其自身原因（不可抗力除外）未按期交货，每迟交一日应支付合同总价的百分之

零点一五（0.15%）的违约金。供方支付违约金并不解除其交货义务，交货时间由买方和供方另行商定。逾期交货超过 60 日历日，买方有权按照本合同第十九条解除本合同。供方除支付迟交货违约金外还应赔偿因此给买方造成的直接损失。分期交货情况下，如供方部分交货延迟导致本合同被单方解除，买方有权就已接收部分货物向供方要求退货，供方应退还退货部分货物的货款、承担退货费用并赔偿因此给买方造成的直接损失。如供方交付的货物不符合合同约定的数量，供方应在买方要求的期限内补足，否则应自本合同约定的交付日起按本条承担迟交货违约责任。

15.2　供方因其自身原因未按本合同和/或技术协议规定的时间向买方提供技术资料和/或指定文件的，供方应向买方支付违约金，每延迟一日，违约金金额为合同总价的百分之零点一（0.1%）。供方支付违约金并不解除其交付技术资料的义务。

15.3　如货物在现场开箱检验或安装调试过程中被发现不符合本合同质量要求，买方有权拒收货物、拒付货款并要求供方立即修理或更换。供方应在买方要求的期限内自费修复缺陷或提供合格货物，并自货物被发现质量问题之日起按本条第 15.1 款规定承担迟交货违约责任。如供方未在该期限内消除质量缺陷，买方有权要求退货，供方应退还货款并承担因此给买方造成的直接损失。

15.4　如本合同设备需要进行验收试验以检测设备运转是否能够达到技术协议约定的技术指标，则验收试验结果如不能达到技术协议规定的技术指标时，每不能达到一项技术指标，供方应向买方支付违约金。如技术指标不符合技术协议中的相关约定且超出技术协议规定的技术偏差区间，买方有权单方解除合同，供方应退还已收货款并承担买方的直接损失。

15.5　供方对设备因质量缺陷给买方、最终用户的财产、雇员或其他第三人造成的财产或人身损害承担赔偿责任。如买方代供方先行赔偿，供方给予买方等额补偿。

15.6　最终用户或买方委托的机构出具的监造报告，开箱检验、安装调试和产品投入使用合格等证明文件，不影响其行使本合同赋予其的任何权利。

15.7　如供方发生本条及本合同其他条款中所述违约行为并应向买方支付违约金或赔偿金的，供方在接到买方的书面通知 5 日内向买方支付。买方也有权从任何一笔供方应付货款或质量保证金中直接冲抵或扣除。

15.8　任何一方均不向另一方承担因自身违约行为给未违约一方所造成的间接损失。

第十六条　知识产权和保密

16.1　供方保证提供的设备、服务和文件（包括分包与外购设备、部件和原材料及其相关服务和文件），不侵犯任何第三方关于专利、商标、版权或工业设计权利等知识产权。如因购买、使用供方提供的上述设备和/或任何硬件、软件、备品备件、专用工具、技术资料或使用供方提供的上述设备和/或任何硬件、软件、备品备件、专用工具、技术资料生产相关产品而受到第三方对于买方侵犯其知识产权的诉讼和索赔，将由供方负责应诉，并承担由此引发的一切责任和后果。

16.2　如发生第 16.1 款约定的任何侵犯第三方知识产权的侵权事件，供方应立即负责与第三方交涉处理此事，并承担一切由此引起的法律和经济责任，使甲方和买方免受因第三方索赔而承担法律及经济责任所造成的损失。

16.3　如发生侵权事件或存在侵权可能性，供方应在知晓之日起 48 小时内书面通知买方，并采取合理措施消除影响。

16.4　任何一方为履行本协议项下或与本协议相关的义务，而向另一方提供的包括但不限于专有技术、技术文件、设计图纸、商业资料等文件资料，接受方应承担保密义务，除为履行本协议或与本协议相关义务目的外，未经提供方书面同意，均不得提供给任何其他第三方。

16.5　任何一方均不得将本合同的存在及内容作为商业宣传资料。

第十七条　不可抗力

由于不可抗力导致合同一方或双方不能部分或者全部履行本合同义务，受不可抗力影响的合同方将得以免除部分或全部不能履行合同义务的责任，但应在不可抗力发生后24小时内通知对方，并在通知后14个工作日内向对方提供有效证明文件。受不可抗力影响的合同方有义务采取措施将不可抗力造成的损失降到最低。如不可抗力时间持续超过60日历日，则买方有权选择终止本合同。此种情况下，双方应妥善协商及处理各项合同事宜。

第十八条　争议解决

凡与本合同有关或因本合同引起的任何争议，包括但不限于合同的违反、解除、终止和效力应由双方友好协商解决，经双方协商未达成一致的，任何一方可将该争议向甲方所在地法院提起诉讼。但如果双方均为××××集团内部单位，则应将任何争议提交××××集团内部纠纷调解处理委员会调解。

第十九条　变更和解除

19.1　本协议及采购订单的变更需经双方协商一致，变更协议自双方签字盖章后生效。在变更协议签署生效前，任何一方应保证本协议及采购订单正常执行，不得中止拟变更内容所涉及的工作。

19.2　买方有权部分或全部解除采购订单并就解除部分中供方不能自行处理或没有其他用途的部分向供方提供合理补偿。补偿范围仅限于由该解除使供方实际产生的直接合理的费用，包括已购原材料，生产成本及合理的管理费用。供方应提供已投入生产的成本证据。买方支付补偿后，取得被解除采购订单下原材料的所有权，供方应根据买方要求在合理期限内免费为甲方储存和保管。

19.3　有下列情形之一者，甲方有权立即单方解除本协议，买方有权立即单方解除采购订单，供方应赔偿因解除本协议和采购订单给甲方或买方造成的损失。

（1）未经甲方或买方书面同意，将部分或全部权利义务转让给第三方。

（2）在协议有效期内，供方供货过程中出现重大质量问题。

（3）供方延迟交货超过（60）日历日。

（4）供方发生破产、清算等情况，丧失履约能力。

（5）供方有其他严重违约行为，导致本协议目的无法实现。

（6）被××××集团暂停交易资格或从供应商网络中除名的。

第二十条　商业道德

甲乙方签署的《恪守商业道德协议》作为本协议的组成部分，与本协议具有同等法律效力。双方违反该协议之行为，应被视为违反本协议的违约行为，应向未违约方承担相应的违约责任。

第二十一条　通知

本协议要求的或允许的任何通知、要求或其他书面文件应当由发出该通知的一方书面签署，并以专人递送或邮寄或传真的方式送至对方联系人地址，在取得对方接收确认或到达指定电子通信设施后，即被认为已送达。采购订单中应明确买方和供方的联系人信息。

甲方联系人：

电话：　　　　　　　　电子邮件：　　　　　　　　通信地址：

供方联系人：

电话：　　　　　　　　电子邮件：　　　　　　　　通信地址：

买方联系人：

电话：　　　　　　　　电子邮件：　　　　　　　　通信地址：

第二十二条　生效和有效期

本协议自双方签字盖章之日起生效，有效期至（　）年（　）月（　）日。质保期、知识产权和保密、争议解决及违约责任等不受本期限约束。本协议中某一条款无效不应影响本协议其他条款的有效性。

第二十三条　其他

23.1　本协议由以下附件组成。

附件 1：分项报价（略）

附件 2：技术协议（略）

附件 3：采购订单格式

[*选择性条款，不需要的请删除*] 附件 4：《储备清单》

23.2　本协议中甲方责任义务适用于采购订单中买方的责任义务；供方责任义务适用于采购订单中供方责任义务。

23.3　本协议正本一式（　）份，甲方执（　）份，乙方执（　）份，本协议中未尽事宜，由买方和供方在采购订单中详细约定。

甲方（盖章）：　　　　　　　　　　　　　　　　乙方（盖章）：

---------------------------------　　　　　　---------------------------------

授权代表（签字）　　　　　　　　　　　　　　　授权代表（签字）

日　　期：　　年　　月　　日　　　　　　　　　日　　期：　　年　　月　　日

附件3：采购订单格式

采购订单

买方订单号： 供方合同号：
买　　方： 供　　方：
住 所 地： 住 所 地：
邮　　编： 邮　　编：
电　　话： 电　　话：
传　　真： 传　　真：
电子邮件： 电子邮件：

本采购订单根据双方于［请填写设备框架采购协议签署日期］签订的编号为［请填写框架采购协议编号］的《设备框架采购协议》（“协议”）作出，协议的所有条款对本采购订单适用，本采购订单中的词语应具有协议所给出的含义。采购订单的接受和签署应根据协议的约定进行，一经双方签署，对双方均具有约束力。

第一条　标的物和价格

序号	物资编码	设备名称、规格及技术标准	单位	数量	单价	小计	税率
扣税合同总价		小写：　　　大写：　　　货币单位：元人民币					
含税合同总价		小写：　　　大写：　　　货币单位：元人民币					

第二条　基本信息

买方银行信息	供方银行信息
开户行： 账户名： 账号：　　　税号：	开户行： 账户名： 账号：　　　税号：

第三条　交货时间

按（　）执行。

1. 一次性交货

供方应于（　）年（　）月（　）日前，将本合同特别条款第一条所指全部货物按本合同第三条约定的交货方式一次性交货完毕。

2. 分批交货

供方应分（　）批交付本合同特别条款第一条所指全部货物。

(1) 第一批:( ) 年 ( ) 月 ( ) 日前交付。

(2) 第二批:( ) 年 ( ) 月 ( ) 日前交付。

第四条 交货方式

按 ( ) 执行,收货单位为 ( )。

1. 供方送货至买方指定地点,指定地点为 ( )。

2. 供方代办托运至买方指定地点,指定地点为 ( )。

3. 买方自行提货,提货地点为 ( )。

4. 其他:( )。

第五条 技术资料交付

供方应按照技术协议中约定的时间向最终用户提交技术资料。

第六条 付款

1. 预付款

为合同总价的 ( ) %,即 ( ) 元人民币。本合同生效后 ( ) 个工作日内,供方应向买方提交以下单据,买方收到并认可上述单据后 ( ) 个工作日内以 ( ) 方式向供方支付。

(1) 预付款收据。

(2) 包括主要材料采购、制造和检验计划在内的生产制造进度表。

(3) 由银行开立的与预付款金额相等的、以买方为受益人并经买方认可的不可撤销银行质量保函。

(4) 其他:( )。

2. 进度款

为合同总价的 ( )%,即 ( ) 元人民币。本合同生效后 ( ) 内,供方应向买方提交以下单据,买方收到并认可上述单据后 ( ) 个工作日内以 ( ) 方式向供方支付。

(1) 进度款收据。

(2) 最终用户、相关第三方(如有)签署的设备最终设计图纸交付证明。

(3) 最终用户、相关第三方(如有)签署的设计联络会会议纪要。

(4) 供方和/分包商出具的主要材料到货证明。

(5) 其他:( )。

3. 货款

为合同总价的 ( )%,即 ( ) 元人民币。供方应在设备交货后向买方提交以下单据,买方在收到并认可上述单据后 ( ) 个工作日内以 ( ) 方式向供方支付。

(1) 合同总价全额增值税发票。

(2) 货物签收单。

(3) 最终用户、相关第三方(如有)签署的设备验收合格证明。

(4) 最终用户、相关第三方(如有)出具的随机资料到货证明文件。

(5) 由银行开立的涵盖合同总价 ( )%、以买方为受益人并经买方认可的不可撤销银行质量保函。

如供方不能提供上述质量保函,买方有权在付款时扣除合同总价的 ( )%,即 ( ) 元人民币作为质量保证金,设备在质量保证期满无质量问题的,买方在到期后 90 个工作日内向供方支付该笔尾款。

（6）其他：（ ）。

4. 本条第1、2、3款中“即（ ）元人民币”为根据百分比计算出的具体金额。为财务结算便利，该金额可根据业务需要进行元整，如与百分比不一致，应在最后一笔付款时调整。

第七条 运输、保险费用

设备运费和保险费共计（ ）元，已包含在合同总价内。如未包含，则由（ ）在（ ）后（ ）工作日内，根据供方提交的（ ）单据支付。

第八条 质量保证期

设备质量保证期为签署最终验收证明之日起（ ）个月或交货之日起（ ）月，两者以先到为准。

第九条 备品配件

本合同总价中已包含备品配件价格。如未包含，则供方应按照技术协议约定的价格向买方提供，备品配件的支付方式、时间及交付由双方或最终用户与供方另行书面约定。

第十条 附件及份数

1. 本合同由以下附件构成

（1）分项报价。

（2）技术协议。

2. 本合同正本一式（ ）份，买方执（ ）份，供方执（ ）份。

买方（盖章）：	供方（盖章）：
--	--
授权代表（签字）	授权代表（签字）
日　期：　　年　　月　　日	日　期：　　年　　月　　日

合同范例 04

组织集中采购（材料类）框架采购协议

买方合同号：__________	卖方合同号：__________
买方备注号：__________	卖方备注号：__________
甲　　方：__________	乙　　方：__________
住 所 地：__________	住 所 地：__________
法人代表：__________	法人代表：__________

根据《中华人民共和国民法典》及相关法律法规，本着平等自愿、等价有偿、诚实信用的原则，经双方协商一致，在北京订立本合同，双方共同遵守执行。

第一条　定义

甲方：××××集团有限公司采购中心。

乙方：______________________________。

买方：××××集团有限公司分（子）公司（详见企业明细表）。

订单：乙方与买方签订的包含技术规格型号、材质、数量、价格、交货方式和付款方式等要素的订货凭据。

第二条　本协议和订单的签订与执行

本协议有效期内，买方根据其日常需求采购计划向乙方发出订单，乙、买两方依据本协议有关约定签订订单。

甲方对本协议的有效执行负有监管职能。

乙、买两方负责本协议项下订单的签订和执行。

第三条　供货范围及要求

1. 物资名称：______________________________。

2. 规格型号：______________________________。

3. 技术要求：按照（　）标准生产。如有特殊技术要求，由乙、买两方协商并签订技术协议，价格由双方协商确定。

具体供货规格和数量等以乙、买两方签订的订单为准。

第四条　协议价格

1. 结算基价 P_0：本协议的结算基价为（　）人民币元/吨。

2. 产地差价：不考虑产地差价。

3. 价格调整：本协议各月执行的价格为 P_i，月度执行价格调整幅度为 ΔP_i；

第 i 月的执行价格为 $P_i = P_{i-1} + \Delta P_i$。

（1）本协议执行的第一个月价格按照基价执行，即 $P_1 = P_0$。

（2）月度执行价格调整幅度 ΔP_i 根据（　）的平均价较上月平均价累计变化幅度 ΔT 进行调整。当 $\Delta T > 2\%$ 时，对次月执行价格进行调整；当 $\Delta T \leqslant 2\%$ 时，价格不做调整。调价公式为

$$\Delta P_i = \Delta T_{i-1} \times K$$

其中 K 为修正系数，K 的取值为 0.7。

最短一个月调整一次，并在每月 25 日（节假日后延）决定是否需要调整。

本协议规定的价格不受订货数量、批量及供货周期的影响。如遇特别情况应由甲乙双方协商另行确定价格。双方对价格调整进行协商的过程中，乙方不得以价格变化为由拒绝接受买方采购订单或以其他方式影响正常供货。

第五条　质量控制

1. 乙方供给买方货物必须由以下生产企业生产：____________________。

2. 乙方保证所供的货物为

（1）全新的。

（2）没有任何设计、材料和工艺方面的潜在和明显的缺陷。

（3）满足订单的要求。

（4）完全符合使用要求，并且按照可靠的加工工艺进行制造的。

3. 甲、买两方有权在任何时间对乙方工厂及其制造过程进行有关买方所购货物的质量检查或监造，乙方应积极配合甲、买两方实施的质量检查，并有义务提供原材料来源和质保书、生产加工工艺、质量控制计划或交货进度安排等相关资料。

4. 未经甲、买两方书面许可，乙方不得将买方所购货物的主要加工、制造、检验、热处理工序或生产进行分包。

5. 乙方提供的货物不符合约定的质量要求或存在质量瑕疵的，买方可以选择要求维修、更换或退货，由此造成的直接经济损失和货物迟交所产生的各种费用和损失由乙方负责。

第六条　交货周期、包装和运输及交货地点

1. 交货周期以乙、买两方签署的订单之有关约定为准。正常情况下，买方应为乙方预留足够的生产时间；如遇紧急情况，由乙、买两方协商确定，乙方有义务全力保证买方需求。

2. 包装按照（　）标准执行。

3. 乙方应以不损坏货物质量并便于装卸为原则负责送货至买方指定地点，运输方式由乙、买两方协商并在订单中明确，运输费用由买方承担。

第七条　货物验收及风险转移

1. 买方按照本协议第三条第 3 款之约定负责货物的质量验收。对于买方要求进行出厂验收的货物，乙方应至少提前 7 个工作日通知买方参加出厂验收。出厂验收合格后，乙方才能发运；若买方接到通知后并未参加出厂验收，视为买方放弃出厂验收的权利。

2. 买方在签收货物之前，应对货物的数量和外观等方面进行全面检查，若在检查过程中发现有任何问题，买方有义务保护现场并拍照，立即填写货损情况证明，责成乙方或运输单位负责人签字，并在货物抵达后 5 个工作日内以书面形式通知乙方，同时提供货损证明原件给乙方。

3. 买方对乙方供应的货物在使用中有质量追溯权。

4. 质检结果为不合格的，质检费用由乙方承担。

5. 货物的风险及所有权自交付之时（以买方签字验收为准）由乙方转移至买方。即在订单中的约定时间、约定地点交付之前货物的风险由乙方承担，交付之后货物的风险由买方承担。

第八条　付款

1. 付款方式：电汇或承兑汇票。

2. 付款币种：人民币。

3. 付款条件：买方在收到乙方发票后的 90 个工作日内，将全部货款支付给乙方。具体付款方式按乙、买方所签订单中的约定执行。

第九条　售后服务

1. 买方根据需要要求乙方进行现场服务时，乙方应派出至少一人常驻现场进行现场服务。

2. 乙方承诺回购订单余料，但回购数量不超过本协议供货总量的 5%，且所回购的余料必须满足以下条件。

（1）余料必须是全新的。

（2）质量文件齐全，具备可追溯性。

（3）按乙、买两方正在执行的该批货物的订单价格回购。

第十条　违约责任

1. 乙方无故不接受买方订单，经多次通知仍不采取行动的，应被视为违约，甲方有权单方解除本协议、买方有权解除相应订单，并有权向乙方就相应损失进行索赔。

2. 乙方不能按期供货的，买方有权按下列比例收取违约金。

迟交（　）周的，每周违约金金额为该批货物金额的（　）%；

迟交（　）周的，每周违约金金额为该批货物金额的（　）%；

迟交（　）周及以上的，（　），不满一周的按一周计算。

违约金金额累计不超过该批货物订单金额的（　）%。

3. 乙方支付违约金并不解除乙方继续履行本协议及订单的义务，且买方仍有权就乙方的违约行为给买方造成的直接经济损失进行索赔。

4. 乙方出现延迟交货行为并对买方项目进度造成影响的，买方除向乙方收取迟交货物违约金外，甲方有权单方面终止本协议及订单，同时保留向乙方索赔的权利。

5. 在质保期内，乙方只承担由于产品的自身质量问题而引起的直接损失，不承担间接的和连带的损失，且累计不超过该批货物订单总价。

6. 买方未按约定付款的，应支付该订单逾期金额（　）% 的违约金，违约金总额以逾期付款金额的（　）% 为限。

7. 发生其他违约情形，违约方应赔偿由此给对方造成的损失。如属双方过错，应各自承担相应责任。

第十一条　争议解决

甲乙双方在履行本协议及订单过程中发生争议或纠纷时，应友好协商解决。协商不成的，向中国国际经济贸易仲裁委员会申请仲裁。仲裁结果为终局性的，并对各方具有约束力。

第十二条　不可抗力

1. 由于不可抗力，导致不能完全或部分履行本协议及订单，受不可抗力影响的一方不承担违约责任，但应在不可抗力发生后 24 小时内通知另外两方，并在其后 14 日内提供有效证明文件。

2. 受不可抗力影响一方有义务采取措施，将不可抗力造成的损失降到最低。

3. 如对不可抗力事件的影响估计将延续到 120 日以上时，甲、乙、买方应通过协商解决如何继续履行或终止本协议及订单。

第十三条　协议变更、中止和终止

1. 本协议生效后，甲、乙、买方均不得擅自对本协议及其附件（如有）进行任何单方修改。如一方需对本协议进行变更或终止，应及时以书面形式通知其他两方，并说明理由，经甲、乙方签字盖章确认后生效。

2. 在协议有效期内，乙方供货过程中出现重大质量问题、严重拖期或其他甲方认为重大的问题，甲方有权单方中止协议。

3. 如果甲、乙、买任何一方发生破产、产权变更（被兼并、合并、解体、注销）等情形时，在破产申报前，应将本协议和订单中对另外两方的债务赋予优先受偿权；在产权变更时，有义务保证本协议和订单的持续履行。

第十四条　协议生效和有效期

本协议自双方签字盖章之日起生效，有效期至（　）。

第十五条　其他

1. 订单是本协议不可分割的组成部分，订单中未涉及的条款适用本协议的有关规定。订单中的条款与本协议发生冲突时，以本协议为准。

2. 乙、买两方应在每月最后一天向甲方邮件报告当月订单接收及所有订单进度情况，报告格式详见附件。乙、买两方的采购订单应在××××集团电子商务网上进行统计。

3. 本协议及订单履行过程中相互提供的文件、资料，除为履行协议的目的外，均不得提供给与订单设备和相关工程无关的第三方。

4. 乙、买两方（或其授权代表人）签订的廉洁从业协议书或恪守商业道德协议书作为本协议的附件，与本协议具有同等法律效力。

5. 本框架采购协议正本（　）份，甲、乙、买方各执（　）份。

买方（盖章）：	供方（盖章）：
----------	----------
授权代表（签字）	授权代表（签字）
日　　期：　　年　　月　　日	日　　期：　　年　　月　　日

合同范例05

组织集中采购（设备类）框架采购协议

甲方合同号：__________________	乙方合同号：__________________
甲方备注号：__________________	乙方备注号：__________________
甲　　方：××××××集团有限公司采购中心	乙　　方：__________________
住 所 地：×××市×××区××××路××××号	住 所 地：__________________
法人代表：__________________	法人代表：__________________

为建立长期稳定的合作关系，共同提升供应链绩效，甲乙双方本着平等自愿、诚实信用的原则，经协商一致，在北京以下列条款订立本协议。

第一条　定义

除非本协议其他处另有约定，本协议及其附件中的名词含义如下。

1.1　本协议：本协议包括协议正文、采购订单、技术协议、本协议附件以及本协议中提及的任何其他文件。

1.2　甲方：指××××××集团有限公司采购中心，依法在中华人民共和国境内成立并合法存续，注册地址：×××市×××区××××路××××号，是××××××集团（以下合称“××集团”）物资采购的归口管理部门，有权代表××集团就本协议项下的物资实施组织集中采购，并代表××集团下属的分（子）公司签署本协议，以及监督本协议及采购订单执行。

1.3　乙方：指（　），依法在中华人民共和国境内成立并合法存续，注册地址为（　）。如乙方不是本协议项下订单的卖方，则乙方应保证有权代表本条第1.5款所述卖方签署本协议并担保卖方能够按照本协议各项约定签订、执行采购订单。

1.4　买方：指××集团的分（子）公司（名单见附件××），是本协议的最终用户或EPC，按照本协议约定的条款和条件签订采购订单。

1.5　卖方：指乙方或其授权的公司（名单见附件××），按照本协议约定的条款和条件与买方签订采购订单。

1.6　采购订单：指买卖双方依据本协议签订的包含规格型号、材质、数量、价格、交货期、交货方式和付款方式等具体要素的交易凭证（其格式见附件）是本协议不可分割的组成部分，与本协议具有同等法律效力。

1.7　技术协议：指买卖双方就本协议项下的设备技术条件而签订的协议，是本协议不可分割的组成部分。

本协议中供方和卖方将统称“供方”。

第二条 供货范围

2.1 供方应按本协议约定的条款和条件，根据买方要求，向买方提供技术协议中所列的设备，该设备应符合本协议及技术协议约定的规格和标准。买方有权随时变更供货范围。

2.2 除采购订单另有约定外，供货范围包括但不限于主机、辅机、备品备件、专用工具、技术资料、运输及保险、培训、验收、调试、售后服务、随机配件清单、技术协议中约定的关键设备设计图纸等。

2.3 本协议不构成买方在协议有效期内向供方采购设备数量或金额的有约束力的承诺或保证，但甲方应尽合理努力将买方需求量预测结果告知供方，以便供方做好采购和生产计划安排。

2.4 供方同意根据本协议为买方日常需求预留合理的生产能力。供方同意优先排产买方所发出的采购订单。在买方紧急需求情况下，供方应调动生产资源，全力保证买方需求。

第三条 价格

3.1 本协议附件（ ）所列价格构成应包括供方为完全履行其本协议项下采购订单义务而发生的所有成本和费用，包括但不限于任何相关机构就供方对本协议项下采购订单义务的履行征收的所有税款（包括增值税、营业税）和其他收费（包括送达交货地运杂、保险费）。该价格在本协议有效期内有效，不受订货数量、批量、交货期和市场价格波动影响。但当设备制造主要原材料平均市场价格上下浮动幅度大于百分之（ ）（不含）时，供方可以向甲方申请价格调整。双方书面确认价格变更前，供方应继续按照原有价格向买方供货。

3.2 供方应以附件（ ）所列价格为报价基准，根据技术协议要求，向买方报出买方所下达的采购需求所列设备的价格。该价格应在采购订单中具体确定。

第四条 采购订单

4.1 在本协议有效期内，所有供货将通过买方发出的由供方接受的采购订单完成。采购订单是本协议不可分割的组成部分，其未约定权利义务等内容均适用本协议有关规定。其约定与本协议不一致的，以采购订单约定为准。

4.2 买方在发出采购订单前，有权向供方发出技术询价，供方在接到买方的需求后，应立即与买方就拟采购设备的技术条件进行确认、报价，并签署技术协议，技术协议签署后，由买方向供方发出采购订单。供方应在收到采购订单 10 个工作日内以书面形式确认采购订单各项内容。发出订单和对订单内容的确认组成对双方具有法律约束力的采购订单。

4.3 除非有合理原因，供方有义务在本条第 4.2 款约定的期限内书面确认采购订单，以使采购订单及时生效执行。从采购订单发出之日起 10 个工作日内，如供方未确认也未拒绝，该采购订单应被视为已被供方接受。

4.4 非紧急情况下，如买方未为供方预留合理生产制造时间，供方可以暂缓接受采购订单，并与买方协商确定交货期。

4.5　供方在商务报价时，应在采购订单或技术协议中明确采购订单执行过程中人工服务范围（包括但不限于开工会、设计联络会、培训、工厂验收、现场开箱验收、现场服务等）及所需人工时，并在采购订单商务报价时报出上述费用。如因供方原因在采购订单或技术协议中未予明确或超时超范围服务，供方应自费按时按质提供服务，不得影响采购订单及技术协议中约定的供货和/或服务进度。

4.6　买方有权根据本协议决定是否向供方发出采购订单。本协议的签署在任何情况下不构成买方或甲方：(1) 向卖方发出采购订单的义务；(2) 向卖方对采购总量的承诺和保证。

4.7　买卖双方是采购订单权利义务主体，发票应直接向买方开具。甲方不就任何采购订单项下的包括但不限于付款、收货、验收、质量等事项承担任何形式的连带责任。

4.8　在本协议有效期内已生效的采购订单不受本协议因有效期届满终止影响。本协议相关条款仍适用于该采购订单直至该采购订单履行完毕。

第五条　交货

5.1　供方应按采购订单中规定的交货日期、交货地点及方式将设备交付至买方指定地点，并承担所有与交付相关的成本和费用、税和其他收费，包括但不限于装箱费、运输费和卸载费。供方应通知买方承运人信息、设备备妥、装卸、起运及预计到货时间计划。

5.2　供方应为设备提供适合运输方式安全可靠的包装、运输支撑件等，以保证其安全稳妥送达现场。如因供方自身原因导致装卸或运输中发生货物损坏、灭失或丢失，供方应自费对其进行修理、更换或补供。

5.3　供方应确保每次交货附有详细交货单，交货单至少应写明采购订单号、采购订单日期和所交付设备的类型和数量。

5.4　除非另行书面约定，在采购订单项下设备在指定的交货地点卸载且由买方授权人员向供方出具收据或签署交货单的情形下，方可视为供方已完成交货。

5.5　除非买方书面同意，如卖方提前交货、部分交货或超出订货量交货，买方有权拒收。

5.6　除非买卖双方另有约定，设备的风险和所有权在交付时转移给买方。

5.7　供方应在交付时一并向买方交付所有运输单据、质量文件、合格证书、操作说明以及其他证书。上述单据的任何迟延交付，均视为设备延迟交付。

5.8　技术文件应按照技术协议约定进行交付。

第六条　付款

6.1　供方应以本条约定之原则与买方商定付款方式，并在采购订单中就具体支付比例和单据达成一致。

6.2　货到付款情况下，货款在采购订单项下设备全部到项目现场开箱验收后合格或安装调试完毕运行正常后支付。供方应按买方要求提供增值税发票、验收证明、质量保证金（或银行质量保函）等支付文件，买方在收到并认可支付单据后三个月内支付相关货款。

6.3　货款分期支付情况下，货款在供方按买方要求达到制造进度节点后支付。供方应按买方要求出具预付款或进度款收据及其他单据。但在供方交货前支付的上述款项不应超过采购订单总金额的百分之三十。供方完成交货后，甲方按本条第 6.2 款约定的条件支付剩余货款。

6.4　为保证设备质量，供方应向买方提供质量保证金或银行质量保函，质量保证金或银行质量保函的金额应不少于采购订单总金额的百分之十。

6.5　买方支付价款不构成对设备和服务已符合合同及技术协议要求的认可。

第七条　技术条件变更

7.1　供方应严格按技术协议要求进行设计、选材和制造。如需对技术和设计进行变更，应提前（　）日以书面方式向甲方或买方提出请求，该请求需经甲方或买方书面同意后方可生效实施。

7.2　在本协议有效期内，买方有权随时提出技术条件变更，供方应全力配合，但供方有权就该变更所增加成本在合理范围内及合理期限内提出调整价格请求。

第八条　备品配件

8.1　供方应保证向买方提供合格的设备备品配件。本协议价格已包含（　）年备品配件。

8.2　附件（　）中设备备品配件价格在采购订单生效之日起一年内为固定价格。一年以后（　）年以内，该价格在本协议约定价格基础上涨幅不应超过百分之（　）。

8.3　对本协议未涉及的设备所需备品配件，供方保证自采购订单项下的设备交货之日起（　）年内，应以不超过市场平均水平的价格向买方供应。

第九条　过程控制

9.1　供方应保持有效、经过验证的质量保证体系，并根据要求及时向甲方或买方提供与质量保障措施相关的完整文件。如供方从其协作方或分包商处获得与本合同设备有关的重要材料、零部件或制造，供方应审核其质量控制体系以保证上述材料或制造质量。甲方或买方有权对供方质保体系进行考查，并提出整改意见，供方应在合理期限内完成整改。

9.2　供方应对外购原材料等进行严格的入厂复检。供方应详细记录原材料检验、加工、投入使用等情况并妥善保存，保证所有生产过程记录具有可追溯性。供方应根据甲方或买方要求提供每批货的进厂原材料及相关文件（包括但不限于原产地证明文件、材质报告、材料复验报告等），供甲方或买方进行检查。

9.3　如供方不能按本条第 9.1 和 9.2 款约定提供完整、可追溯的质量控制记录，导致设备存在重大质量隐患，甲方或买方有权按本协议第 18.3 款规定单方解除本合同。

9.4　供方应按技术协议要求，从指定的供应商处外购原材料，非经书面同意，供方不得将设备主要生产工序转包，不得委托其他工厂贴牌生产或从其他第三方购买关键原材料和部件。如供方拟变更本协议中有明确规定的主要原材料或外购件，则视为对本协议的变更，必须取得甲方书面同意，否则视为供方违约，供方应承担因此给买方造成的直接损失。

9.5　供方应在采购订单生效日期起 30 日内向买方提供符合技术协议规定的设备设计、制造和检验标准。如根据技术协议规定或经买方书面同意需向指定供货商采购原材料或向第三方采购关键部件，供方应在本合同生效日期起 30 日内，向买方书面提供向该供货第三方下单的证明材料。

9.6 供方应按照买方要求，定期向买方书面报告每笔采购订单下设备（包括外购原材料）生产制造进度。如设备在制造过程中发生异常情况，供方应在异常发生之时起 24 小时内书面通知买方，并在买方要求的时间内说明原因及提出解决措施。

9.7 在本协议有效期内的任何时间，甲方、买方或其他买方指派的第三方可以在合理时间对供方工厂及其制造过程进行质量和进度检查，以了解原材料供应、仓储、制造过程记录、人员配备等情况。供方应给予必要协助、全力配合。

第十条 分包与外购

10.1 供方应根据技术协议规定进行分包和外购，除此之外不得对设备、部件和原材料进行分包和外购。在技术协议中规定需分包和外购的内容、分包商（供应商）和分包外购比例应征得买方书面同意。供方应确保分包商不得再次分包。

10.2 供方应将需分包与外购的设备、部件和原材料的内容、比例、分包商预选名单及资质材料提交买方书面确认。供方应在已经确认的分包商名单中选定分包商，并确定分包与外购设备的最终厂家。分包与外购设备最终厂家的确定必须经买方书面确认。

10.3 供方应在规定时间内提供隐去价格信息的关键部件的分包和外购采购合同、生产进度报告、检验报告等资料。如未按时交付上述资料，则应根据第十四条规定承担违约责任。

10.4 买方或最终用户有权自行或委托第三方赴供方工厂或外购原材料工厂进行检查，供方应提供完成上述检查的一切便利和配合。供方应在与分包商的供货合同中或订单中明确买方按本条约定享有的此项权利。

10.5 对于技术协议以外且买方不做要求的设备、部件和原材料，卖方可以进行独立自主采购并采取适合自己的采购方式，但在分包与外购的设备、部件和原材料的问题上应充分采纳买方根据实际运行经验以及实地考察、调研所提出的意见和建议。供方根据本款分包和外购的设备、部件和原材料应严格遵守本合同及技术协议规定，供方应保证其质量和技术品质。

10.6 分包与外购设备、部件和原材料的技术服务及安装、调试等均由供方负责。

10.7 甲方或买方根据本条约定允许卖方进行分包与外购，并不能免除供方在本合同项下的任何责任和义务，也并不代表甲方或买方对缺陷的分包与外购设备、部件和原材料的接受和认可。

10.8 供方应保证分包与外购设备、部件和原材料的交货期、质量等均能满足本协议、采购订单的要求。如发生延迟交付或质量缺陷，供方应立即采取有效措施，避免本合同项下设备的供应发生延迟或质量缺陷造成损失，否则应按照本合同约定承担违约责任。

10.9 分包与外购设备、部件和原材料如产生其他违约、侵权责任，供方应承担相关责任。

第十一条 出厂前检验和现场验收

11.1 供方应按照技术协议要求对设备的生产制作过程进行关键点检验并在交付前对设备进行出厂前检验（以下简称“设备检验”），并根据设备检验结果制作检验报告，作为交付文件之一交付买方指定的收货人。出厂前检验合格，供方可发运货物；出厂前检验不合格，买方有权拒绝接收货物，供方应自费承担修换货等责任，并承担因此给买方造成的损失。

11.2 买方有权参加上述检验工作，在参加设备检验过程中如发现设备未按照本协议约定制造和生产，有权向供方书面提出改正建议和改正期限。供方应积极响应买方提出的意见和建议。根据本协议要求需由买方签署设备检验合格报告的，供方应在该报告签发后方可发运设备。买方接到通知后因自身原因未参加出厂前检验，视为买方放弃该检验权利，但该弃权并不免除供方按照本协议所产生的产品质量责任。

11.3 货物送达买方指定地点后由买方和供方共同进行现场验收。如供方未能出席，视为供方放弃该权利，买方有权自行完成现场验收，供方不得对验收结果提出异议。买方的检验结果和记录对双方有效，可作为向供方索赔的有效证据。

11.4 设备现场验收合格的，买方在验收完毕后合理期限内出具现场验收合格证明。该验收合格证明视为该批货物已被买方接受。

11.5 供方如对验收结果或修理、更换、索赔请求有异议，或供方提出书面异议，双方应在合理期限内进行共同复验。如双方代表在共同复验中对检验记录不能取得一致意见，应委托双方同意的第三方检验机构依照本协议标准进行最终检验。检验结果对双方都有约束力，因供方自身原因导致的货物质量不合格而产生的检验费用和其他直接费用全部由供方承担。

11.6 本条所指设备检验和现场验收均应按照技术协议约定的标准执行。

第十二条 安装调试和最终验收

12.1 货到现场验收合格后，供方应根据采购订单、技术协议提供设备安装调试服务或负责指导买方根据供方提供的技术资料、检验标准、图纸及说明书进行安装调试。安装调试应使设备能够正常运转，并达到本协议中要求的各项指标。除非另行书面约定，安装调试或安装调试指导费用已包含在本协议价格中。

12.2 安装调试完成后，经单机试运行，设备达到本协议约定的各项指标和要求的，买方签署相关验收证明后该设备验收合格。供方应负责设备所在装置在开工运行过程中所发生问题的处理与解决，直至装置生产出合格产品为止。

12.3 通常情况下，安装调试和最终验收应在货物到货后合理期限内完成。如因供方原因或设备质量问题造成最终验收延迟，则质量保证期不受本协议第 13.1 款约束，供方同意延长设备质量保证期。

第十三条 质量责任

13.1 设备质量保证期为最终验收合格投用后十二个月，采购订单中另有约定如严格于本协议的，应按照采购订单约定执行。在特殊工况条件下使用的设备，出于安全需要，其质量保证期应适当合理延长，具体时间由双方另行书面约定。如在此质量保证期内发生质量问题，供方应在买方要求的期限内自费修理调试或更换，货物质量保证期则以该质量问题被修正之日起重新计算。如供方未在上述期限内消除质量缺陷，买方有权退还全部或部分货物，并罚没供方质量保证金或银行质量保函。供方应返还全部或部分货款并承担因此给买方造成的损失，包括但不限于为维修、更换、拆卸安装已支付和需要支付的费用、损失等。

13.2　买方有权根据设备在质量保证期内所发生的问题扣罚供方的银行质量保函或质量保证金。

13.3　供方应保证设备整体和部分在生产过程中及交付前均不存在任何权利瑕疵，供方享有完全的所有权并有权进行任何处分，不存在任何第三人享有的物权等权利。

第十四条　违约责任

14.1　如供方未按期交货（不可抗力除外），应承担迟交货违约责任，向买方支付迟交货违约金，违约金比例双方应在采购订单中另行约定。因迟交货导致采购订单被解除的，供方应向买方赔偿损失。供方支付违约金并不解除其交货义务，交货时间另行商定。

逾期交货超过60日历日，买方有权解除本采购订单，甲方有权根据第18.3款解除本协议。供方除支付迟交货违约金外还应赔偿因此给买方造成的直接损失。

分期交货情况下，如部分交货延迟导致合同单方解除，买方有权就已接收部分货物向供方要求退货，供方应退还退货部分货物的货款、承担退货费用并赔偿因此给买方造成的直接损失。如供方交付的货物不符合合同约定的数量，应在买方要求的期限内补足，否则应按本条承担迟交货违约责任。

14.2　供方未按约定时间向买方提供技术资料和/或指定文件的，应向买方支付违约金，违约金比例双方应在采购订单中另行约定。供方支付违约金并不解除其交付技术资料的义务。

14.3　如供方交付的货物不符合约定的数量，应在买方要求的期限内补足，否则应按本条承担迟交货违约责任。

14.4　如货物在现场开箱检验或安装调试过程中被发现不符合质量要求，买方有权拒收货物、拒付货款并要求供方立即修理或更换。供方应在买方要求的期限内自费修复缺陷或提供合格货物，并自货物被发现质量问题之日起按本条规定承担迟交货违约责任。如供方未在该期限内消除质量缺陷，买方有权要求退货，供方应退还货款并承担因此给买方造成的直接损失。

14.5　质量保证期结束后，如有充分证据表明因供方原因导致货物存在选材、制造工艺或设计等质量问题，且该缺陷非因使用过程中自然损耗或不当操作引起或在开箱检验、安装调试、单机试车等过程中不能被发现或根据当时质量检测标准不易被检测，造成买方不能安全使用，买方有权要求供方修理、更换或退货。供方应返还全部或部分货款并承担因此给买方造成的损失，包括但不限于为维修、更换、拆卸安装已支付和需要支付费用等。

14.6　买方出具货物开箱检验、安装调试和产品投入使用合格等证明文件，并不意味其放弃由于货物不符合本协议项下的质量保证条款而产生的权利。

14.7　如供方发生本条所述违约行为并应支付违约金，买方有权从任何一笔应付货款中直接扣除。

第十五条　知识产权和保密

15.1　供方保证提供的设备、服务和文件（包括分包与外购设备、部件和原材料及其相关服务和文件），不侵犯任何第三方关于专利、商标、版权或工业设计权利等知识产权。如因购买、使用供方提供的上述设备和/或任何硬件、软件、备品备件、专用工具、技术资料或使用卖方提供的上述设备和/或任何硬件、软件、备品备件、专用工具、技术资料生产相关产品而受到第三方对于买方侵犯其知识产权诉讼和索赔，将由供方负责应诉，并承担由此引发的一切责任和后果。

15.2　如发生第15.1款约定的任何侵犯第三方知识产权的侵权事件，供方应立即负责与第三方交涉处理此事，并承担一切由此引起的法律和经济责任，使甲方和买方免受因第三方索赔而承担法律及经济责任所造成的损失。

15.3　如发生侵权事件或存在侵权可能性，供方应在知晓该事件之时起48小时内书面通知买方，并采取合理措施消除影响。

15.4　任何一方为履行本协议项下或与本协议相关义务，而向另一方提供的包括但不限于专有技术、技术文件、设计图纸、商业资料等文件资料，接受方应承担保密义务，除为履行本协议或与本协议相关义务的目的外，未经提供方书面同意，均不得提供给任何其他第三方。

15.5　任何一方均不得将本合同的存在及内容作为商业宣传资料。

第十六条　不可抗力

由于不可抗力导致合同一方或双方不能部分或者全部履行本合同义务，受不可抗力影响的合同方将得以免除部分或全部不能履行合同义务的责任，但应在不可抗力发生后24小时内通知对方，并在通知后14个工作日内向对方提供有效证明文件。受不可抗力影响的合同方有义务采取措施将不可抗力造成的损失降到最低。如不可抗力时间持续超过60日历日，则买方有权选择终止本合同。此种情况下，双方应妥善协商及处理各项合同事宜。

第十七条　争议解决

凡与本合同有关或因本合同引起的任何争议，包括但不限于合同的违反、解除、终止和效力应由双方友好协商解决，经双方协商未达成一致的，任何一方可将该争议向甲方所在地法院提起诉讼。但如果双方均为××集团内部单位，则应将任何争议提交××集团内部纠纷调解处理委员会调解。

第十八条　变更和解除

18.1　本协议及采购订单的变更需经双方协商一致，变更协议自双方签字盖章后生效。在变更协议签署生效前，任何一方应保证本协议及采购订单正常执行，不得中止拟变更内容所涉及的工作。

18.2　买方有权部分或全部解除采购订单并就解除部分中供方不能自行处理或没有其他用途的部分向供方提供合理补偿。补偿范围仅限于由该解除使供方实际产生的直接合理的费用，包括已购原材料、生产成本及合理的管理费用。供方应提供已投入生产的成本证据。买方支付补偿后，取得被解除采购订单下原材料的所有权，供方应根据买方要求在合理期限内免费为甲方储存和保管。

18.3　有下列情形之一者，甲方有权立即单方解除本协议，买方有权立即单方解除采购订单，供方应赔偿因解除给甲方或买方造成的损失。

（1）未经甲方或买方书面同意，将部分或全部权利义务转让给第三方。

（2）在协议有效期内，供方供货过程中出现重大质量问题。

（3）供方延迟交货超过（60）日历日。

（4）供方发生破产、清算等情况，丧失履约能力。

（5）供方有其他严重违约行为，导致本协议目的无法实现。

（6）被××集团暂停交易资格或从供应商网络中除名的。

第十九条　商业道德

甲乙双方签署的《恪守商业道德协议》作为本协议的组成部分，与本协议具有同等法律效力。双方违反该协议之行为，应被视为违反本协议的违约行为，应向未违约方承担相应的违约责任。

第二十条　通知

本协议要求的或允许的任何通知、要求或其他书面文件应当由发出该通知的一方书面签署，并以专人递送或邮寄或传真的方式送至对方联系人地址，在取得对方接收确认或到达指定电子通信设施后，即被认为已送达。采购订单中应明确买方和卖方的联系人信息。

甲方联系人：

电　　话：　　　　　电子邮件：　　　　　通信地址：

供方联系人：

电　　话：　　　　　电子邮件：　　　　　通信地址：

买方联系人：

电　　话：　　　　　电子邮件：　　　　　通信地址：

第二十一条　生效和有效期

本协议自双方签字盖章之日起生效，有效期至（　）年（　）月（　）日。质保期、知识产权和保密、争议解决及违约责任等不受本期限约束。本协议中某一条款无效不应影响本协议其他部分条款的有效性。

第二十二条　其他

22.1　本协议由以下附件组成。

附件1：分项报价（略）

附件2：技术协议（略）

附件3：采购订单

22.2　本协议中甲方责任义务适用于采购订单中买方的责任义务；供方责任义务适用于采购订单中卖方责任义务。

22.3　本协议正本一式（　）份，甲方执（　）份，乙方执（　）份，本协议中未尽事宜，由买方和供方在采购订单中详细约定。

甲方（盖章）：	乙方（盖章）：
------------------------------	------------------------------
授权代表（签字）	授权代表（签字）
日　　期：　　年　　月　　日	日　　期：　　年　　月　　日

附件3：

采购订单

买方订单号：____________	供方合同号：____________
买　　方：____________	卖　　方：____________
住 所 地：____________	住 所 地：____________
邮　　编：____________	邮　　编：____________
电　　话：____________	电　　话：____________
传　　真：____________	传　　真：____________
电子邮件：____________	电子邮件：____________

本采购订单根据双方于［请填写设备框架采购协议签署日期］签订的编号为［请填写框架采购协议编号］的《设备框架采购协议》（“协议”）作出，协议的所有条款对本采购订单适用，本采购订单中的词语应具有协议所给出的含义。采购订单的接受和签署应根据协议的约定进行，一经双方签署，对双方均具有约束力。

第一条　标的物和价格

序号	物资编码	设备名称、规格及技术标准	单位	数量	单价	小计	税率
扣税合同总价		小写：　　大写：　　货币单位：元人民币					
含税合同总价		小写：　　大写：　　货币单位：元人民币					

第二条　基本信息

买方银行信息	供方银行信息
开户行： 账户名： 账　号：　　税号：	开户行： 账户名： 账　号：　　税号：

第三条　交货时间

按（　）执行。

1. 一次性交货

供方应于（　）年（　）月（　）日前，将本合同特别条款第一条所指全部货物按本合同第三条约定的交货方式一次性交货完毕。

2. 分批交货

供方应分（　）批交付本合同特别条款第一条所指全部货物。

（1）第一批：（　）年（　）月（　）日前交付。

（2）第二批：（　）年（　）月（　）日前交付。

第四条　交货方式

按（　）执行，收货单位为（　）。

（1）供方送货至买方指定地点，指定地点为（　）。

（2）供方代办托运至买方指定地点，指定地点为（　）。

（3）买方自行提货，提货地点为（　）。

（4）其他：（　）。

第五条　技术资料交付

供方应按照技术协议中约定的时间向最终用户提交技术资料。

第六条　付款

1. 预付款

为合同总价的（　）%，即（　）元人民币。本合同生效后（　）个工作日内，供方应向买方提交以下单据，买方收到并认可上述单据后（　）个工作日内以（　）方式向供方支付。

（1）预付款收据。

（2）包括主要材料采购、制造和检验计划在内的生产制造进度表。

（3）由银行开立的与预付款金额相等的、以买方为受益人并经买方认可的不可撤销银行质量保函。

（4）其他：（　）。

2. 进度款

为合同总价的（　）%，即（　）元人民币。本合同生效后（　）内，供方应向买方提交以下单据，买方收到并认可上述单据后（　）个工作日内以（　）方式向供方支付。

（1）进度款收据。

（2）最终用户、相关第三方（如有）签署的设备最终设计图纸交付证明。

（3）最终用户、相关第三方（如有）签署的设计联络会会议纪要。

（4）供方和/或分包商出具的主要材料到货证明。

（5）其他：（　）。

3. 货款

为合同总价的（　）%，即（　）元人民币。供方应在设备交货后向买方提交以下单据，买方在收到并认可上述单据后（　）个工作日内以（　）方式向供方支付。

（1）合同总价全额增值税发票。

（2）货物签收单。

（3）最终用户、相关第三方（如有）签署的设备验收合格证明。

（4）最终用户、相关第三方（如有）出具的随机资料到货证明文件。

（5）由银行开立的涵盖合同总价（　）%、以买方为受益人并经买方认可的不可撤销银行质量保函。

如供方不能提供上述质量保函，买方有权在付款时扣除合同总价的（　）%，即（　）元人民币作为质量保证金，设备在质量保证期满无质量问题的，买方在到期后 90 个工作日内向供方支付该笔尾款。

（6）其他：（ ）。

4. 本条第1、第2、第3款中“即（ ）元人民币”为根据百分比计算出的具体金额。为财务结算便利，该金额可根据业务需要进行调整，如与百分比不一致，应在最后一笔付款时调整。

第七条　运输、保险费用

设备运费和保险费共计（ ）元，已包含在合同总价内。如未包含，则由（ ）在（ ）后（ ）工作日内，根据供方提交的（ ）单据支付。

第八条　质量保证期

设备质量保证期为签署最终验收证明之日起（ ）个月或交货之日起（ ）月，两者以先到为准。

第九条　备品配件

本合同总价中已包含备品配件价格。如未包含，则供方应按照技术协议约定的价格向买方提供，备品配件价款的支付方式、时间及交付由双方或最终用户与供方另行书面约定。

第十条　附件及份数

1. 本合同由以下附件构成

（1）分项报价。

（2）技术协议。

2. 本合同正本一式（ ）份，买方执（ ）份，供方执（ ）份。

买方（盖章）：	供方（盖章）：
授权代表（签字）	授权代表（签字）
日　　期：　　年　　月　　日	日　　期：　　年　　月　　日

合同范例06

设备采购合同

甲方（买受人）：____________________

乙方（出卖人）：____________________

签约时间：______年______月______日

签约地点：_________________________

一、协议书

甲乙双方依据____________________，协商一致签订本合同。

1. 合同组成文件

本合同组成文件：（a）协议书；（b）合同条件；（c）附录：1～______；（d）投标文件；（e）招标文件。

2. 合同金额

2.1　本合同金额为人民币：________________元（大写：________________）。前述合同金额的分项详见附录1。

2.2　本合同金额________________（包含/不包含）安装调试费。

2.3　乙方纳税主体身份：一般纳税人。

3. 付款方式为____________________（二选一）

3.1　货到初验合格挂账后付合同金额的______%，安装调试试运行合格后付合同金额的______%，质保期满无质量问题或履行无争议时付剩余价款。(仅限于采掘设备、特种车辆)

3.2　货到验收合格挂账后付合同金额的______%，待质保期满无质量问题或履行无争议时付剩余价款。

4. 交货时间、地点

4.1　交货时间：____________________。

4.2　交货地点：____________________。

4.3　安装调试。

4.3.1　安装时间：______年______月______日至______年______月______日。

4.3.2　安装地点：____________________。

5. 安装、调试（含试运行）

5.1　安装、调试的负责方为____________________（甲方/乙方）。

5.2　安装、调试的指导方为__________________（甲方/乙方）。

5.3　试运行时间：__________________。

5.4　安装调试的负责方负责记录过程并归集、移交安装调试资料。如安装、调试过程中发现异常，安装、调试负责方应通知对方。安装、调试异常由乙方负责解决。

6. 质保期与质量保证金

6.1　质保期为自交付之日起______天。

6.2　质量保证金：甲方扣除合同金额的10%作为质保金。

7. 乙方业务代表

姓　　名：__________________；身份证号码：__________________；

联系电话：__________________；E－mail：__________________。

乙方业务代表人应有乙方法定代表人出具的授权委托书，授权内容应包含业务权限、期限以及个人的基本信息与联系方式。

乙方业务代表人或其相关信息发生变化时，应当重新提供乙方法定代表人授权委托，否则，甲方按照合同约定的信息送达有效。

8. 质量及技术标准

质量标准执行__________________。（A. 国标 B. 行标 C. 企标）

技术标准执行技术协议或技术文件，详见附录2。

9. 验收标准

包装及验收标准符合国标。

10. 其他约定

____。

11. 合同生效

本合同由双方法定代表人（企业负责人）或授权签字人签字并加盖单位专用合同章或公章后生效。本合同一式______份，甲方______份，乙方______份，具有同等法律效力。

甲方：__________________	乙方：__________________
法定代表人（企业负责人）：________	法定代表人：__________________
签约代表：__________________	签约代表：__________________
地址：__________________	地址：__________________
纳税人识别号：__________________	纳税人识别号：__________________
开户银行：__________________	开户银行：__________________
账号：__________________	账号：__________________
联系电话：__________________	联系电话：__________________

二、合同条件

1. 定义

1.1　“设备”系指乙方在本合同项下应向甲方交付的全部设备、机器、仪器、结构、零部件、工具及现场的技术服务、手册与技术文件（不限于电子文档、软件和图纸）和乙方应甲方要求提供的其他材料。

1.2 “用户”指具体使用设备的甲方所属单位。本合同中，用户可以就设备质量直接向乙方提出异议。

1.3 “服务”指根据合同约定乙方应提供的有关设计、交货、安装、调试、测试、系统集成、工程实施、试运行、验收、项目管理、培训、技术服务、质量报验、资料整理、售后服务等使系统正常运转所必需的服务。

1.4 “交货时间”指乙方将设备运抵约定的交货地点并为甲方所知的时间。

1.5 “安装时间”指自设备在甲方指定的安装地点进行安装时起，试运行达标时止的时间。

1.6 “预验”指甲方对设备的初步验收行为。预验合格并不直接代表初验合格。

1.7 “初验”指甲方或其受托人对设备的预验、库存抽检及出库时的验收行为。如预验合格，但没有进行库存抽检和出库验收，或库存抽检和出库验收合格的，视为初验合格。如任意一环节验收不合格，均视为初验不合格。

1.8 “初验权”指除另有约定外，甲方或其受托人有独立行使初验的权利，包括开箱、样本提取与封存及检验的权利。

1.9 “入库”指乙方将设备运至甲方指定地点，经初验合格且安装调试运行正常后办理相关手续的行为。

1.10 “交付”同“入库”，标的物所有权及风险自交付时转移。

1.11 “终验”指甲方或用户在质保期满时对设备质量进行的验收与确认。

1.12 “终验权”指除另有约定外，甲方或用户有独立行使终验的权利。

1.13 “质保期”指双方商定的为确保甲方获得合格产品或同等权益，而由乙方向甲方无条件提供缺陷产品的退货、更换以及标的物维修保养的特殊期间。

1.14 “质保期内的质量保证责任”指（a）排除标的物质量缺陷的证明责任归乙方；（b）一旦质量缺陷被证实存在，乙方将依照甲方的指示进行退货、更换、修理或者赔偿甲方的损失。

1.15 “合同金额”指除本合同有相反约定外，“合同金额”包括设备及随机备件或工具本身的价款，货物到达甲方指定地点的运输费、装卸费、包装费、保险费、税费及相关安装、调试、测试、系统集成、验收、培训、售后服务、各种资料、专用工具等保障甲方正常利用本合同项下所购设备的一切费用。

1.16 “延期交付时的计价规则”指乙方延期交付时，标的物价格上涨则以合同价格结算，标的物价格下降则以交付时甲方确认的可实现相同交易的低价结算。

1.17 “隐蔽缺陷”指未在质保期内被发现但客观存在的质量缺陷，包括但不限于安全性能、加工精度、材质、设计方面的缺陷。本合同中，甲方依照正确方法但不能正常利用标的物即可发出“隐蔽缺陷报告”，证明不存在隐蔽缺陷的责任归乙方。

1.18 “天”系指日历天数。

1.19 解释合同文件效力的优先顺序如下：（a）协议书；（b）附录（含图纸）；（c）合同条件；（d）中标通知书；（e）投标文件；（f）招标文件；（g）其他文件。

附录之间有冲突，涉及价款的以附录1为准；其他的以附录2为准。

2. 包装标识

2.1 乙方应根据运距采用适当的方式对设备进行包装，并采取必要的措施，确保设备安全抵达现场。如因乙方包装不当致使设备出现锈蚀、损坏、丢失，乙方承担全部责任并赔偿因此给甲方造成的损失。

2.2 乙方应在交付设备的同时依甲方要求提供完整的装箱清单、产品合格检测报告、合格证、生产许可证、原产地证明、防爆合格证、产品安全标志证书、技术参数及图纸或装配图（甲方对图纸或装配图有保密义务）等材料，上述资料不齐全，甲方有权不予验收。

2.3 所供设备包装应保证安全吊装。

2.4 包装物侧面应当标明甲方合同号、到站名称、收货人名称、标的物名称、箱件号、重量、体积、起吊位置、运输与存储注意事项等必要标志。

2.5 设备与随机备件等应分别包装，并在箱外加以说明。

2.6 成套组件产品随货附项下产品的装箱单、技术说明和使用说明。

2.7 甲方对标的物包装、标识有特殊要求的，双方另行约定；乙方未按要求进行包装、标识的，甲方有权不予办理验收手续。

3. 装运

3.1 乙方须在设备显著处加印或粘贴供应商标识、产品规格型号等相关信息；原则上二维码粘贴在货物（包装箱）左上角，无法以同一位置粘贴的，以整齐美观及局部范围统一、一致为原则，选择粘贴（悬挂）位置。

3.2 乙方在进入供应商系统创建完发货通知单后，点击“发送 ERP”再点击“发送 GPS”，以上两个发送按钮点击后必须显示“成功发送”，物流系统中才能获取到运单信息。

3.3 乙方发货司机应在接到运输单后下载手机 App，并通过手机号关联运输单信息，为该运单提供行驶轨迹信息，执行不到位的情况将纳入考核。

3.4 乙方于每次发货前 3 个工作日通知甲方合同号、设备品名、数量、毛重、总体积（立方米）、发货地、备齐日期，以及在装卸、运输、仓储中的特殊要求或注意事项等事宜；如属危险设备或危险物资，乙方应同时告知发生事故时应采取的措施。如果因乙方提供的信息不准确、不完整而造成装卸、运输、仓储过程中的问题，由乙方负责。

3.5 乙方负责为货物和在现场服务的乙方人员办理必要的保险并支付相关保险费，该保险的期限至货物到达甲方现场且验收完成正常使用时为止。

3.6 因设备验收、安装调试不合格需退换货所发生的装卸、运输等费用，由乙方承担。

3.7 甲方对标的物装运有特殊要求的，双方另行约定，乙方应按要求进行装运。

4. 监造、检验、安装调试

4.1 监造。

在设备制造过程中及发运前，甲方有权派人到乙方或其分包商的工厂进行查看检验。甲方对设备监造有特殊要求的，乙方应按照本合同、甲方制定的《监造大纲》及国家、行业、企业的相关规定执行。

4.2 乙方厂内检验。

乙方应在发货前对设备的质量、规格、性能和数量/重量进行详细、全面的检验，并提供检验证书。

4.3 甲方检验。

4.3.1 初验时间：在设备抵达交货地点并具备验收条件后3个工作日内开始。

乙方未经甲方同意擅自变更交货地点，或到货设备与要求的数量、品牌、规格型号及其他技术要求不一致的，视为未到货。甲方有权不予验收，由此造成的损失由乙方承担。

4.3.2 乙方配合：乙方应到验收地点配合甲方进行预验，乙方未到场或经书面催告后超过3天未到场的甲方可自行验收，验收结果对乙方具有约束力。

4.3.3 验收单：验收单由甲方出具，乙方签字认可；乙方不签字的，应在3天内提出书面异议。逾期未提出书面异议的，视为认可，验收单对乙方具有约束力。

4.3.4 初验效力：初验合格是乙方在安装调试前向甲方移交设备的依据；但不被视为甲方对设备质量、性能的实质认可，亦不得作为乙方拒绝承担质量保证责任和赔偿责任的依据。

初验不合格的，甲方有权拒绝交付并索赔，并可按相关规定给予乙方“暂停付款”“暂停资格”或“取消资格”的处置；乙方自费解决相应问题。

4.4 安装调试。

4.4.1 如果双方约定由乙方负责安装与调试，乙方应在设备到达后依照甲方要求时限完成安装调试，并对甲方人员进行指导和培训。若安装、调试达不到要求，乙方负责分析原因，并立即更换不合格产品；在征得甲方书面同意后，亦可以对产品进行改正，并在甲方指定或双方约定时间进行再次安装、调试。

4.4.2 如果双方约定由甲方安装调试，乙方应负责技术指导，并解决安装调试过程中出现的技术和质量问题。

4.4.3 设备或整个系统在测试、运行和调试验收中都满足合同规定的技术指标后，甲方将出具试运行验收证书。

4.5 无论在验收阶段，还是使用过程中，对需要检测的设备甲方有权选择专业检测机构取样送检。检测合格的，检测所发生的费用（包括检测费、邮寄或运输费、送样及材料管理费等）由甲方承担；检测不合格的，所有相关费用由乙方承担。

4.6 终验：质保期满未发现设备不正常作业或质量缺陷为终验合格。此外，除乙方证明并经甲方认可设备不正常作业系甲方或用户责任外，均视为终验不合格。甲方可据此要求乙方承担退货、更换或无条件修复的责任，并进行索赔。

4.7 甲方依据合同及相关组成文件进行检验、安装调试和终验。如甲方有特殊要求的，以附录3为准。

5. 付款

5.1 方式：电汇或银行承兑汇票。

5.2 币种：人民币。

5.3 付款条件：验收合格挂账后分期付款；质量保证金在质保期满后，无质量问题或履行无争议时支付。

5.4 付款凭证。

5.4.1 按合同总金额开具的增值税专用发票（车辆适用机动车销售统一发票）。乙方不得将已交给甲方的增值税发票私自作废。乙方提供纸质发票，应依甲方要求在供应商协同平台中上传发票的扫描件。

5.4.2　采购合同。

5.4.3　验收单（注：付款方式为协议书 3.2 时需要）。

5.4.4　入库单。

5.4.5　试运行合格报告。（注：付款方式为协议书 3.1 时需要）

5.4.6　乙方收款收据。

5.5　质保金支付凭证。

5.5.1　采购合同。

5.5.2　双方往来对账单正本。

5.5.3　会签单正本。（注：标的物为设备和大型部件时需要）

5.5.4　质保金支付申请表正本。（注：标的物为设备时需要）

5.6　乙方须在验收单出具后 30 天内向甲方当面提供办理挂账所需的相关凭证。

6. 乙方保证

6.1　乙方保证其对提供的设备拥有充分的所有权、处分权和知识产权，任何第三人就该设备向甲方提出的权利主张都由乙方进行响应和处理并承担全部责任。

6.2　乙方保证合同项下设备为全新正品，符合约定的品牌、质量、规格和性能要求，非假冒伪劣产品，没有设计、制造、材料、工艺或其他缺陷，提供的技术资料完整统一、正确清晰。乙方进一步保证，设备在正确安装后，以及按照乙方提供的手册正确操作及维护保养的条件下，将顺利通过验收达到甲方满意，并在整个寿命周期里运转良好。

6.3　乙方保证对质保期内设备出现的故障，在收到甲方通知后 48 小时内响应并采取必要和一切可能的措施，通常该处理应在 72 小时内完成；如未能及时采取措施或排除故障，甲方可自行采取措施，乙方全额补偿甲方由此产生的所有费用。更换的新设备、部件、元器件质保期重新起算。

6.4　乙方保证免费处理设备的隐蔽缺陷，但是如果该缺陷是全行业普遍存在且依照制造时的工业水平无法克服的，消除缺陷的费用由双方分担。

6.5　乙方保证为甲方培训操作及维修人员，培训内容包括基本原理、操作使用和维修保养等，并不再收取任何费用。

6.6　乙方保证在质保期满后的设备保养、维护费用按成本价计取。

6.7　对超出质保期但未使用的设备，甲方在使用时发现为不合格产品，经双方核实确认非因甲方使用不当造成，乙方应依照甲方要求进行退货或更换。

6.8　乙方保证提供下列免费服务（包括产生的人工费和材料费）。

（1）告知与通知；（2）交付中的验收合作；（3）现场安装或安装指导、试运行；（4）质保期内的服务、培训和保养（汽车的维护保养依据特殊约定，无特殊约定的，按惯例执行）；（5）质保期满后的跟踪服务；（6）即使发生纠纷，乙方也应将已完工作全部资料移交甲方，且合同的效力不影响该义务的履行。

6.9　甲方将该设备转让给第三方，乙方对甲方的质量、知识产权等保证责任延展至第三方。

6.10　乙方承诺提供产品满足与甲方在用主机整体配套使用及零配件的互换性。

7. 索赔

7.1　乙方承担因其所交设备在数量、规格、质量、性能或其他任何方面与合同约定不符或不能正常使用/运行的违约责任；给甲方造成损失的，还应予以赔偿。赔偿范围包括甲方误工和减产损失、重新采购相同等级替换产品的价款、甲方拆装人工费、新旧件运输费、已支付货款的同期银行利息及由此产生的其他费用。

若质保期约定为“过煤量 *X* 吨或运转/使用 *X* 次”，未达到要求的，视为质量不合格，损失赔偿要求返还货款的，以合同全部价款为准。

7.2　对安装调试试运行合格 3 个月内故障率超过 10% 的同批次设备，乙方应全部免费召回，甲方有权单方解除合同，由此给甲方造成的损失由乙方赔偿。赔偿范围依照第 7.1 款执行。

7.3　乙方在收到甲方索赔通知后 14 天内未作出答复，视为接受甲方的索赔主张。

7.4　对乙方违反合同约定给甲方造成的损失，甲方可从乙方的质量保证金或全部货款余额中扣除。

7.5　乙方合同履约不力或发生争议，甲方可暂停支付货款。

8. 违约责任

8.1　迟延交付。

乙方未按合同约定期限交货的，应向甲方支付违约金。违约金为每天按未交货总金额的 1‰计算，每月累计违约金不足 200 元的，以 200 元计算。

8.2　包装标识、装运。

乙方设备的包装标识、装运不符合约定的，甲方有权拒收；若甲方同意接收的，乙方应向甲方支付合同金额 5% 的违约金。

8.3　配合指导。

甲方负责安装调试，乙方不给予积极配合、指导的，应向甲方支付合同金额 10% 的违约金。

8.4　维修更换。

因设备质量问题导致甲方不能正常使用，乙方未在甲方指定时间内维修或更换的，每迟延一天向甲方支付合同金额 1‰的违约金。

8.5　替代措施。

乙方迟延、不完全履行或拒绝履行超过合同约定交货时间的，甲方有权采取替代措施，所产生的费用由乙方承担。

8.6　单方终止合同。

在合同履行过程中，乙方单方终止合同的，应向甲方支付合同金额 30% 的违约金。

8.7　合同转让。

未经甲方书面同意，本合同严禁全部或部分转让。乙方擅自转让合同的，应向甲方支付其获得利润双倍的违约金。

8.8　滞后结算。

乙方因其原因未在合同约定期限内办理完结算，应向甲方支付违约金。结算滞后 60 天以内（含 60 天），违约金为合同金额的 1%；结算滞后 60 天以上，违约金为合同金额的 3%；如甲方发函催促仍不及时结算的违约金为合同金额的 10%。

8.9　资料移交。

乙方应在设备交货当日向甲方移交相关资料，否则等同延期交货，按照本合同第 8.1 款执行。

8.10　迟延清场。

本合同中乙方所供设备验收不合格，未在甲方规定时间内清场的，乙方应按照设备价款×违约天数×1‰向甲方支付违约金，并按照设备价款×违约天数×3% 支付仓储费。对逾期清理的设备安全、损毁及超出质量有效期等，甲方不承担赔偿责任。

8.11 更换品牌或规格型号。

更换设备部分组件品牌或规格型号的，需经甲方同意。更换部分的价款高于原价款的，甲方不予补差；更换部分的价款低于原价款的，甲方有权从待付货款中扣除差价。

8.12 除第8.1至第8.11款，乙方违反本合同其他约定的，还应向甲方支付合同金额10%的违约金。

8.13 迟延付款。

甲方无正当理由拒付货款并且迟延付款超过6个月的，乙方有权要求甲方承担延期支付金额的利息。

8.14 违约金总额不设上限。

双方承担违约金的金额合计计算，不做增减调整。甲方可从所有应付账款中直接扣除乙方违约金。

8.15 失信行为处置。

乙方违反合同约定，甲方有权依据相关制度给予失信行为处置。

9. 合同变更和解除

9.1 对本合同的任何变更，均应经双方以书面形式达成一致意见。

因本协议履行，乙方被予以“暂停资格”“取消资格”处置的，甲方可根据实际情况，采取中止、变更、终止、解除合同或暂停付款等措施，且不负任何补偿或赔偿责任。

9.2 乙方过错导致的合同解除。

乙方有下述情形之一，甲方可向乙方发出书面解除通知以解除合同，且不负任何赔偿、补偿责任。

9.2.1 催告期满或连续超出3个月仍未交货的。

9.2.2 规格、型号不符合约定的。

9.2.3 质量不合格或系假冒伪劣产品的。

9.2.4 乙方破产或因其他原因无力供货的。

9.2.5 乙方擅自转让合同的。

9.2.6 乙方无力向第三方支付本合同项目相关费用的。

9.2.7 因乙方原因导致第三方给甲方正常生产工作秩序造成影响的。

9.2.8 因设备升级、改造，导致安装尺寸、设备编码等配套发生变化，乙方未主动告知并积极配合指导的。

9.2.9 乙方由一般纳税人变更为小规模纳税人的。

9.2.10 违反本合同项下其他约定，可能或已经给甲方造成损失的。

收到上述解除通知后，乙方应无条件做好合同解除后的工作，其所有质量保证金不予退还；乙方为履行本合同所产生的所有费用由乙方自行负担；甲方可对乙方实施失信行为处置。

合同解除后，如给甲方造成损失，乙方应当依据本合同第7条“索赔”之规定予以赔偿。

9.3 甲方单方解除合同。

9.3.1 因国家法律法规、政策规定禁止使用本合同项下设备的，甲方不承担任何赔偿、补偿责任。

9.3.2 合同签订后，因甲方运营政策改变难以执行或无法继续履行本合同的，甲方比照“缔约过失责任”的赔偿范围给予乙方赔偿。

10. 知识产权

乙方保证所供设备不侵犯任何第三方的知识产权、技术秘密或其他权利，因侵犯第三人权利引发的任何诉讼、仲裁或其他任何形式的索赔，均由乙方负责处理和承担相应的赔偿责任；如发生本条前述的诉讼、仲裁或索赔，给甲方造成损失的，乙方应赔偿甲方因此遭受的全部损失，包括但不限于向第三方支付的赔偿费用、诉讼费、律师费以及甲方采用替代产品所支出的费用。

11. 争议解决

因本合同发生的任何争议，双方协商解决；协商不成的，双方均有权向合同签订地人民法院提起诉讼。

12. 其他

12.1 对于本合同项下从国外提供的设备，乙方还须提供该设备的进口报关凭证。

12.2 乙方应当遵守甲方的规章制度。甲方规章制度是指由甲方制定的，其适用对象、适用范围扩大到包括乙方在内，并已经乙方接受的规章制度。其构成要件是：（1）甲方制定的规章制度已经以制度内容或制度文件索引的方式告知乙方；（2）乙方在知道或应当知道甲方规章制度满5日内没有提出书面异议。但是如果甲方是以招标文件的方式告知乙方要求乙方执行的规章制度的，乙方在投标文件中没有提出不予接受的反对意见，则视为乙方于投标文件送达甲方之时起即接受甲方的规章制度。

三、附录

附录1：供货明细表

表1 **通用版**

序号	计划号	物资名称及规格型号	计量单位	数量	不含增值税单价（元）	不含增值税总价（元）	交货日期	交货地点	申请仓库
1									
2									
3									

不含增值税金额（小写:）：________________ 税率：________________

含税合同金额（人民币）：________________（大写）：________________

表2 **物资供应中心专用版**

序号	计划号	物资名称及规格型号	计量单位	数量	含增值税单价（元）	含增值税总价（元）	交货日期	交货地点	申请仓库
1									
2									
3									

不含增值税金额（小写）：____________ 税率：____________

含税合同金额（人民币）：____________（大写）：____________

附录2：技术协议/文件

（包括但不限于技术质量标准或要求、设计联络、配套责任、加工制造工艺、质量控制体系和措施、质量保证期限、外协件、标的物出厂前检验、技术服务、安装、检验、调试、试运行及验收、技术资料与图纸、备件和工具等）

附录3：验收、安装调试要求（略）

附录4：甲方制度清单（略）

其他附录

合同范例 07

物资采购合同

需　　方：河北××××发电有限责任公司　　　　合同编号：××××电厂合同

供　　方：________________

签订地点：________________　　　　签订时间：____年____月____日

一、产品名称、商标、型号、厂家、数量、金额

序号	产品名称	规格型号	生产厂家	单位	数量	含税单价（元）	含税总价（元）
1							
2							
合计人民币金额（大写）：							

二、交货时间：供方应于______年____月____日前，将本合同项下全部货物运抵需方指定交货地点。

三、质量要求、技术标准、供方对质量负责的条件和期限：按产品出厂装箱资料、产品合格证、双方签订的技术协议。质保期 12 个月（自货物经需方书面验收合格之日起计算），质保期内如发生质量问题，供方负责免费维修或更换。供方保证所供设备是原厂生产，产品质量符合国家相关标准、制造厂家技术标准、国际通用标准。上述标准不一致的，以标准最严格的执行。

四、交（提）货地点、方式：河北××××发电有限责任公司物资仓库。本合同项下全部货物由供方负责办理运输并承担货物在途风险。

五、运输方式及到达站（港）和费用负担：供方承担费用。

六、包装标准、包装物的供应与回收：生产厂家原厂包装，外箱由供方选适宜物，包装不回收。

七、验收标准、方法及提出异议期限：按国家及生产厂商质量标准、技术标准验收，如有异议需方应于验收完毕后 15 日内以书面形式或电子邮件方式提出。

八、结算方式：________________。

供方提供税率为 13% 的全额增值税专用发票，验收合格后，在 3 个月内无息支付给供方合同备件价款。合同价格以不含税价格为基准，当国家政策法规对增值税率有调整时，本合同增值税率同步调整。

九、技术资料：合格证明。

十、违约责任：

1. 如供方迟延交付货物应按合同总价款的______%按日向需方支付违约金。

2. 如供方交付货物存在质量问题（无论甲方验收时是否发现）且无法通过维修、更换予以解决时，供方应按需方要求无条件退还全部货款，并承担由此给需方造成的一切损失。

十一、解决合同纠纷的方式：本合同在履行过程中发生争议，由当事人双方协商解决。协商不成的，依法向定州市人民法院起诉。

十二、本合同一式两份，供需双方各执一份，具有同等法律效力。本合同自双方共同签署之日起生效。

十三、其他约定事项：本合同未尽事宜由双方以书面方式另行协商确定。

需　　方	供　　方
单位名称：河北××××发电有限责任公司	单位名称：
单位地址：	单位地址：
邮　　编：	邮　　编：
法定代表人：	法定代表人：
委托代表人：	委托代表人：
电　　话：	电　　话：
传　　真：	传　　真：
开户银行：	开户银行：
账　　号：	账　　号：
税　　号：	税　　号：

合同范例08

备件采购合同

甲方（买受人）：____________________

乙方（出卖人）：____________________

签约时间：______年____月____日

签约地点：________________________

一、协议书

甲、乙双方依据____________________，签订本合同。

1. 合同组成文件

本合同组成文件：(a) 协议书；(b) 合同条件；(c) 附录：1～______；(d) 投标文件；(e) 招标文件。

2. 合同金额

2.1　合同金额为人民币：________________元（大写：________________）。前述合同金额的分项详见附录1。

2.2　乙方纳税主体身份：<u>　一般纳税人　</u>。

3. 付款方式

货到初验合格挂账后付合同金额的90%，待质保期满无质量问题或履行无争议时付剩余价款。

4. 交货时间、地点

4.1　交货时间：____________________。

4.2　交货地点：____________________。

5. 质保期与质量保证金

5.1　质保期为自交付之日起______天。

5.2　质量保证金：甲方扣除合同金额的10%作为质保金。

6. 乙方业务代表

姓　　名：________________________；身份证号码：________________________；

联系电话：________________________；E－mail：________________________。

乙方业务代表人应有乙方法定代表人出具的授权委托书，授权内容应包含业务权限、期限以及个人的基本信息与联系方式。

乙方业务代表人或其相关信息发生变化时，应当重新提供乙方法定代表人授权委托，否则，甲方按照合同约定的信息送达有效。

7. 质量及技术标准

质量标准执行____________________。（A. 国标 B. 行标 C. 企标）

技术标准执行技术协议或技术文件，详见附录2。

8. 验收标准

包装及验收标准符合国标。

9. 其他约定

____。

10. 合同生效

本合同由双方法定代表人（企业负责人）或授权签字人签字并加盖双方单位公章或合同专用章后生效。本合同一式份，甲方______份，乙方______份，具有同等法律效力。

甲方：____________________	乙方：____________________
法定代表人（企业负责人）：________	法定代表人：________________
签约代表：_________________	签约代表：_________________
地址：____________________	地址：____________________
纳税人识别号：______________	纳税人识别号：______________
开户银行：_________________	开户银行：_________________
账号：____________________	账号：____________________
联系电话：_________________	联系电话：_________________

二、合同条件

1. 定义

1.1　备件：指乙方在本合同项下应向甲方交付的全部备件产品、技术文件（不仅限于电子文档、软件和图纸）及乙方应甲方要求提供的其他材料。

1.2　用户：指具体使用备件的甲方所属单位。本合同中，用户可以就备件质量直接向乙方提出异议。

1.3　交货时间：指乙方将备件运抵约定的交货地点并为甲方所知的时间。

1.4　预验：指甲方对备件的初步验收行为。预验合格并不直接代表初验合格。

1.5　初验：指甲方或其受托人对备件的预验、库存抽检及出库时的验收行为。如预验合格，但没有进行库存抽检和出库验收，或库存抽检和出库验收合格的，视为初验合格。如任意一环节验收不合格，均视为初验不合格。

1.6　初验权：除另有约定外，甲方或其受托人有独立行使初验的权利，包括开箱、样本提取与封存及检验的权利。

1.7　入库：指乙方将备件运至甲方指定地点，经初验合格后办理相关手续的行为。

1.8　交付：同“入库”。备件所有权及风险自交付时转移。

1.9　终验：指甲方或用户在质保期满时对备件质量进行的验收与确认。

1.10　终验权：指除另有约定外，甲方或用户有独立行使终验的权利。

1.11　质保期：指双方商定的为确保甲方获得合格产品或同等权益，而由乙方向甲方无条件提供缺陷产品的退货、更换及维修保养的特殊期间。

1.12　质保期内的质量保证责任：（a）排除备件质量缺陷的证明责任归乙方；（b）一旦质量缺陷被证实存在，乙方将依照甲方的指示进行退货、更换、修理或者赔偿甲方的损失。

1.13　合同金额：指除本合同有相反约定外，“合同金额”包括备件及随机产品或工具本身的价款、税费、装卸费、运费、包装费、保险费、培训费、调试费、乙方服务费等全部金额。

1.14　延期交付的计价规则：指乙方延期交付时，备件价格上涨则以合同价格结算，备件价格下降以交付时甲方确认的可实现相同交易的适当低价结算。

1.15　隐蔽缺陷：指在质保期内未被发现但客观存在的质量缺陷，包括但不限于安全性能、加工精度、材质、设计方面的缺陷。本合同中，甲方依照正确方法但不能正常使用即可发出“隐蔽缺陷报告”，证明不存在隐蔽缺陷的责任归乙方。

1.16　通知：指甲、乙方之间依照适当方式将应被对方知情的事项告知对方的行为。通知应当按约定的地址、接收组织或联系人发出。通知方式可以是以下一种或几种的结合：（a）当面通知；（b）邮寄通知；（c）电子邮件或其他数据电文。

1.17　天：系指日历天数。

1.18　解释合同文件效力的优先顺序如下：（a）协议书；（b）附录（含图纸）；（c）合同条件；（d）中标通知书；（e）投标文件；（f）招标文件；（g）其他文件。

附录之间有冲突，涉及价款的以附录 1 为准；其他的以附录 2 为准。

2. 包装标识

2.1　乙方应根据运距采用适当的方式进行包装，并采取必要的措施，确保备件安全抵达现场。如因乙方包装不当致使备件出现锈蚀、损坏、丢失，乙方承担全部责任并赔偿因此给甲方造成的损失。

2.2　乙方应在交付备件的同时向甲方提供完整的货物清单（需有备件的具体参数）、产品质量合格证书、检测报告、检验合格证明、原产地证明、防爆合格证、矿用产品安全标志证书、技术参数及图纸或装配图（甲方对图纸或装配图有保密义务）等材料。

2.3　包装应保证安全吊装。

2.4　甲方仅以实际受领备件的数量、重量和规格为准，损耗由乙方承担。

2.5　备件以单位倍数进行分装，外包装应附标识产品的相关信息。

2.6　成套组件备件随货附项下产品的装箱单、技术说明、安装说明及使用说明等必要信息。

2.7　甲方对备件包装、标识有特殊要求的，双方另行约定；乙方未按要求进行包装、标识的，甲方有权不予办理验收手续。

3. 装运

3.1　乙方须在货物显著处加印或粘贴供应商标识、产品规格型号等相关信息；原则上二维码粘贴在货物（包装箱）左上角，无法以同一位置粘贴的，以整齐美观及局部范围统一、一致为原则，选择粘贴（悬挂）位置。

3.2　乙方在进入供应商系统创建完发货通知单后，点击“发送 ERP”再点击“发送 GPS”，以上两个发送按钮点击后必须显示“成功发送”，物流系统中才能获取到运单信息。

3.3　乙方发货司机应在接到运输单后下载手机 App，并通过手机号关联运输单信息，为该运单提供行驶轨迹信息，执行不到位的情况将纳入考核。

3.4　乙方于每次发货前3个工作日通知甲方合同号、备件品名、数量、毛重、总体积（立方米）、发货地、备齐日期，以及在装卸、运输、仓储中的特殊要求或注意事项等事宜；如属危险物资，乙方应同时告知发生事故时应采取的措施。如果因乙方提供的信息不准确、不完整而造成装卸、运输、仓储过程中的问题，由乙方负责。

3.5　乙方负责为货物和在现场服务的乙方人员办理必要的保险并支付相关保险费，该保险的期限至货物到达甲方现场且验收完成正常使用时为止。

3.6　因备件验收、检验不合格需退换货所发生的装卸、运输等费用，由乙方承担。

3.7　甲方对标的物装运有特殊要求的，双方另行约定，乙方应按要求进行装运。

4. 监造、检验、安装调试

4.1　监造。

在备件制造过程中及发运前，甲方有权派人到乙方或其分包商的工厂进行查看检验。甲方对备件监造有特殊要求的，乙方应按照本合同、甲方制定的《监造大纲》及国家、行业、企业的相关规定执行。

4.2　初验。

4.2.1　初验时间：在备件抵达交货地点并具备验收条件后3个工作日内开始。

未经甲方同意，乙方擅自变更交货地点，或到货标的物与要求的数量、品牌、规格型号及其他技术要求不一致的，视为未到货。甲方有权不予验收，由此造成的损失由乙方自行承担。

4.2.2　乙方配合：乙方应到验收地点配合甲方进行预验，乙方未到场或经书面催告后超过3天未到场的甲方可自行验收，验收结果对乙方具有约束力。

4.2.3　验收单由甲方出具，乙方签字认可；乙方不签字的，应在3个工作日内提出书面异议。逾期未提出书面异议的，视为认可，验收单对乙方具有约束力。

4.2.4　初验效力：初验合格是乙方交付备件的依据，但不被视为甲方对备件质量、性能的实质认可，亦不得作为乙方拒绝承担质量和权利瑕疵担保责任的依据。

初验不合格的，甲方有权拒绝交付并索赔，并可按相关规定给予乙方“暂停付款”“暂停资格”或“取消资格”的处置；乙方自费解决相应问题。

4.3　安装调试。

4.3.1　约定由乙方安装调试，当安装调试不能或达不到要求时，乙方负责分析原因，立即更换不合格品；在征得甲方书面同意后，亦可对备件进行改正，并在甲方指定时间内进行二次安装调试。

4.3.2　约定由甲方安装调试的，乙方负责技术指导，并解决安装调试过程中出现的技术问题。

4.3.3　在备件经测试、运行和调试验收中都满足合同约定的技术指标后，甲方出具试运行验收证书。

4.4　不论在验收阶段，还是使用过程中，对需要检测的备件甲方有权选择专业检测机构取样送检。检测合格的，检测所发生的费用（包括检测费、邮寄或运输费、送样及材料管理费等）由甲方承担；检测不合格的，所有相关费用由乙方承担。

4.5　终验。

质保期满未发现备件不正常运行或质量缺陷为终验合格。此外，除乙方证明并经甲方认可备件不正常运行系甲方或用户责任外，均视为终验不合格。甲方可据此要求乙方承担退货、更换或无条件修复的责任，并进行索赔。

4.6 特别声明。

无论是在质保期内还是质保期外，出现备件数量短缺或质量缺陷等问题，甲方保留索赔的权利。

4.7 甲方对初验、安装调试和终验有特殊要求的，以附录3为准。

5. 付款

5.1 方式：电汇或银行承兑汇票。

5.2 币种：人民币。

5.3 付款条件：验收合格挂账后分期付款；质量保证金在质保期满后，无质量问题或履行无争议时支付。

5.4 付款凭证。

5.4.1 按合同总金额开具的增值税专用发票。乙方不得将已交给甲方的增值税发票私自作废。乙方提供纸质发票，应依甲方要求在供应商协同平台中上传发票的扫描件。

5.4.2 采购合同。

5.4.3 验收单。

5.4.4 入库单。

5.4.5 乙方收款收据。

5.5 质保金支付凭证。

5.5.1 采购合同。

5.5.2 双方往来对账单正本。

5.5.3 质保金支付申请表正本。

5.6 乙方须在验收单出具后30天内向甲方当面提供办理挂账所需的相关凭证。

6. 乙方保证

6.1 乙方保证其对提供的产品拥有充分的所有权或处分权，任何第三人就该产品向甲方提出的权利主张都由乙方进行响应和处理并承担全部责任。

6.2 乙方保证合同项下的备件为全新正品、符合约定的品牌、质量、规格和性能要求，非假冒伪劣产品，没有设计、制造、材料、工艺或其他缺陷，提供的技术资料完整统一、正确清晰。

6.3 乙方保证对质保期内备件出现故障，在收到甲方通知后48小时内响应并采取必要和一切可能的措施，通常该处理应在72小时内完成；如未能及时采取措施或排除故障，甲方可自行采取措施，乙方全额补偿甲方由此产生的费用并承担因甲方采取措施不当导致的备件及整机毁损的风险。更换的新备件、部件、元器件质保期重新起算。

6.4 乙方保证免费处理备件的隐蔽缺陷，但如果该缺陷是全行业普遍存在且依照制造时的工业水平无法克服的，消除缺陷的费用由双方分担。

6.5 乙方保证为甲方培训操作及维修人员，培训内容包括基本原理、操作使用和维修保养等，并不再收取任何费用。

6.6 乙方保证在质保期满后的备件保养费用按成本价计取。

6.7 乙方保证提供下列免费服务：（a）交付中的验收合作；（b）现场安装或安装指导、试运行；（c）质保期内的服务、培训和保养；（d）质保期满后的跟踪服务等；（e）其他售后服务。

6.8 甲方将该备件转让给第三方的，乙方保证其对甲方的质量、知识产权等保证责任延展至第三方。

6.9 对有“有效期”规定的备件（如化工、橡胶制品等），乙方保证有效期限不得低有效天数的50%，否则，甲方有权拒绝接收。

6.10 乙方承诺提供产品满足与甲方在用主机整体配套使用及零配件的互换性。

7. 索赔

7.1 乙方承担因其所交备件在数量、规格、质量、性能或其他任何方面与合同约定不符或不能正常使用的违约责任。给甲方造成的损失的，应予赔偿。赔偿范围包括甲方误工和减产损失、重新采购相同等级替换产品的价款、甲方拆装人工费、新旧件运输费、已支付货款的同期银行利息及由此产生的其他费用。

若质保期约定为“过煤量 *X* 吨或运转/使用 *X* 次”，未达到要求的，视为质量不合格，损失赔偿要求返还货款的，以合同全部价款为准。

7.2 乙方在收到甲方索赔通知后 14 天内未作出答复，视为接受甲方的索赔主张。

7.3 对乙方违反合同约定给甲方造成的损失，甲方可从乙方的质量保证金或全部货款余额中扣除。

7.4 乙方合同履约不力或发生争议，甲方可暂停支付货款。

8. 违约责任

8.1 迟延交付。

乙方未按合同约定期限交货，应向甲方支付违约金。违约金为每天按未交货总金额的 1‰计算；每月累计违约金不足 200 元的，以 200 元计算。

8.2 包装标识、装运。

乙方包装标识、装运等不符合约定的，甲方有权拒收；若甲方同意接收的，乙方应向甲方支付该批次不符合包装标识或装运要求的备件价款 5% 的违约金。

8.3 配合指导。

甲方负责安装调试，乙方不积极配合、指导的，应向甲方支付合同金额 10% 的违约金；若导致甲方无法使用的，应向甲方支付合同金额 30% 的违约金。

8.4 替代措施。

乙方迟延、不完全或拒绝履行超过合同约定交货时间的，甲方有权采取替代措施，所产生的费用由乙方承担。

8.5 更换。

因备件质量问题导致甲方不能正常使用，乙方未在甲方指定时间内更换的，每迟延一天向甲方支付合同金额 5% 的违约金。

8.6 单方终止合同。

在合同履行过程中，乙方单方终止合同的，应向甲方支付合同金额的 30% 的违约金。

8.7 合同转让。

未经甲方书面同意，本合同严禁全部或部分转让。乙方擅自转让合同的，应向甲方支付其获得利润双倍的违约金。

8.8 滞后结算。

乙方因其原因未在合同约定期限内办理完结算，应向甲方支付违约金。结算滞后 60 天以内（含

60 天)，违约金为合同金额的 1%；结算滞后 60 天以上，违约金为合同金额的 3%；如甲方发函催促仍不及时结算的违约金为合同金额的 10%。

8.9　迟延清场。

本合同中乙方所供备件验收不合格，未在甲方规定时间内清场的，乙方应按照备件价款×违约天数×1‰向甲方支付违约金，并按照备件价款×违约天数×3%支付仓储费。对逾期清理的备件安全、损毁及超出质量有效期等，甲方不承担赔偿责任。

8.10　更换品牌或规格型号。

更换备件品牌或规格型号的，需经甲方同意。更换部分的价款高于原价款的，甲方不予补差；更换部分的价款低于原价款的，甲方有权从待付货款中扣除差价。

8.11　除 8.1 至 8.10，乙方违反本合同其他约定的，还应向甲方支付合同金额 10% 的违约金。

8.12　迟延付款。

甲方无正当理由拒付货款并且迟延付款超过 6 个月的，乙方有权要求甲方承担延期支付金额的利息。

8.13　违约金总额不设上限。

双方承担违约金的金额合计计算，不做增减调整。甲方可从所有应付账款中直接扣除乙方违约金。

8.14　失信行为处置。

乙方违反合同约定，甲方有权依据相关制度给予失信行为处置。

9. 合同的变更和解除

9.1　对本合同的任何变更，均应经双方以书面形式达成一致意见。

因本协议履行，乙方被国家能源集团给予“暂停资格”“取消资格”处置的，甲方可根据实际情况，采取中止、变更、终止、解除合同或暂停付款等措施，且不负任何补偿或赔偿责任。

9.2　乙方过错导致的合同解除。

乙方有下述情形之一，甲方可向乙方发出书面解除通知以解除合同，且不负任何赔偿、补偿责任。

9.2.1　催告期满或连续超出 3 个月仍未交货的。

9.2.2　规格、型号不符合约定的。

9.2.3　质量不合格或系假冒伪劣产品的。

9.2.4　乙方破产或因其他原因无力供货。

9.2.5　乙方擅自转让合同的。

9.2.6　乙方无力向第三方支付本合同项目相关费用的。

9.2.7　因乙方原因导致第三方给甲方正常生产工作秩序造成影响的。

9.2.8　因备件升级、改造，导致安装尺寸、编码等配套发生变化，乙方未主动告知并积极配合指导的。

9.2.9　甲方发现乙方供应产品价格明显高于市场价，甲方可停止高价产品的领用出库，并有权在从付账款中扣划已付高于市场价的货款差价；且甲方可根据实际情况即时解除部分或全部合同，并给予失信行为处置。

9.2.10　乙方由一般纳税人变更为小规模纳税人的。

9.2.11　违反本合同项下其他约定，可能或已经给甲方造成的损失的。

收到上述解除通知后，乙方应无条件做好合同解除后的工作，所有质量保证金不予退还，乙方为履行本合同所产生的所有费用由乙方自行负担，甲方可对乙方实施失信行为处置。

合同解除后，如给甲方造成损失，乙方应当依据本合同第7条“索赔”之规定予以赔偿。

9.3　甲方单方解除合同。

9.3.1　因国家法律法规、政策规定禁止使用本合同项下标的物的，甲方不承担任何赔偿、补偿责任。

9.3.2　合同签订后，因甲方运营政策改变难以执行或无法继续履行本合同的，甲方比照“缔约过失责任”的赔偿范围给予乙方赔偿。

10. 知识产权

乙方保证所供备件不侵犯任何第三方的知识产权、技术秘密或其他权利，因侵犯第三人权利引发的任何诉讼、仲裁或其他任何形式的索赔，均由乙方负责处理和承担相应的赔偿责任；如发生本条前述的诉讼、仲裁或索赔，给甲方造成损失的，乙方应赔偿甲方因此遭受的全部损失，包括但不限于向第三方支付的赔偿费用、诉讼费、律师费以及甲方采用替代产品所支出的费用。

11. 争议解决

因本合同发生的任何争议，双方协商解决；协商不成的，双方均有权向合同签订地人民法院提起诉讼。

12. 其他

12.1　对于本合同项下从国外提供的备件，乙方还须提供该备件的进口报关凭证。

12.2　乙方应当遵守甲方的规章制度。甲方规章制度是指由甲方制定的，其适用对象、适用范围扩大到包括乙方在内，并已经乙方接受的规章制度。其构成要件是：（1）甲方制定的规章制度已经以制度内容或制度文件索引的方式告知乙方；（2）乙方在知道或应当知道甲方的规章制度满5日内没有提出书面异议。但是如果甲方是以招标文件的方式告知乙方要求乙方执行的规章制度的，乙方在投标文件中没有提出不予接受的反对意见，则视为乙方于投标文件送达甲方之时起即接受甲方的规章制度。

三、附录

附录1：供货明细表

表1　　**通用版**

序号	计划号	物资名称及规格型号	计量单位	数量	不含增值税单价	不含增值税总价（元）	交货日期	交货地点	申请仓库
1									
2									
3									

不含增值税金额（小写:）＿＿＿＿＿＿＿＿＿＿＿＿；　税率：＿＿＿＿＿＿＿＿＿＿＿＿

含税合同金额（人民币）：＿＿＿＿＿＿＿＿＿＿＿＿（大写）：＿＿＿＿＿＿＿＿＿＿＿＿

表 2 物资供应中心专用版

序号	计划号	物资名称及规格型号	计量单位	数量	含增值税单价	含增值税总价（元）	交货日期	交货地点	申请仓库
1									
2									
3									

不含增值税金额（小写:）：______________ 税率：______________
含税合同金额（人民币）：______________（大写）：______________

附录 2：技术协议/文件

（包括但不限于技术质量标准或要求、设计联络、配套责任、加工制造工艺、质量控制体系和措施、质量保证期限、外协件、备件出厂前检验、技术服务、安装、检验、调试、试运行及验收、技术资料与图纸等）。

附录 3：验收、安装调试要求（略）

附录 4：甲方制度清单（略）

其他附录

合同范例 09

材料采购合同

甲方（买受人）：____________________

乙方（出卖人）：____________________

签约时间：______年______月______日

签约地点：_________________________

一、协议书

甲、乙双方依据____________________，经协商一致签订本合同。

1. 合同文件

下列文件是本合同的组成部分：（a）协议书；（b）合同条件；（c）附录：1～______；（d）投标文件；（e）招标文件。

2. 合同金额

2.1 本合同金额为人民币：______元（大写：____________）。前述合同金额的分项详见附录1。

2.2 乙方纳税主体身份：<u>一般纳税人</u>。

3. 付款方式

货到初验合格挂账后付合同金额的90%，待质保期满无质量问题或履行无争议时付剩余价款。

4. 交货时间、地点

4.1 交货时间：______________________________。

4.2 交货地点：______________________________。

5. 质保期与质量保证金

5.1 质保期为自交付之日起_________天。

5.2 质量保证金：甲方扣除合同金额的10%作为质保金。

6. 乙方业务代表

姓　　名：__________________________；身份证号码：__________________________。

联系电话：__________________________；E－mail：______________________________。

乙方业务代表人应有乙方法定代表人出具的授权委托书，授权内容应包含业务权限、期限以及个人的基本信息与联系方式。

乙方业务代表人或其相关信息发生变化时，应当重新提供乙方法定代表人授权委托，否则，甲方按照合同约定的信息送达有效。

7. 质量及技术标准

质量标准执行____________________。(A. 国标 B. 行标 C. 企标)

技术标准执行技术协议或技术文件，详见附录2。

8. 验收标准

包装及验收标准符合国标。

9. 其他约定

____

____

____。

10. 合同生效

本合同由双方法定代表人（企业负责人）或授权签字人签字并加盖单位公章或合同专用章后生效。本合同一式______份，甲方______份，乙方______份，具有同等法律效力。

甲方：____________________	乙方：____________________
法定代表人（企业负责人）：________	法定代表人：________________
签约代表：________________	签约代表：________________
地址：____________________	地址：____________________
纳税人识别号：______________	纳税人识别号：______________
开户银行：________________	开户银行：________________
账号：____________________	账号：____________________
联系电话：________________	联系电话：________________

二、合同条件

1. 定义

1.1 “用户”指具体使用标的物的甲方所属单位。本合同中，用户可就标的物质量直接向乙方提出异议。

1.2 “交货时间”指乙方将标的物运抵约定的交货地点并为甲方所知的时间。

1.3 “预验”指甲方对标的物的初步验收行为。预验合格并不直接代表初验合格。

1.4 “初验”指甲方或其受托人对标的物的预验、库存抽检及出库时的验收行为。如预验合格，但没有进行库存抽检和出库验收，或库存抽检和出库验收合格的，视为初验合格。如任意一环节验收不合格，均视为初验不合格。

1.5 “初验权”指除另有约定外，甲方或其受托人有独立行使交付前验收的权利，包括开箱、样本提取与封存及检验的权利。

1.6 “入库”指乙方将标的物运至甲方指定地点，经初验合格后办理相关手续的行为。

1.7 “交付”同“入库”。标的物所有权及风险自交付时转移。

1.8 “终验”指甲方或用户在质保期满时对标的物质量进行的验收与确认。

1.9 “终验权”指除另有约定外，甲方或用户有独立行使使用前验收的权利。

1.10 “质保期”指双方商定的为确保甲方获得合格产品或同等权益，而由乙方向甲方无条件提供缺陷产品的退货、更换以及标的物维修保养的特殊期间。

1.11 “质保期内的质量保证责任”指质量缺陷被证实存在时，乙方依照甲方要求进行更换、退货并赔偿甲方的损失。排除标的物质量缺陷的证明责任归乙方。

1.12 “合同金额”指包括标的物的价款、税金、包装费、装卸费、运费、保险费、操作培训费、乙方服务费等全部金额。

1.13 “通知”指甲、乙方之间依照适当方式将应被对方知情的事项告知对方的行为。通知应当按约定的地址、接收组织或联系人发出。通知方式可以是以下一种或几种的结合：（a）当面告知；（b）邮寄通知；（c）电子邮件或其他数据电文。

1.14 “天”系指日历天数。

1.15 解释合同文件效力的优先顺序如下：（a）协议书；（b）附录（含图纸）；（c）合同条件；（d）中标通知书；（e）投标文件；（f）招标文件；（g）其他文件。

附录之间有冲突，涉及价款的以附录1为准；其他的以附录2为准。

2. 包装标识

2.1 乙方应根据运距采用适当的方式包装，并采取必要的措施，确保标的物安全抵达交货地点。如因乙方包装不当致使标的物出现锈蚀、损坏、丢失，乙方承担全部责任并赔偿因此给甲方造成的损失。

2.2 乙方应在交付标的物的同时向甲方提供完整的货物清单、检验合格证明、产品质量合格证书（随货提供每一批次标的物的质量证明材料）、检测报告等技术文件。

2.3 包装应保证安全吊装。

2.4 甲方仅以实际受领标的物的数量、重量和规格为准，损耗由乙方承担。

2.5 甲方对标的物包装、标识有特殊要求的，双方另行约定；乙方未按要求进行包装、标识的，甲方有权不予办理验收手续。

3. 装运

3.1 乙方须在货物显著处加印或粘贴供应商标识、产品规格型号等相关信息；原则上二维码粘贴在货物（包装箱）左上角，无法以同一位置粘贴的，以整齐美观及局部范围统一、一致为原则，选择粘贴（悬挂）位置。

3.2 乙方于每次发货前3个工作日通知甲方合同号、标的物品名、数量、毛重、总体积（立方米）、发货地、备齐日期，以及在装卸、运输、仓储中的特殊要求或其他注意事项等事宜；如属危险物资，乙方应同时告知发生事故时应采取的措施。如果因乙方提供的信息不准确、不完整而造成装卸、运输、仓储过程中的问题，由乙方负责。

3.3 乙方在进入供应商系统创建完发货通知单后，点击“发送ERP”再点击“发送GPS”，以上两个发送按钮点击后必须显示“成功发送”，物流系统中才能获取到运单信息。

3.4 乙方发货司机应在接到运输单后下载手机App，并通过手机号关联运输单信息，为系统该运单提供行驶轨迹信息，执行不到位的情况将纳入考核。

3.5 乙方负责为货物和在现场服务的乙方人员办理必要的保险并支付相关保险费，该保险的期限至货物到达甲方现场且验收完成正常使用时为止。

3.6 甲方对标的物装运有特殊要求的，双方另行约定，乙方应按要求进行装运。

4. **监造**

在标的物制造过程中及发运前，甲方有权派人到乙方或其分包商的工厂进行查看检验。甲方对标的物监造有特殊要求的，乙方应按照本合同、甲方制定的《监造大纲》及国家、行业、企业的相关规定执行。

5. **验收**

5.1　初验。

5.1.1　验收时间：货物抵达交货地点并具备验收条件后3个工作日内开始。

5.1.2　验收方式：乙方应到验收地点配合甲方进行预验，乙方未到场或经书面催告超过3个工作日未到场的，甲方可自行组织验收，验收结果对乙方具有约束力。

5.1.3　验收单：验收单由甲方出具，乙方签字认可；乙方不签字的，应在验收单出具后3个工作日内提出书面异议，逾期未提出异议的，视为乙方认可，验收结果对乙方具有约束力。

5.1.4　初验效力：初验合格是乙方交付标的物的依据。但不被视为甲方对标的物质量、性能的实质认可，亦不得作为乙方拒绝承担质量和权利瑕疵担保责任等赔偿责任的依据。

初验不合格的，甲方有权拒绝交付并索赔，并可按相关规定给予乙方“暂停付款”“暂停资格”或“取消资格”的处置；乙方自费解决相应问题。

5.1.5　未经甲方同意，乙方擅自变更交货地点，或到货标的物与要求的数量、品牌、规格型号及其他技术要求不一致的，视为未到货。甲方有权不予验收，由此造成的损失由乙方承担。

5.2　终验。

质保期满后没有发现不符合规定或约定的技术指标为终验合格。此外，均视为终验不合格，甲方可据此要求乙方承担无偿修复、更换或退货及赔偿损失的责任。

5.3　不论在验收阶段，还是使用过程中，对需要检测的标的物甲方有权选择专业检测机构取样送检。检测合格的，检测所发生的费用（包括检测费、邮寄或运输费、送样及材料管理费等）由甲方承担；检测不合格的，所有相关费用由乙方承担。

5.4　特别声明。

无论是质保期内还是质保期外，对甲方提出标的物存在质量缺陷，证明不存在缺陷的责任归乙方。

5.5　甲方对初验、终验有特殊要求的，以附录3为准。

6. **付款**

6.1　方式：电汇或银行承兑汇票。

6.2　币种：人民币。

6.3　付款条件：标的物验收合格挂账后分期付款；质量保证金在质保期满后，无质量问题或履行无争议时支付。

6.4　付款凭证。

6.4.1　按合同总金额开具的增值税专用发票。乙方不得将已交给甲方的增值税发票私自作废。乙方提供纸质发票，应依甲方要求在供应商协同平台中上传发票的扫描件。

6.4.2　采购合同。

6.4.3　验收单。

6.4.4　入库单。

6.4.5　乙方收款收据。

6.5　质保金支付凭证。

6.5.1　采购合同。

6.5.2　双方往来对账单正本。

6.5.3　质保金支付申请表正本。

6.6　乙方须在验收单出具后30天内向甲方当面提供办理挂账所需的相关凭证。

7. 乙方保证

7.1　乙方保证对其提供的标的物拥有充分的所有权和处分权，任何第三方就该标的物向甲方提出的权利主张都由乙方进行响应和处理并承担全部责任。

7.2　乙方保证合同项下的标的物为全新正品，符合约定的品牌、质量、规格和性能要求，非假冒伪劣产品，没有设计、生产、原材料、工艺或其他缺陷，提供的技术资料完整统一、正确清晰。

7.3　乙方保证对质保期内标的物出现的质量问题，在收到甲方通知后48小时内响应并采取必要和一切可能的措施，通常该处理应在72小时内完成；如未能及时采取措施或排除故障，甲方可自行采取措施，乙方全额补偿甲方由此产生的费用并承担因甲方采取措施不当导致标的物及整机毁损的风险。更换的新标的物质保期重新起算。

7.4　对超出质保期但未使用的标的物，甲方在使用时发现为不合格产品，经双方核实确认非因甲方使用不当造成，乙方应依甲方要求退货或更换。

7.5　乙方保证提供下列免费服务：（a）交付前的验收合作；（b）任何时候配合甲方对标的物的质量调查；（c）按照商业和行业惯例乙方应提供的其他服务。

7.6　甲方将取得所有权的标的物转让给第三方的，乙方基于本合同对标的物的质量标准、质保期限、知识产权等对甲方的保证责任延展至第三方。

7.7　对有“有效期”规定的标的物（如化工、橡胶制品等），乙方保证有效期限不得低有效天数的50%，否则，甲方有权拒绝接收。

7.8　乙方承诺提供产品满足与甲方在用主机整体配套使用及零配件的互换性。

8. 索赔

8.1　乙方承担因其所交标的物在数量、规格、质量、性能或其他任何方面与合同约定不符或不能正常使用的违约责任。给甲方造成的损失的，应予赔偿。赔偿范围包括甲方误工和减产损失、重新采购相同等级替换产品的价款、甲方拆装人工费、新旧件运输费、已支付货款的同期银行利息及由此产生的其他费用。

若质保期约定为“过煤量*X*吨或运转/使用*X*次”，未达到要求的，视为质量不合格，损失赔偿要求返还货款的，以合同全部价款为准。

8.2　乙方在收到甲方索赔通知后14天内未作出答复，视为接受甲方的索赔主张。

8.3　对乙方违反合同约定给甲方造成的损失，甲方可从乙方的质量保证金或全部货款余额中扣除。

8.4　乙方合同履约不力或发生争议，甲方可暂停支付货款。

9. 违约责任

9.1　迟延交付。

乙方未按合同约定期限交货的，应向甲方支付违约金。违约金为每天按未交货总金额的1‰计算；

每月累计违约金不足200元的，以200元计算。

9.2　包装标识、装运。

标的物的包装标识、装运不符合约定的，甲方有权拒收；若甲方同意接收的，乙方应向甲方支付该批次不符合包装标识或装运要求的标的物价款5%的违约金。

9.3　替代措施。

乙方迟延、不完全或拒绝履行超过合同约定交货时间的，甲方有权采取替代措施，所产生的费用由乙方承担。

9.4　更换。

因标的物质量问题导致甲方不能正常使用，乙方未在甲方指定时间内更换的，每迟延一天向甲方支付合同金额5%的违约金。

9.5　单方终止合同。

在合同履行过程中，乙方单方终止合同，应向甲方支付合同金额30%的违约金。

9.6　合同转让。

未经得甲方书面同意，本合同严禁全部或部分转让。乙方擅自转让合同的，应向甲方支付与其获得利润双倍的违约金。

9.7　滞后结算。

乙方因其原因未在合同约定期限内办理完结算，应向甲方支付违约金。结算滞后60天以内（含60天），违约金为合同金额的1%；结算滞后60天以上，违约金为合同金额的3%；如甲方发函催促仍不及时结算的违约金为合同金额的10%。

9.8　迟延清场。

乙方所供标的物验收不合格，且未在甲方规定时间内清场的，乙方应按照标的物价款×违约天数×1‰向甲方支付违约金，并按照标的物价款×违约天数×3%支付仓储费。对逾期清理的标的物安全、损毁及超出质量有效期等，甲方不承担赔偿责任。

9.9　更换品牌或规格型号。

更换标的物品牌或规格型号的，需经甲方同意。更换部分的价款高于原价款的，甲方不予补差；更换部分的价款低于原价款的，甲方有权从待付货款中扣除差价。

9.10　除9.1至9.9，乙方违反本合同其他约定的，还应向甲方支付合同金额10%的违约金。

9.11　迟延付款。

甲方无正当理由拒付货款并且迟延付款超过6个月的，乙方有权要求甲方承担延期支付金额的利息。

9.12　违约金总额不设上限。

双方承担违约金的金额合计计算，不做增减调整。甲方可从所有应付账款中直接扣除乙方违约金。

9.13　失信行为处置。

乙方违反合同约定，甲方有权依据相关制度给予失信行为处置。

10. 合同的变更和解除

10.1　对本合同的任何变更，均应经双方以书面形式达成一致意见。

因本协议履行，乙方被予以“暂停资格”“取消资格”处置的，甲方可根据实际情况，采取中止、变更、终止、解除合同或暂停付款等措施，且不负任何补偿或赔偿责任。

10.2　乙方过错导致的合同解除。

乙方有下述情形之一，甲方可向乙方发出书面解除通知以解除合同，且不负任何赔偿、补偿责任。

10.2.1　催告期满或连续超出3个月仍未交货的。

10.2.2　规格、型号不符合约定的。

10.2.3　质量不合格或系假冒伪劣产品的。

10.2.4　乙方破产或因其他原因无力供货的。

10.2.5　乙方擅自转让合同的。

10.2.6　乙方无力向第三方支付本合同项目相关费用的。

10.2.7　因乙方原因导致第三方给甲方正常生产工作秩序造成影响的。

10.2.8　乙方由一般纳税人变更为小规模纳税人的。

10.2.9　违反本合同其他约定，可能或已经给甲方造成损失的。

收到上述解除通知后，乙方应无条件做好合同解除后的工作，其所有质量保证金不予退还；乙方为履行本合同所产生的所有费用由乙方自行负担；甲方可对乙方实施失信行为处置。

合同解除后，如给甲方造成损失，乙方应当依据本合同第8条“索赔”之规定予以赔偿。

10.3　甲方单方解除合同。

10.3.1　因国家法律法规、政策规定禁止使用本合同项下标的物的，甲方不承担任何赔偿、补偿责任。

10.3.2　合同签订后，因甲方运营政策改变难以执行或无法继续履行本合同的，甲方比照“缔约过失责任”的赔偿范围给予乙方赔偿。

11. 知识产权

乙方保证所供标的物不侵犯任何第三方的知识产权、技术秘密或其他权利，因侵犯第三人权利引发的任何诉讼、仲裁或其他任何形式的索赔，均由乙方负责处理和承担相应的赔偿责任；如发生本条前述的诉讼、仲裁或索赔，给甲方造成损失的，乙方应赔偿甲方因此遭受的全部损失，包括但不限于向第三方支付的赔偿费用、诉讼费、律师费以及甲方采用替代产品所支出的费用。

12. 争议解决

因本合同发生的任何争议，双方协商解决；协商不成的，双方均可向合同签订地人民法院提起诉讼。

13. 其他

13.1　对于本合同项下从国外提供的标的物，乙方还须提供该标的物的进口报关凭证。

13.2　乙方应当遵守甲方的规章制度。甲方规章制度是指由甲方制定的，其适用对象、适用范围扩大到包括乙方在内，并已经乙方接受的规章制度。其构成要件是：（1）甲方制定的规章制度已经以制度内容或制度文件索引的方式告知乙方；（2）乙方在知道或应当知道甲方的规章制度满5日内未提出书面异议。但是如果甲方是以招标文件的方式告知乙方要求乙方执行的规章制度的，乙方在投标文件中没有提出不予接受的反对意见，则视为乙方于投标文件送达甲方之时起即接受甲方的规章制度。

三、附录

附录1：标的物明细表

表1　　**通用版**

序号	计划号	物资名称及规格型号	计量单位	数量	不含增税单价（元）	不含增值税总价（元）	交货日期	交货地点	
1									
2									
3									

不含增值税金额（小写：小数点后保留五位数）：________ 税率：________
含税合同金额（人民币）：________（大写）：________

表2　　**物资供应中心专用版**

序号	计划号	物资名称及规格型号	计量单位	数量	含增税单价（元）	含增值税总价（元）	交货日期	交货地点	申请仓库
1									
2									
3									

不含增值税金额（小写：小数点后保留五位数）：________税率：________
含税合同金额（人民币）：________（大写）：________

附录2：技术协议/文件

（包括但不限于技术质量标准或要求、设计联络、配套责任、加工制造工艺、质量控制体系和措施、质量保证期限、外协件、出厂前检验、技术服务、安装、检验、调试、试运行及验收、技术资料与图纸等）

附录3：验收要求（略）

附录4：甲方制度清单（略）

其他附录

合同范例10

协议库存供应协议

甲方（买受人）：××××发展有限责任公司　　合同编号：________________
乙方（出卖人）：________________　　签订地点：________________
签订时间：______年______月______日

一、总则

为确保____________分公司____________所需物资供应，由____________提供库房和仓储设施，____________提供物资实物，本着互惠互利的原则，在____________由甲乙双方共同组建____________物资仓库。

本协议中所称的物资，系指本协议第四项清单中所列的物资。

二、双方权利与义务

1. 甲方享有乙方优先保证供应的权利及对乙方存放在仓库内物资的管理权。甲方应保证乙方的首要供应商地位，在采购物资时，应考虑乙方的供货周期，并及时通知乙方，乙方应按要求提供甲方所需物资。

2. 甲方应提供适宜物资存放的库房，物资存放应按相关标准进行，不能扎堆放置。对于因库房环境（诸如湿度、通风）达不到乙方的仓储条件而造成的物资损失，由甲方负责。甲方应向乙方提供库内物资流通状态的及时、准确信息，以便乙方处置物资。甲方应保证库内物资不因管理原因而造成霉变、丢失、氧化、堆压变形等。

3. 乙方享有仓库中未办理出库手续的物资的所有权，在优先满足甲方要求的情况下，乙方享有对仓库内的这部分物资的调拨权。仓库储备物资的规格、品种、数量由供需双方根据甲方储备计划共同确定。乙方应向甲方书面提出具体的物资供货周期和仓储条件，以便甲方预定物资和进行仓储管理。

4. 乙方享有对仓库不定期核查权，以保证仓库内的乙方物资的质量和数量符合甲方的要求。乙方必须保障甲方所订物资到货的及时性、准确性。乙方必须保证其所供物资的质量符合____________的相关标准。乙方必须提供证明其产品质量及使用维护等方面的资料，供甲方查阅、审验。

三、物资仓库的维护与运用

1. 物资安全储备数量。

甲、乙双方密切协作，以保证甲方仓库里物资储备数量不低于本协议中“××××物资协议库存清单”中所规定的安全储备量，对应安全储备金额为__________元。甲方根据乙方供货周期及时通知乙方供应，如因乙方未能及时供应，影响甲方维修、生产所需发生__________次及以上，甲方有权利选择其他供应商，乙方承担甲方相应损失；如属甲方通知晚，造成供货不及时，责任由甲方自行承担。

2. 安全储备量调整。

由于甲方运营维修变动，部分物资安全储备量可能有所调整，遇特殊情况时双方再及时协商，研究确定，具体以补充协议说明。

3. 物资供应时间。

甲方及时通知乙方组织送货，乙方在接到甲方通知后，一般保证在__________日内到货，除因物资运输途中人为不可抗拒的意外情况发生，乙方必须及时与甲方协商，采取其他补救措施，以保证甲方物资需求。

4. 物资入库验收。

对运达仓库的物资，甲方应按照作业程序和有关标准做好物资的入库验收工作，并与乙方进行核实，及时建账。

5. 物资供应考核。

为避免因库内物资存量太大而造成乙方损失，乙方对甲方的供应计划以年为考核单位，甲方所消耗的实际物资总额应达到其所提计划的__________以上，甲方不能因为此标准随意取消其所需物资计划，或转给其他供应商。

6. 物资仓库的管理。

物资仓库的日常管理由甲方负责，甲方应选择业务素质高的专业人员管理物资仓库，物资仓库的台账应健全，台账应记录清晰、准确、易于识别及检索。储存物资的使用应按照物资入库的先后顺序，做到合理调配、及时使用，以免物资储存期过长。因储存不当导致的物资耗损由甲方负责。

四、协议库存清单

××××物资协议库存清单

序号	物资名称	规格型号	单位	单价（元）	安全储备量	安全储备金额（元）
1						
2						
3						
4						
合计						

五、物资价格与清算

1. 乙方应以优惠价格向甲方提供物资，在协议有效期内，按本协议中“××××物资协议库存清单”规定的价格执行，物资数量以甲方实际消耗量为准。

2. 物资结算以月为单位，甲方应在每月＿＿＿＿＿日前向乙方提报上一月实际物资消耗量报表，乙方根据报表核实数量和价格，开具销售发票给甲方，甲方应在接到发票起一个月内结清物资款项。对于在报表产生期间所消耗的物资，顺延至下一个月结算。

3. 本合同项下甲方应付的全部款项由甲方“××××核算中心”负责支付。

六、物资质量与售后服务

1. 乙方必须保证其所提供物资的质量，对于入库物资检验不合格的，在质保期内，乙方予以无偿修复或更换，质保期从乙方物资出库时开始计算；对于部分物资首次装车使用前试验不合格的，乙方应在接到甲方通知后24小时内作出响应，并及时派出售后服务或技术人员予以解决，对一时无法解决，或需要返厂维修的物资，乙方有责任为甲方提供应急替换物资，以保证甲方物资所需。

2. 物资在运输过程中造成损坏或丢失的，由乙方承担责任。

3. 对于因环境或储存不当等可归责为甲方的原因引起的物资损坏，由甲方承担损失。

4. 对于物资本身设计、制造、材质缺陷等非甲方原因造成使用中物资发生断裂、破损等，造成事故，由相关部门进行事故认定后，确认属产品问题的，由乙方负责赔偿。

七、其他

1. 甲方应及时通知乙方急需物资的详细需求信息。乙方应在要求时间内保证供应，如不能及时供应，甲方有权从其他渠道采购相关物资，以供急用。

2. 双方应严格遵守以上协议条款，未尽事宜双方协商解决。协商不成时，提交合同签订地人民法院诉讼解决。

3. 本协议一式＿＿＿份，双方各执＿＿＿份，本协议经甲乙双方法人代表或法人代表委托人签字并加盖公章或合同专用章后即生效，有效期截至＿＿＿年＿＿＿月＿＿＿日。

（本页为签字页，无正文）

甲方：______________________

住所：______________________

法人代表：______________________

或法人代表委托人：______________________

项目负责人：______________________

联系电话：______________________

传真：______________________

乙方：______________________

住所：______________________

法人代表：______________________

或法人代表委托人：______________________

项目负责人：______________________

联系电话：______________________

传真：______________________

开户银行：______________________

开户名称：______________________

账号：______________________

合同范例 11

物资寄售协议

甲方（需方）：________________________

乙方（供方）：________________________

寄售期限：自______年______月______日起至______年______月______日止

签约时间：______年______月______日

签约地点：____________________________

一、协议书

甲、乙双方依据____________________，经协商一致签订本协议。

1. 协议组成文件

本协议由下列文件组成：（a）协议书；（b）协议条件；（c）附录：__________；（d）投标文件；（e）招标文件。

2. 标的物名称与价格

2.1　本协议项下所提供的标的物名称、规格、价格、寄售地点、安全库存、最高库存等详见附录1。

2.2　乙方纳税主体身份：一般纳税人。

3. 付款方式

寄售标的物自出库领用乙方挂账后付该货款的90%，质保期满，经甲方确认无争议后支付剩余价款。

4. 质保期与质量保证金

4.1　质保期为自交付之日起______天。

4.2　质量保证金：甲方扣除货款的10%作为质保金。

5. 乙方业务代表

姓名：________________________；身份证号码：________________________。

联系电话：________________________；E－mail：________________________。

乙方业务代表人应有乙方法定代表人出具的授权委托书，授权内容应包含业务权限、期限以及个人的基本信息与联系方式。

乙方业务代表人或其相关信息发生变化时，应当重新提供乙方法定代表人授权委托。否则，甲方按照合同约定的信息送达有效。

6. 质量及技术标准

质量标准执行____________________________。(A. 国标 B. 行标 C. 企标)

技术标准执行技术协议或技术文件，详见附录2。

7. 验收标准

包装及验收标准符合国标。

8. 其他约定

8.1 无订单的寄售：在寄售期内，乙方应保证库存物资在安全库存范围内；在寄售期满前10天，甲方按照最低安全库存数量出库。

8.2 有订单的寄售：在寄售期内，乙方按期交货的物资，甲方及时出库；乙方未按期交货的物资，甲方有权视生产需求情况办理出库。

8.3 在本寄售期限内，寄售预算金额为______元；如甲方的出库金额超出该预算金额，甲方可随时书面通知乙方单方解除合同，并不负任何补偿、赔偿责任。

8.4 其他：____。

9. 协议生效

本协议由双方法定代表人（企业负责人）或签约代表签字并加盖公章或合同专用章后生效，一式______份，甲方______份，乙方______份，具有同等法律效力。

甲方：	乙方：
法定代表人（企业负责人）：	法定代表人：
签约代表：	签约代表：
地址：	地址：
纳税人识别号：	纳税人识别号：
开户银行：	开户银行：
账号：	账号：
联系电话：	联系电话：

二、协议条件

1. 定义

1.1 寄售：本协议中的寄售包括无订单的寄售和有订单的寄售。

1.1.1 无订单的寄售是指乙方根据协议和甲方要求将标的物寄存在甲方仓库，甲方用户需要时直接提货的购销方式。

1.1.2 有订单的寄售是指甲方根据本协议向乙方发出寄售订单，乙方根据寄售订单的要求向甲方供货的购销方式。

1.2 寄售期限：指本协议所约定的履行期限。

在寄售期限内，如果寄售标的物在甲方仓库寄存，甲方有权要求乙方依据安全库存及时补库，甲方无偿保管寄存标的物。保管期间，非因甲方故意或重大过失，造成寄存标的物毁损、灭失的，甲方不承担损害赔偿责任。

乙方中标之后至寄售期限起始日，甲乙双方如发生事实上的寄售行为，该行为受本协议约束。

1.3　用户：指具体使用协议约定标的物的甲方所属单位。本协议中，用户可就标的物质量直接向乙方提出异议。

1.4　库存：是指标的物寄存在甲方仓库的数量，标的物有安全库存和最高库存的要求，详见附录1。(a) 安全库存：合同约定标的物库存量的下限；(b) 最高库存：合同约定标的物库存量的上限。

1.5　寄售订单：指对有订单要求的寄售标的物，甲方根据需求向乙方发出供货的书面通知。

1.6　预验：是指甲方对标的物的初步验收行为。预验合格并不直接代表初验合格。

1.7　初验：指甲方或其受托人对标的物的预验、库存抽检及出库时的验收行为。如预验合格，但没有进行库存抽检和出库验收，或库存抽检和出库验收合格的，视为初验合格。如任意一环节验收不合格，均视为初验不合格。

除另有约定外，甲方或其受托人有独立行使验收的权利，包括开箱、样本提取与封存及检验的权利。

1.8　入库：指乙方将寄售标的物运至甲方指定地点，经初验合格后办理相关手续的行为。

1.9　交付：同“入库”。标的物所有权及毁损灭失的风险自交付时转移。

1.10　出库：指乙方标的物被用户领用的行为。

1.11　补库：指对有安全库存要求的，乙方应在标的物库存低于安全库存时补充寄存标的物的行为。

1.12　退库：指寄售协议解除或终止时，乙方将寄存标的物移出甲方仓库的行为。

1.13　终验：指甲方或用户在质保期满时对标的物进行的验收或确认。除另有约定外，甲方或用户有独立行使终验的权利。

1.14　质保期：指双方商定的为确保甲方或用户获得合格产品或同等权益，而由乙方向甲方无条件提供缺陷产品的退货、更换以及标的物维修保养的特殊期间。

1.15　质保期内的质量保证责任：(a) 排除标的物质量缺陷的证明责任归乙方；(b) 一旦质量缺陷被证实存在，乙方依照甲方的要求进行退货、更换并赔偿甲方的损失。

1.16　协议金额：指包括标的物的价格、装卸费、运费、包装费、保险费、乙方服务费等全部价款。

1.17　有订单寄售延期交付的计价规则：乙方延期交付时，标的物价格上涨则以协议价格结算，标的物价格下降以交付时甲方确认的可实现相同交易的低价结算。

1.18　通知：指甲乙双方之间依照适当方式将应被对方知情的事项告知对方的行为。本协议中，通知应当按约定地址、接收组织或联系人发出。通知方式可以是以下一种或几种的结合：(a) 当面告知；(b) 邮寄通知；(c) 电子邮件或其他数据电文。

1.19　隐蔽缺陷：指在质保期内未被发现但客观存在的质量缺陷，包括但不限于安全性能、加工精度、材质、设计方面的缺陷。本合同中，甲方依照正确方法但不能正常使用标的物即可发出“隐蔽缺陷报告”，证明不存在隐蔽缺陷的责任归乙方。

1.20　天：系指日历天数。

1.21　解释合同文件效力的优先顺序如下：(a) 协议书；(b) 附录（含图纸）；(c) 协议条件；(d) 中标通知书；(e) 投标文件；(f) 招标文件；(g) 其他文件。

若附录之间有冲突，涉及价款的以附录1为准；其他的以附录2为准。

2. **包装标识**

2.1 除本协议另有规定外，乙方应采用适合的包装，并采取必要的措施，使之能够防潮、防湿、防震、防锈（腐）蚀、防冻，以适合多次搬运和装卸，确保寄售标的物安全运输。

2.2 所供标的物包装应保证安全吊装。

2.3 包装物侧面应当标明供应商名称、生产厂商名称、标的物名称、箱件号、重量、体积、起吊位置、运输与存储注意事项等必要标志。

2.4 乙方提供其外购件时须符合同样的包装要求。

2.5 乙方不回收包装物，有特殊约定的除外。

2.6 为便于甲方进行出入库管理，乙方对密封、螺栓等标准件以单位倍数进行分装，外包装应附标识产品的相关信息。

2.7 成套组件产品随货附项下产品的装箱单、技术说明和使用说明。

2.8 甲方对标的物包装、标识有特殊要求的，双方另行约定；乙方未按要求进行包装、标识的，甲方有权不予办理验收手续。

3. **装运**

3.1 乙方保证货物及包装与合同约定一致，并在货物显著处激光刻印（或打印）供应商标识、产品规格型号等相关信息；对于具备二维码粘贴条件的货物（包装箱），将二维码粘贴在左上角。不具备粘贴条件的，以整齐美观及局部范围统一、一致为原则，选择粘贴（悬挂）位置。

3.2 乙方在进入供应商系统创建完发货通知单后，点击“发送 ERP”再点击“发送 GPS”，以上两个发送按钮点击后必须显示“成功发送”，物流系统中才能获取到运单信息。

3.3 乙方发货司机应在接到运输单后下载手机 App，并通过手机号关联运输单信息，为该运单提供行驶轨迹信息，执行不到位的情况将纳入考核。

3.4 乙方于每次发货前 3 个工作日通知甲方合同号、设备品名、数量、毛重、总体积（立方米）、发货地、备齐日期，以及在装卸、运输、仓储中的特殊要求或注意事项等事宜；如属危险设备或危险物资，乙方应同时告知发生事故时应采取的措施。如果因乙方提供的信息不准确、不完整而造成装卸、运输、仓储过程中的问题，由乙方负责。

3.5 乙方装运前变更交货地点、数量或时间的，应事前征得甲方书面同意。乙方未经同意擅自变更前述信息的，甲方不予办理验收手续。

3.6 乙方负责为货物和在现场服务的乙方人员办理必要的保险并支付相关保险费，该保险的期限至货物到达甲方现场且验收完成正常使用时为止。

3.7 因标的物验收、检验不合格需退换货所发生的装卸、运输等费用，由乙方承担。

3.8 甲方对标的物装运有特殊要求的，双方另行约定，乙方应按要求进行装运。

4. **监造、验收、库存与损耗**

4.1 监造。

在标的物制造过程中及发运前，甲方有权派人到乙方或其分包商的工厂进行查看检验。甲方对标的物监造有特殊要求的，乙方应按照本合同、甲方制定的《监造大纲》及国家、行业、企业的相关规定执行。

4.2 初验。

4.2.1 初验时间：除双方另有约定外，在货物抵达交货地点并具备验收条件 3 个工作日内开始。

4.2.2　验收标准：依据合同及相关组成文件进行初验。

4.2.3　乙方配合：乙方应到验收地点配合甲方进行预验，乙方未到场或经催告超过3个工作日未到场的，甲方单方出具的验收结果对乙方具有约束力。

4.2.4　验收单：验收单由甲方出具，乙方签字认可；乙方不签字的，应在3天内提出书面异议。逾期未提出书面异议的，视为乙方认可，验收单对其具有约束力。

4.2.5　初验效力：初验合格是乙方交付标的物的依据，但不被视为甲方对标的物质量、性能的实质认可，亦不得作为乙方拒绝承担质量保证责任和赔偿责任的依据。

初验不合格的，甲方有权拒绝交付并按相关规定给予“暂停付款”“暂停资格”或“取消资格”的处置；对已入甲方库房的标的物甲方有权单方处置，并不予结算货款；乙方自费解决相关问题。

4.2.6　未经甲方同意，乙方到货标的物与要求的品牌、规格型号及其他技术要求或样品不一致的，视为未到货。甲方有权不予验收，由此造成的损失由乙方承担。

4.2.7　乙方应按照甲方要求将相应投标的样品留甲方封存。协议终止后，样品退还乙方。

4.3　不论在验收阶段，还是使用过程中，对需要检测的标的物甲方有权选择专业检测机构取样送检。检测合格的，检测所发生的费用（包括检测费、邮寄或运输费、送样及材料管理费等）由甲方承担；检测不合格的，相关所有费用由乙方承担。

4.4　终验。

质保期满未发现标的物不正常作业或质量缺陷为终验合格。此外，除乙方证明并经甲方认可标的物不正常作业系甲方或用户责任外，均视为终验不合格。甲方可据此要求乙方承担退货、更换或无条件修复的责任，并向乙方索赔。

4.5　特别声明。

在质保期内外，出现标的物数量短缺或质量缺陷等问题的，甲方保留索赔的权利。

4.6　库存与损耗。

4.6.1　有安全库存和最高库存要求的标的物，不得低于约定的安全库存或高于最高库存。根据甲方需要，双方协商对安全库存和最高库存进行调整。

4.6.2　本协议对安全库存和最高库存未明确约定的，乙方按照甲方要求的库存执行。

4.6.3　甲方仅以实际交付的标的物数量、重量和规格为结算依据，交付前的损耗归乙方。

4.7　甲方对监造、验收、库存及损耗等有特殊要求的，以附录3为准，乙方应配合执行。

5. 付款

5.1　方式：电汇或银行承兑汇票。

5.2　币种：人民币。

5.3　付款条件：标的物验收合格挂账后分期付款；质量保证金在质保期满后，无质量问题或履行无争议时支付。

5.4　付款凭证。

5.4.1　按货款总金额开具的增值税专用发票。乙方不得将已交给甲方的增值税专用发票私自作废。乙方提供纸质发票，应依甲方要求在供应商协同平台上传发票的扫描件。

5.4.2　寄售协议。

5.4.3　寄售物资付款凭证。

5.4.4　乙方收款收据单。

5.5　质保金支付凭证。

5.5.1　寄售协议。

5.5.2　双方往来对账单正本。

5.5.3　会签单正本（注：标的物为设备和大型部件时需要）。

5.5.4　质保金支付申请表正本（注：标的物为设备时需要）。

5.6　乙方须在验收单出具后30天内向甲方当面提供办理挂账所需的相关凭证。

6. 乙方保证

6.1　乙方保证对寄售标的物拥有充分的所有权和处分权，任何第三人就该标的物向甲方提出的权利主张均由乙方进行响应和处理并承担全部责任。

6.2　乙方保证协议项下的标的物为全新正品，符合约定的品牌、质量、规格和性能要求，非假冒伪劣产品，没有设计、制造、材料、工艺或其他缺陷，提供的技术资料完整统一、正确清晰。

6.3　乙方保证对质保期内标的物出现的质量问题，在收到甲方通知后48小时内响应并采取必要和一切可能的措施，通常该处理应在72小时内完成；如未能及时采取措施或排除故障，甲方可自行采取措施，乙方全额补偿甲方由此产生的费用并承担因甲方采取措施不当导致的标的物毁损风险。更换的新标的物及相关部件、元器件质保期重新起算。

6.4　乙方保证为甲方培训操作及维修人员，培训内容包括基本原理、操作使用和维修保养等，且不再收取任何费用。

6.5　乙方保证在质保期满后的标的物保养费用按成本价计取。

6.6　乙方保证提供以下免费服务：(a) 告知与通知；(b) 交付中的验收合作；(c) 现场安装或安装指导、试运行；(d) 质保期内的服务、培训和保养；(e) 质保期满后的跟踪服务。

6.7　甲方将该标的物转让给第三方的，乙方对甲方的质量、知识产权等保证责任延展至第三方。

6.8　乙方保证寄售期限内所有标的物应在有效期限内，且有效期限不得低于有效天数的50%，否则甲方有权拒绝接收。

6.9　乙方承诺提供产品满足与甲方在用主机整体配套使用及零配件的互换性。

7. 索赔

7.1　乙方承担因其所供标的物在数量、规格、质量、性能或任何其他方面与合同约定不符或不能正常使用的违约责任。给甲方造成损失的，应予赔偿。赔偿范围包括甲方误工和减产损失、重新采购相同等级替换产品的价款、甲方拆装人工费、新旧件运输费、已支付货款的同期银行利息及由此产生的其他费用。

若质保期约定为“过煤量*X*吨或运转/使用*X*次”，未达到要求的，视为质量不合格，损失赔偿要求返还货款的，以合同全部价款为准。

7.2　乙方在收到甲方索赔通知后14天内未作出答复，视为接受甲方的索赔主张。

7.3　对乙方违反合同约定给甲方造成的损失，甲方可从乙方的质量保证金或全部货款余额中扣除。

7.4　乙方合同履约不力或发生争议，甲方可暂停支付货款。

8. 违约责任

8.1　迟延交付或补库。

乙方未按照合同约定的期限交付或补库，应向甲方支付违约金。违约金为每天按未交货总金额的

1‰计算；每月累计违约金不足200元的，以200元计算。

8.2 包装标识、装运。

标的物的包装标识、装运等不符合约定的，甲方有权拒收；若甲方同意接收的，乙方应向甲方支付该批次不符合包装标识、装运要求标的物价款5%的违约金。

8.3 更换。

在质保期内，因标的物质量问题导致甲方不能正常使用，乙方未在甲方指定时间内进行更换的，每迟延一天向甲方支付该批次标的物金额5%的违约金。

8.4 替代措施。

乙方迟延、不完全或拒绝履行超过合同约定交货时间的，甲方有权采取替代措施，所产生的费用由乙方承担。

8.5 单方终止合同。

在合同履行过程中，乙方单方终止合同的，应向甲方支付寄售含税总价（以寄售标的物明细表为准）30%的违约金。

8.6 合同转让。

未经甲方书面同意，本合同严禁全部或部分转让。乙方擅自转让合同的，应向甲方支付其获得利润双倍的违约金。

8.7 滞后结算。

乙方因其原因未在合同约定期限内办理完结算，应向甲方支付违约金。结算滞后60天以内（含60天），违约金为结算价的1%；结算滞后60天以上，违约金为结算价的3%；如甲方发函催促仍不及时结算的违约金为结算价的10%。

8.8 更换品牌或规格型号。

更换标的物部分组件品牌或规格型号的，需经甲方同意。更换部分的价款高于原价款的，甲方不予补差；更换部分的价款低于原价款的，甲方有权从待付货款中扣除差价。

8.9 除8.1至8.8，乙方违反本合同其他约定的，还应向甲方支付寄售含税总价10%的违约金。

8.10 迟延付款。

甲方无正当理由拒付货款并且迟延付款超过6个月的，乙方有权要求甲方承担延期支付金额的利息。

8.11 违约金总额不设上限。

双方承担违约金的金额合计计算，不做增减调整。甲方可从所有应付账款中直接扣除乙方违约金。

8.12 失信行为处置。

乙方违反合同约定，甲方有权依据相关制度给予失信行为处置。

9. 合同变更

9.1 对本合同的任何变更，均应经双方以书面形式达成一致意见。

9.2 标的物价格调整。

9.2.1 调价条件：寄售期内，价格原则上不予调整；但在签订合同之日起180天后发生以下情形，即主材占标的物材料组成的60%以上（含）且主材价格涨跌幅超过±30%（含）的，双方均有权提出价格调整，如双方协商不成，则终止本协议。

主材及主材占比在附录1“寄售标的物明细表”中未予明确的，不予调价。

9.2.2 调价后价款结算：从双方签署书面协议之日起算。有订单的以下达的新订单日期为准，无订单的以出库日期为准。

9.2.3　在价格调整协商期内，乙方应依约定时、定量入库或补库，不得恶意拒绝或迟延供货。否则，乙方应依 8.1 向甲方承担违约责任。

10. 合同解除

10.1　因本协议履行，乙方被 ×××× 集团给予“暂停资格”“取消资格”处置的，甲方可根据实际情况，采取中止、变更、终止、解除合同或暂停付款等措施，且不负任何补偿或赔偿责任。

10.2　乙方过错导致的合同解除。

乙方有下述情形之一，甲方可向乙方发出书面解除通知以解除合同，且不负任何赔偿、补偿责任。

10.2.1　催告期满或连续超出 3 个月未按要求交付或补库的。

10.2.2　规格、型号不符合约定的。

10.2.3　质量不合格或系假冒伪劣产品的。

10.2.4　乙方破产或因其他原因无力供货的。

10.2.5　乙方擅自转让合同的。

10.2.6　乙方无力向第三方支付本合同项目相关费用的。

10.2.7　因乙方原因导致第三方给甲方正常生产工作秩序造成影响的。

10.2.8　因产品升级、改造，导致安装尺寸、编码等配套发生变化时，乙方未主动告知并积极配合指导的。

10.2.9　在考核周期内，依照甲方制度，乙方被考核不合格的。

10.2.10　甲方发现乙方供应标的物价格明显高于市场价，甲方可停止高价标的物的领用出库，并有权从应付账款中扣划已付高于市场价的货款差价；且甲方可根据实际情况即时解除部分或全部合同，并给予失信行为处置。

10.2.11　乙方由一般纳税人变更为小规模纳税人的。

10.2.12　违反本合同其他约定，可能或已经给甲方造成损失的。

收到上述解除通知后，乙方应无条件做好合同解除后的工作，其所有保证金不予退还，乙方为履行本合同所产生的所有费用由乙方自行负担，甲方可对乙方实施失信行为处置。

合同解除后，如给甲方造成损失，乙方应当依据本合同第 7 条“索赔”之规定予以赔偿。

10.3　甲方单方解除合同。

10.3.1　因国家法律法规、政策规定禁止使用本合同项下标的物的，甲方不承担任何赔偿、补偿责任。

10.3.2　合同签订后，因甲方运营政策改变难以执行或无法继续履行本协议的，甲方比照“缔约过失责任”的赔偿范围给予乙方赔偿。

10.4　退库清理。

本协议寄售期满或协议解除后（除协议书 8.1 和 8.2 外），甲方以函告形式通知乙方办理退库。乙方应在 10 天内办理退库手续和货物清理，否则，乙方应按照寄售库存标的物价款 × 违约天数 × 1‰ 向甲方支付违约金，并按照寄售库存标的物价款 × 违约天数 × 3% 支付仓储费。对逾期退库期间寄售标的物的安全、损毁及超出质量有效期等，甲方不承担赔偿责任。

11. 知识产权

乙方保证所交标的物不侵犯任何第三方的知识产权、技术秘密或其他权利，因侵犯第三人权利引发的任何诉讼、仲裁或其他任何形式的索赔，均由乙方负责处理和承担相应的赔偿责任；如发生本条前述的诉讼、仲裁或索赔，给甲方造成损失的，乙方应赔偿甲方因此遭受的全部损失，包括但不限于向第三方支付的赔偿费用、诉讼费、律师费以及甲方采用替代产品所支出的费用。

12. **争议解决**

因本合同发生的任何争议，双方协商解决；协商不成的，双方均有权向合同签订地人民法院提起诉讼。

13. **其他**

13.1　对于本合同项下从国外提供的标的物，乙方还须提供该标的物的进口报关凭证。

13.2　乙方应当遵守甲方的规章制度。甲方规章制度是指由甲方制定的，其适用对象、适用范围扩大到包括乙方在内，并已经乙方接受的规章制度。其构成要件：（1）甲方制定的规章制度已经以制度内容或制度文件索引的方式告知乙方；（2）乙方在知道或应当知道甲方的规章制度满 5 日内没有提出书面异议。但是如果甲方是以招标文件的方式告知乙方要求乙方执行规章制度的，乙方在投标文件中没有提出不予接受的反对意见，则视为乙方于投标文件送达甲方之时起即接受甲方的规章制度。

三、附录

附录 1：寄售标的物明细表

序号	件号	计量单位	不含增值税单价（元）	最高库存	安全库存	品牌	生产厂家	交货地点	主材名称	主材占比	备注
1											
2											
3											

不含增值税总价（小写）：____________________

含税总价（人民币）：__________（大写）：__________

税率：____________________

附录 2：技术协议/文件

（包括但不限于技术质量标准或要求，设计联络，配套责任，加工制造工艺，质量控制体系和措施，质量保证期限，外协件、标的物出厂前检验，技术服务，安装，检验，调试，试运行及验收，技术资料与图纸，备件和工具等）

附录 3：验收要求（略）

附录 4：甲方制度清单（略）

其他附录

合同范例 12

工程施工合同

甲方（发包人）：____________________

乙方（承包人）：____________________

资金来源：__________________________

乙方资质等级：______________________

签订地点：__________________________

签订时间：__________年______月______日

一、协议书

依据《中华人民共和国民法典》和相关法律、法规、标准、规范的规定，甲方和乙方本着平等互利的原则，按下述条款和条件签署本合同。

1. 定义和文件

本合同所用词语的含义及合同组成文件详见本合同“合同条件”的“定义”和“合同文件”条款。

2. 工程概况

2.1 工程名称：____。

2.2 工程地点：____。

2.3 工程承包范围及内容：____。

（详见附件__________，选择填入：施工任务委托书/招投标文件/工程量清单/施工图纸等）

3. 合同工期

3.1 计划开工时间：______年______月______日。

3.2 计划竣工时间：______年______月______日。

3.3 总日历天数：__________天。如果前述计划开、竣工日期计算的工期天数与工期总日历天数不一致的，以工期总日历天数为准。

实际开竣工时间以甲方签发的开竣工报告载明的日期为准。

4. 代表

4.1 甲方代表（发包人代表）。

姓名：____________________；联系电话：____________________；

甲方代表的职权详见“合同条件”。

4.2　乙方项目经理。

乙方项目经理：__________；执业资格：__________；注册执业证书编号：__________；

联系电话：________________；E－mail：________________；微信号：________________。

乙方其他管理人员、技术人员名单见乙方投标文件。

4.3　监理单位与总监理工程师。

监理单位：____。

总监理工程师姓名：____________________；电话：____________________。

总监理工程师的职权详见“合同条件”。

没有监理人的工程项目，本合同中涉及的监理人权利义务由甲方代表行使。

5. 联络

甲方和乙方应将与合同有关的通知、证明、要求、请求、意见和决定等书面文件送达对方，送达对方指定的接收人、法定代表人、被授权人或甲方代表、乙方项目经理的视为送达对方。

甲方指定接收人：______________________________。

甲方指定接收人的E－mail：____________________。

乙方指定接收人：______________________________。

乙方指定接收人的E－mail：____________________。

上述人员联系方式如果发生变化，应当书面告知对方确认；在告知确认前，一方按照上述方式送达书面文件的，该送达有效。

6. 工程质量要求与验收

6.1　工程质量必须达到合格标准，质量认证机关：____________________。

6.2　验收单位及部门：由__________负责组织，__________单位参加，完成竣工验收工作。

6.3　工程创奖执行以下第__________项之约定，因乙方自身原因导致创奖目标未实现，在工程结算时处罚签约合同价的__________。

6.3.1　无奖项。

6.3.2　创地方（行业）性奖项：__________，创奖费用按工程签约合同价的__________计取。

6.3.3　创国家级奖项：__________，创奖费用按工程签约合同价的__________计取。

7. 文明施工与安全防护

工程建设过程中，乙方的文明施工与安全防护应符合国家相关法律、法规、规章、标准、规范和甲方《安全文明工地实施标准》等相关制度的要求，并达到以下第__________款的要求。

7.1　省级安全文明工地，创奖费用按工程签约合同价的__________计取；目标未实现，在工程结算时给予创奖费用同等金额的处罚。

7.2　达到××施工现场安全文明工地建设标准。

8. 签约合同价与合同价格形式

8.1　本工程签约合同价（含税）：人民币（大写）__________________，小写（￥__________）。不含税价：人民币（大写）__________，小写（￥__________）；税率为__________。增值税发票为__________（普通发票/专用发票）（该工程应开具专用发票，一般纳税人开具专用发票，小规模纳税人代开专用发票）；如遇国家税收政策调整，双方应按新政策执行，不得由于国家税收政策原因调整不含税价格。其中

（1）安全文明施工费：人民币（大写）__________（¥__________）。

（2）人工费：人民币（大写）__________（¥__________）。

（3）材料和工程设备暂估价金额：人民币（大写）__________（¥__________）。

（4）专业工程暂估价金额：人民币（大写）__________（¥__________）。

（5）暂列金额：人民币（大写）__________（¥__________）。

签约合同价格____________________（1. 含；2. 不含）甲供物资价款，签约合同价格明细见投标报价书（单）或预算书。

纳税人身份类别：____________________（1）一般纳税人；（2）小额纳税人。

8.2　本合同价格形式：____________________，合同价格调整详见“合同条件”。

8.2.1　单价合同。

8.2.2　总价合同。

8.3　双方约定可以调整价格的乙供材料、工程设备为____________________；调整办法见“合同条件”。

9. 价款支付条款

9.1　工程预付款的支付，执行以下____________________条款之约定。

9.1.1　无预付款。

9.1.2　预付款为__________元（大写：__________）。其支付和抵扣方式详见“合同条件”。

9.2　除合同另有约定外，工程进度款的支付详见“合同条件”的支付条款。

合同价款支付的特别约定：______________________________。

9.3　乙方工款收款账号：

开户名称：____________________________；

开户银行：____________________________；

账　　号：____________________________。

乙方人工费收款账号：

开户名称：____________________________；

开户银行：____________________________；

账　　号：____________________________。

10. 施工图的提供

10.1　施工图设计单位：____。

10.2　施工图在交付乙方使用前，应当经过甲方审查同意，但甲方审查同意不免除设计单位的责任。未经甲方审查同意，乙方自行使用的，除承担工程施工质量责任外，还需就设计单位的责任向甲方承担连带责任。

11. 保险

11.1　工程保险。

甲方应投保建筑工程一切险或安装工程一切险；甲方委托乙方投保的，因投保产生的保险费和其他相关费用由甲方承担。

11.2　工伤保险。

11.2.1　甲方应依照法律规定参加工伤保险，并为在施工现场的甲方员工办理工伤保险，缴纳工伤保险费。

11.2.2　乙方应依照法律规定参加工伤保险，因现场施工人员未参保造成甲方损失的，乙方承担最终的赔偿责任。

11.3　其他保险。

乙方应为其施工现场的全部人员办理意外伤害保险并支付保险费，包括其员工及为履行合同聘请的第三方人员。

乙方应为其施工设备等办理财产保险。

11.4　持续保险。

本合同当事人应与保险人保持联系，使保险人能够随时了解工程实施中的变动，并确保按保险合同条款要求持续保险。

11.5　保险凭证。

乙方应及时向甲方提交其已投保的各项保险的凭证和保险单复印件。

12. 缺陷责任期

12.1　缺陷责任期见“合同条件”，双方对缺陷责任期有特别约定的，按特别约定执行。

12.2　缺陷责任期的特别约定：__________个月（应与招标文件要求一致）。

13. 质量保修期

13.1　质量保修期见“合同条件”，双方对质量保修期有特别约定的，按特别约定执行。

13.2　质量保修期的特别约定：__________（应与招标文件保持一致）。

14. 物资的提供

物资的提供执行以下第__________项所示方式。

14.1　乙方提供本工程所需全部物资，并在物资到达现场后24小时内通知监理人和甲方清点、报验。

14.2　乙方提供本工程所需部分物资，其余部分由甲方提供（包括：____________，详见附录1“甲供材料清单”）；甲供材料由乙方在甲方指定地点提货。

14.3　任何一方提供的物资与合同约定不符，均应自费运出现场，并立即重新提供。由于乙方的过错需要重新提供物资的，费用不予增加，工期不予调整；甲供物资到货不及时影响工期的予以顺延。

14.4　双方关于物资提供的其他要求，详见“合同条件”。

15. 保证金

15.1　乙方在签署合同之前向甲方提交履约保证金和农民工工资保证金，详见“合同条件”。

15.2　乙方提交履约保证金和农民工工资保证金的方式执行以下__________项。

15.2.1　现金（包含电汇）。

15.2.2　银行保函（须经甲方审核确认）。

15.3　工程竣工验收合格交付甲方次日起，甲方留结算价的3%作为质量保证金。

15.4　甲乙双方关于上述保证金提交另有约定的除外。

16. 合同生效

16.1　本合同自甲乙双方签字盖章之日起生效，一式______份，甲方执______份，乙方执______份，具有同等的法律效力。

16.2　附件为本合同的组成部分，具备法律效力。

16.3 本合同书未尽事宜，由双方友好协商解决。

甲方：	乙方：
法定代表人（企业负责人）：	法定代表人：
签约代表：	签约代表：
地址：	地址：
纳税人识别号：	纳税人识别号：
开户银行：	开户银行：
账号：	账号：
联系电话：	联系电话：

二、合同条件

合同与解释

1. 词语定义与解释

1.1 发包人代表：指由发包人任命并派驻施工现场在发包人授权范围内行使发包人权利的人。

1.2 物资：指应由乙方提供并用于工程建设的设备、机器、仪器、材料及其他各类物品，但不包括施工设备。

1.3 单价合同：指甲乙双方约定以工程量清单及其综合单价进行合同价格计算、调整和确认的建设工程施工合同，在约定的范围内合同单价不做调整。

1.4 总价合同：总价合同是指甲乙双方约定以施工图或预算书及有关条件进行合同价格计算、调整和确认的建设工程施工合同，在约定的范围内合同总价不做调整。

1.5 工程变更：指工程建设过程中由甲方提出或由乙方提出经甲方批准的任何一项工作的增减、取消、甩项或施工工艺、顺序、时间的改变、设计图纸的修改、施工条件的改变、合同条件的改变或工程量的增减变化等。

1.6 现场签证：甲乙双方就施工过程中涉及的责任事件所作出的签认证明。

1.7 缺陷责任期：指乙方按照合同约定承担缺陷修复义务的期限，自工程竣工验收合格交付甲方之日起计算，双方如未对缺陷责任期有其他约定的，缺陷责任期为24个月；保修期短于24个月的，缺陷责任期等于保修期。

1.8 保修期：指乙方按照合同约定对工程承担保修责任的期限，自工程竣工验收合格交付甲方之日起计算。

1.9 开工日期：包括计划开工日期和实际开工日期。计划开工日期是指协议书中约定的开工日期；实际开工日期是指监理人或甲方代表签发的开工报告中载明的开工日期。

1.10 竣工日期：包括计划竣工日期和实际竣工日期。

计划竣工日期是指协议书中约定的竣工日期。

实际竣工日期是工程经竣工验收合格的，以乙方提交竣工报告之日为实际竣工日期，并在工程移交证书中载明。

因甲方原因，未在监理人收到乙方提交的竣工报告42天内完成竣工验收，或完成竣工验收不予签发工程移交证书的，以乙方提交竣工报告的日期为实际竣工日期。

工程未经竣工验收，甲方擅自使用的，以转移占有工程之日为实际竣工日期，但经乙方同意使用的除外。

1.11　年、月、日：均系公历。合同中规定按小时计算时间的，从事件有效开始时计算（不扣除休息时间）；规定按日计算时间的是指日历日，开始当日不计入，从次日开始计算。时限的最后一日是休息日或者其他法定节假日的，以节假日次日为时限的最后一日，但竣工日期除外。时限的最后一日的截止时间为当日24时。

1.12　承包人报价浮动率：招标工程 $L=$（1－中标价/招标控制价）×100%；非招标工程 $L=$（1－报价/施工图预算）×100%。

除上述有明确定义与解释的词语之外，合同中涉及其他词语的定义与解释执行《建设工程施工合同（示范文本）》（GF－2017－0201）第二部分通用合同条款“1. 一般约定1.1词语定义与解释”。

2. 合同文件

除另有约定外，解释合同文件的优先顺序如下，前项优于后项。

2.1　协议书、合同条件、施工安全协议。

2.2　非招标类项目：中选通知书、施工任务委托书、图纸（或工程量清单）、甲方审定的预算。

2.3　招标类项目：中标通知书、投标文件（投标函及其附录）。

2.4　采购文件（含招标文件）。

2.5　其他构成本合同的文件。

上述各项合同文件包括合同当事人就该合同文件所进行的补充和修改，属于同一类内容的文件，应以最新签署的为准。

在合同订立及履行过程中形成的与合同有关的文件均构成合同文件组成部分，并根据其性质确定优先解释顺序。

3. 联络

3.1　与合同有关的通知、批准、证明、证书、指示、指令、要求、请求、同意、意见、确定和决定等，均应采用书面形式，并应在合同约定的期限内送达接收人、法定代表人、甲方代表、乙方项目经理。

3.2　任何一方合同当事人指定的接收人、法定代表人、甲方代表、乙方项目经理发生变动的，应提前三天以书面形式通知对方。

4. 甲方规章制度适用于乙方的条件

甲方将其规章制度（见附件“甲方制度清单”）已经告知乙方，乙方在知道或应当知道甲方规章制度满5日内没有提出不予接受的书面反对意见。

合同价款调整

5. 合同价款调整

5.1　工程变更、现场签证。

5.1.1　因工程变更、现场签证引起合同项目或其工程数量发生变化时，应按照下列规定调整。

已标价工程量清单或预算书有相同项目的，按照相同项目价格认定；无相同项目但有类似项目的，参照类似项目的价格认定；无相同项目及类似项目价格的，根据变更、签证资料、计量规则、计价规范、材料信息价格和承包人报价浮动率确定新的价格（甲供材料、甲供工程设备、甲方提供车辆台班费用不浮动）。

5.1.2　工程变更、现场签证引起施工方案改变导致措施项目发生变化时，乙方提出调整措施项目费的，需编制实施方案，经甲乙双方确认后执行，并按下列规定调整措施项目费。

（1）采用单价计算的措施项目费，按照实际发生变化的措施项目，按本合同第6条的规定确定单价。

（2）按总价（或系数）计算的措施项目费（安全文明施工费除外），按照实际发生变化的措施项目调整，并按照承包人报价浮动率进行浮动。

如果乙方未在工程变更、现场签证的同时将拟实施的方案提交给甲方确认，视为工程变更、现场签证不引起措施项目费的调整或乙方放弃调整措施项目费的权利。

5.2　项目特征不符（仅适用于单价合同）。

合同履行期间出现设计图纸（含设计变更）与甲方编制的工程量清单任一项目的特征描述不符，且该变化引起该项目工程造价出现增减变化的，按照实际施工的项目特征，按本合同5.1的规定重新确定综合单价，并调整合同价款。

5.3　工程量清单缺项（仅适用于单价合同）。

5.3.1　合同履行期间，由于甲方编制的工程量清单缺项，新增分部分项工程量清单项目的，按本合同5.1.1的规定确定单价，并调整合同价款。

5.3.2　新增分部分项工程量清单项目后，引起措施项目发生变化的，按本合同5.1.2的规定，在乙方提交的实施方案被甲方批准后调整合同价款。

5.3.3　由于甲方编制的工程量清单中措施项目缺项，乙方应将新增措施项目实施方案提交甲方批准后，按照本合同5.1的规定调整合同价款。

5.4　工程量偏差（仅适用于单价合同）。

5.4.1　因应予计算的实际工程量与招标工程量出现偏差和工程变更、现场签证等原因导致工程量偏差超过15%时，综合单价应进行调整。当工程量增加15%以上时，增加部分工程量的综合单价按原中标综合单价乘以0.9，当工程量减少15%以上时，减少后的工程量的综合单价按原中标综合单价乘以1.1。

5.4.2　当工程量发生5.4.1的变化，且该变化引起相关措施项目相应发生变化时，按系数或单一总价方式计价的，工程量增加的措施项目费调增，工程量减少的措施项目费调减。

5.5　暂估价。

5.5.1　材料、工程设备暂估价。

属于依法必须招标的材料、工程设备暂估价，由甲乙双方以招标的方式选择供应商、确定价格，并以此为依据取代暂估价，调整合同价款。

不属于依法必须招标的材料、工程设备暂估价，由乙方按照合同约定采购，经甲方确认单价后取代暂估价，调整合同价款。

5.5.2　专业工程暂估价。

属于依法必须招标的专业工程暂估价，由甲乙双方招标选择承包人，以专业工程发包中标价为依据取代专业工程暂估价，调整合同价款。

不属于依法必须招标的专业工程暂估价，按本合同5.1的规定确定专业工程价款，并以此为依据取代专业工程暂估价，调整合同价款。

5.6 暂列金额。

暂列金额按照甲方的要求使用，暂列金额如有余额归甲方所有。

5.7 计日工价款。

计日工价款按列入已标价工程量清单或预算书中的计日工单价与实际发生数量进行计算。

5.8 物价变化。

合同履行期间，（a）如遇国家或省、自治区、直辖市建设行政管理部门、行业建设管理部门或其授权的工程造价管理机构调整人工、机械使用费系数等造价依据的，按照甲方下发的相关调整文件规定进行调整；（b）本合同约定的进行价格调整的乙供材料、工程设备，其单价和采购数量由甲方审批，并按审批结果调整合同价格。由于乙方原因造成工期延期的，由乙方承担不利的后果，调减而不调增合同价格。

（1）人工单价发生变化且符合省级或行业建设主管部门发布的人工费调整规定，按照甲方下发的人工费调整文件规定调整合同价格，但乙方对人工费或人工单价的报价高于发布价格的除外。

（2）乙供材料、工程设备的价款调整根据甲方提供的基准价格，按以下规定执行。

a. 乙方在已标价工程量清单或预算书中载明材料单价低于基准价格的：合同履行期间材料单价涨幅以基准价格为基础超过5%时，或材料单价跌幅以在已标价工程量清单或预算书中载明材料单价为基础超过5%时，其超过部分据实调整。

b. 乙方在已标价工程量清单或预算书中载明材料单价高于基准价格的：合同履行期间材料单价跌幅以基准价格为基础超过5%时，或材料单价涨幅以在已标价工程量清单或预算书中载明材料单价为基础超过5%时，其超过部分据实调整。

c. 乙方在已标价工程量清单或预算书中载明材料单价等于基准价格的：合同履行期间材料单价涨跌幅以基准价格为基础超过±5%时，其超过部分据实调整。

前述基准价格是指由甲方在招标文件或委托书中给定的材料、工程设备信息价。

（3）施工机械台班单价或施工机械使用费发生变化超过省级或行业建设主管部门或其授权的工程造价管理机构规定的范围时，按照甲方下发的相关调整文件规定调整合同价格。

5.9 甲供材料。

5.9.1 甲供材料按照甲方物资供应中心出库加权平均单价与招标时甲方给定的甲供材料价格进行调整。

5.9.2 如果实际领用量大于定额消耗量，则按照定额消耗量结算；如果实际领用量小于定额消耗量，则按照实际领用量结算。

计量及支付

6. 计量

除有特殊约定外，工程量的计量按月进行。

乙方提交验工计价申请表，并附已完工程量报表和有关资料后，由总监理工程师和甲方相关部门依次进行审核并签发。经确认的计量结果，作为计算工程价款的依据。

7. 支付方式

除“协议书”另有约定外，工程进度款的支付方式如下。

7.1 乙方需在甲方验工计价完成之日起7个工作日内开具当期工程进度款全额税票，甲方按照当期工程进度款的90%进行支付。

当期工程施工使用甲供材料的，甲方向乙方开具全额的甲供材料价款税票，从当期应付工程进度款扣材料价款后支付。

安全文明施工费单报单批，与进度款同期支付，按照审批金额的100%支付。承包人对安全文明施工费应专款专用，承包人应在财务账目中单独列项备查，不得挪作他用。

人工费按月支付，每月验工计价时施工单位需提供农民工工资支付申请，经监理单位、建设单位审核确认后，100%支付至施工单位农民工工资专用账户。若人工费不足以支付农民工工资时，甲方有权从未付工程款中进行支付。

7.2 结算完成后，乙方应及时将全部工程施工及结算资料移交甲方，乙方补充开具发票及收据后，甲方支付至结算价的90%。

7.3 如有甲方需进行结算审计的项目，需在审计结论出具之后，以审计结果为最终结算价，在扣减了核减部分并留足最终结算价3%的质保金后，支付剩余部分。对甲方不需结算审计的项目，留足最终结算价3%的质保金，支付剩余部分。

结算完成（需审计的在审计完成）后7个工作日内开具相应金额的增值税发票及收据，甲方再行付款。

7.4 如“协议书”中约定工程预付款，则：

工程预付款在履约保证金提交后支付；预付款在支付进度款时分期扣回（当期批复进度款×预付款比例/75%），最迟支付至签约合同金额的75%时全部抵扣完。

乙方在收到预付款后，未按合同约定履行本合同，乙方应退还甲方已支付的预付款并支付预付款的30%违约金，并赔偿给甲方造成的全部损失。

8. 收据

乙方向甲方开具的收款收据均应列明工程项目名称及对应金额。

保证金

9. 履约保证金的提交

乙方应在合同签订前按照签约合同价（含税金额）的5%向甲方提交履约保证金，招标文件另有约定的除外。

10. 履约保证金的使用

10.1 乙方违反本合同约定、不履行合同或不完全履行合同的，甲方可根据违约情形扣除相应的履约保证金。其中包括农民工工资保证金使用不足时，甲方也可从履约保证金中扣除相应金额。

10.2 乙方提交履约保证金后不在要求时间内签订合同的，履约保证金不予退还。

10.3 合同签订后，乙方未按投标文件或相关承诺性文件配置相应人员和机具，致使工程工期严重滞后，甲方书面通知督促后仍不整改，甲方有权解除合同，乙方所提交的履约保证金不予退还。

10.4 乙方在合同履行过程中，无正当理由擅自终止或中止合同，履约保证金不予退还，造成损失超过履约保证金额度的，甲方保留进一步追偿的权利。

10.5　合同履行期间，若乙方发生安全事故，甲方有权从履约保证金中扣除相关罚款。

11. 工程竣工验收合格移交甲方后，履约保证金退还

12. 农民工工资保证金

12.1　乙方应在合同签订前向甲方提交农民工工资保证金，招标文件另有约定的除外。工程造价在3000万元以下时按签约合同价的2%提交；工程造价在3000万元以上时按签约合同价的1.5%提交。

12.2　乙方有拖欠、克扣农民工工资行为时，由甲方核实确认后，责令乙方限期补发。乙方逾期不补发的，影响工程施工进度的，甲方有权用农民工工资保证金向农民工支付乙方所欠工资。

12.3　工程移交甲方且完成结算之日起在施工现场公示一个月，无异议后退还。

13. 保证金的补足

上述保证金被部分或完全扣除后，乙方应在甲方扣除之日起20日内补足，采用银行保函形式的，应当续开保函，否则，甲方有权从应支付的工程（进度）款中直接留存。

履约保证金和农民工工资保证金不计利息。

14. 乙方因拖欠农民工工资、分包商工程款或材料供应商材料款引发诉讼、仲裁、调解和政府部门的处罚等，甲方有权单方扣除并保有全部履约保证金，同时有权单方将农民工工资保证金直接支付乙方拖欠农民工工资

15. 履约保证金、农民工工资保证金以银行保函形式提交的，开具的履约保函为不可撤销保函

15.1　履约保函期限应覆盖至工程竣工验收合格移交工程之日，农民工工资履约保函期限应覆盖至工程完成结算后30日，如果开具的银行履约保函期限在上述期限内到期或工程延期，乙方应及时续开。

15.2　如果履约保函出现到（过）期、未及时续开、失效或银行见索拒不支付、履约保函已经兑现无款可支等情形，甲方有权直接从应付乙方工程进度款或结算款中单方直接扣留原保函同等金额作为保证金。

乙方责任与义务

16. 乙方的一般义务

乙方在履行合同过程中应遵守法律和工程建设标准规范，并履行以下义务。

16.1　乙方应确认其签署合同的基础是，充分研究了本合同及甲方提供的与工程有关的资料，以及可能通过现场考察获得的和其他在乙方提出建议时可得到的与工程有关的资料和信息。如果未能全面掌握这些资料和信息，不能免除乙方对完成工程作出对困难或成本估计的责任。

16.2　办理法律规定应由乙方办理的许可和批准，并将办理结果书面报送甲方留存。

16.3　乙方应当按照国家标准、规范以及甲方批准的工程进度计划、作业方案、环评批复文件等进行施工，完成合同及变更签证的范围内全部工程内容；并自备有资质的人员对施工的全过程进行监督和控制。

16.4　按法律规定和合同约定采取施工安全和环境保护措施，办理工伤保险，负责施工场地及其周边环境与生态的保护工作；确保工程及其人员、材料、设备和设施的安全，防止因工程施工造成的人身伤害和财产损失；不得发生环境污染事件。

16.5　按合同约定的工作内容和施工进度要求，编制施工组织设计和施工措施计划，并对所有施工作业和施工方法的完备性和安全可靠性负责，完成合同约定施工内容。

16.6　在进行合同约定的各项工作时，乙方自负费用保护施工场地周围及地下管线和邻近建筑物、构筑物。不得损坏公用道路、水源、市政管网等公共设施，避免对邻近的公共设施产生干扰，造成损坏的应当自费修补；且根据现场条件和周边环境，设置醒目和适当的安全警示标志和设施。

16.7　为履行本合同所需的临时设施、交通道路、运输等一切手段、方法均由乙方自担费用，自行解决。

除另获许可外，乙方只能把工程现场作为履行合同之用；乙方需要在工程现场建设工作活动场所、食堂、宿舍、临时通道等，应当将建设方案报甲方备案；如果前述临时设施在工程现场以外建设，必须报甲方或者土地使用权人批准。因建设临时设施给社区造成不便时，乙方应设法降低影响，并妥善处理与社区之补偿关系。

16.8　将甲方支付的工程款专用于本合同项下的工程，且应及时支付其雇用人员工资及材料、设备款。

16.9　按合同约定及甲方要求的套数、内容、时间等编制竣工资料并移交甲方，完成竣工资料立卷及归档工作。

16.10　应接受监理工程师及甲方对其施工组织机构、施工设备、主要施工人员的身份证、安全资格证、上岗证、特殊工种操作证等的核查，如不符合安全生产要求或其承诺的，应立即整改。

16.11　如甲方因乙方或其分包商施工行为而受到起诉、处罚或索赔，甲方通知乙方，乙方应自负费用处理，如甲方自行处理的，由此发生的费用及损失（包括但不限于律师费、差旅费、赔偿金、罚款等）由乙方承担。

16.12　如甲乙双方就本工程项下的零备件和消耗品的供应达成协议，乙方应尽快向甲方列出清单，包括其可支持使用的时间、价格信息、采购方案等。如没有达成前述协议，且这些零备件或消耗品存在停产的可能，乙方应在获得该信息后，及时通知甲方储备；如果上述零备件或消耗品系乙方生产，即使停产后，乙方应甲方要求，无偿提供零备件的图纸和规格等相关资料。

16.13　乙方应在现场设立维权信息公示牌，明示下列事项。

（1）乙方及所在项目部、分包单位、相关行业工程建设主管部门、劳资专管员等基本信息。

（2）项目所在地最低工资标准、工资支付日期等基本信息。

（3）工程建设主管部门和劳动保障监察投诉举报电话、劳动争议调解仲裁申请渠道、法律援助申请渠道、公共法律服务热线等信息。

16.14　应履行的其他义务。

17. 乙方人员

17.1　乙方应在中标通知书或施工任务委托书下发后7天内，向监理人提交乙方项目管理机构及施工现场人员安排的报告，其内容应包括合同管理、施工、技术、材料、质量、安全、财务等主要施工管理人员名单及其岗位、注册执业资格等，以及各工种技术工人的安排情况，同时提交主要施工管理人员与乙方之间的劳动关系证明和缴纳社会保险费的有效证明。

项目经理不得同时担任其他在建项目的项目经理。

17.2　乙方派驻到施工现场的人员应保持稳定。乙方需更换项目经理、技术负责人和安全负责人，应提前14天书面通知甲方和监理人；更换主要施工管理人员，应提前7天书面通知监理人。

本合同中主要施工管理人员是指预算员、施工员、质检员、安全员、材料员和资料员。

上述变更均应征得甲方书面同意，乙方向甲方提交的更换申请中应载明拟更换人员的注册执业资格、管理经验等内容，且拟更换人员的资格及经验不得低于原人员；并提交拟更换人员与乙方之间的书面劳动合同和乙方为其缴纳社会保险费的凭证等资料；特殊工种作业人员均应持有相应的资格证明，监理人可以随时检查。

17.3　甲方对于乙方的项目经理、技术负责人、安全负责人或主要施工管理人员的资格或能力有异议的，有权书面通知乙方予以更换。乙方应在接到更换通知后14天内向甲方提供资料，证明被质疑人员有能力完成其岗位工作或不存在甲方所质疑的情形。甲方收到改进报告后仍要求撤换不能按照合同约定履行职责及义务的上述人员，乙方应在接到第二次通知后28天内撤换，并将新任命的人员的注册执业资格、管理经验等资料书面通知甲方。

乙方无正当理由拒绝撤换的，应按照本合同的约定承担违约责任。

17.4　本合同履行过程中，乙方应在施工现场建立考勤机制。

除本合同另有约定外，项目经理、技术负责人、安全负责人、主要施工管理人员每月均不得少于21天驻现场出勤，如需外出应经甲方书面同意。

上述人员离开施工现场前应指定一名有经验的人员临时代行其职责，该人员应具备履行相应职责的资格和能力，且应征得监理人和甲方的书面同意。

17.5　乙方擅自更换项目经理、技术负责人、安全负责人、主要施工管理人员，或前述人员未经监理人和甲方同意擅自离开施工现场的，应按照本合同约定承担违约责任。

18. 乙方现场查勘

乙方应对施工现场和施工条件进行查勘，并充分了解工程所在地的气象条件、交通条件、风俗习惯以及与完成合同工作有关的其他资料。因乙方未能充分查勘、了解前述情况或未能充分估计前述情况所可能产生后果的，乙方承担由此增加的费用和（或）延误的工期。

19. 分包

19.1　分包的一般约定。

乙方不得以劳务分包的名义转包或违法分包工程。

19.2　分包的确定。

未经甲方书面同意，乙方不得分包。

经甲方同意进行分包的，乙方应确保分包人具有相应的资质和能力。工程分包不减轻或免除乙方的责任和义务，乙方和分包人就分包工程向甲方承担连带责任。乙方与分包人的分包合同需明确双方在工程实施过程中的安全、环保管理责任权限、责任范围等内容，乙方和分包人应分别建立相应的安全环保管理组织机构，配置专职安全环保管理人员。除合同另有约定外，乙方应在分包合同签订后7天内向甲方和监理人提交分包合同副本。

19.3　分包管理。

乙方应向监理人提交分包人的主要施工管理人员表，并对分包人的施工人员进行实名制管理，包括但不限于进出场管理、登记造册以及各种证照的办理。

20. 工程照管与成品、半成品保护

20.1　除本合同另有约定外，自甲方向乙方移交施工现场之日起，乙方应负责照管工程及工程相关的材料、工程设备，直到工程移交之日止。

20.2　在乙方负责照管期间，因乙方原因造成工程、材料、工程设备损坏的，由乙方负责修复或更换，并承担由此增加的费用和（或）延误的工期。

20.3　对合同内分期完成的成品和半成品，在工程移交前，由乙方承担保护责任。因乙方原因造成成品或半成品损坏的，由乙方负责修复或更换，并承担由此增加的费用和（或）延误的工期。

21. 联合体

21.1　联合体各方应共同与甲方签订合同。

21.2　联合体协议经甲方确认后作为合同附件。在履行合同过程中，未经甲方同意，不得修改联合体协议。

21.3　联合体牵头人负责与甲方和监理人联系，并接受指示，负责组织联合体各成员全面履行合同。

22. 附随义务

本合同中，乙方除依照约定进行工作外，还承担以下附随义务。

22.1　检验检测，包括施工前对标的物的状态检测，施工过程中的各环节检测、材料检测，施工后的检测与试验等。

22.2　告知与通知，包括告知甲方施工工艺、检验检测结果，通知甲方对关键部位、隐蔽工程以及整体工作成果进行验收。

22.3　保证施工现场井然有序、正常运行，排除并禁止其劳务人员、设备、转分包商、材料和设备供应商及其他人员占据施工现场，阻碍正常施工。

22.4　工程发生停工、纠纷的，乙方在接到甲方通知后 3 日内将已完工程全部资料移交甲方。

22.5　合同有效期满后的跟踪服务等。

甲方责任与义务

23. 甲方责任与义务

23.1　甲方应尽可能保证其向乙方提供的资料的准确性、完整性和真实性，这些资料可能包括工程地质资料、测量基准点、基准线与水准点、工作性能要求、地下管线资料等。

23.2　甲方应当为施工提供水、电、通信接口点。接口点至现场的其他费用以及施工用的水、电、通信费用则由乙方承担。

23.3　甲方根据实际需要为乙方人员提供培训，为乙方正常进行预调试、调试、性能检验提供方便。

23.4　甲方应当协调乙方与设计人、监理人、建设项目所在单位之关系，为乙方执行合同提供方便。

24. 甲方代表职权

甲方代表执行甲方业务授权手册，超越权限的行为，对甲乙双方均无效。

质量保证与责任

25. 质量保证

25.1　工程质量要求。

乙方应保证工程质量符合现行国家有关工程施工质量验收规范和标准。

25.2 不合格工程的处理。

工程质量不合格的，甲方有权随时要求乙方采取补救措施，直至达到合同约定的质量标准，由此增加的费用和（或）延误的工期由乙方承担。无法补救的，按照3.2.3约定执行。

25.3 隐蔽工程检查。

隐蔽工程部位经乙方自检确认具备覆盖条件的，乙方应在共同检查前48小时书面通知监理人和甲方检查，通知中应载明隐蔽检查的内容、时间和地点，并应附有自检记录和必要的检查资料。

经监理人和甲方检查确认质量符合隐蔽要求，并在检查记录上签字后，乙方才能进行覆盖。经检查不合格的，乙方应在指示时间内完成修复，并重新提交检查，由此增加的费用和（或）延误的工期由乙方承担。

乙方未通知监理人和甲方到场检查，私自将工程隐蔽部位覆盖的，甲方有权指示乙方钻孔探测或揿开检查，无论工程隐蔽部位质量是否合格，由此增加的费用和（或）延误的工期均由乙方承担。

25.4 质量争议检测。

合同当事人对工程质量有争议的，由双方协商确定的工程质量检测机构鉴定，由此产生的费用及损失，由责任方承担。合同当事人不能协商一致的，按照第60条执行。

26. 缺陷责任与保修

26.1 工程保修原则。

在工程移交甲方后，因乙方原因产生的质量缺陷，乙方应承担质量缺陷责任和保修义务。缺陷责任期届满，乙方仍应按合同约定的工程各部位保修年限承担保修义务。

26.2 缺陷修复。

26.2.1 缺陷责任期内，工程存在缺陷、损坏等问题，承包人应负责维修并承担维修费用。如承包人在发包人要求的期限内不回应、不维修、不承担费用，甲方可以自行维修或委托第三方维修，产生的全部费用及损失均由乙方承担，乙方拒不承担的，甲方直接从质保金中扣除。

26.2.2 任何一项缺陷或损坏修复后，经检查证明其影响了工程或工程设备的使用性能，承包人应重新进行合同约定的试验和试运行，试验和试运行的全部费用应由乙方承担。

26.3 乙方应于缺陷责任期届满后7天内向甲方发出缺陷责任期届满通知，经甲方对缺陷内容验收全部合格的，甲方向乙方释放支付质量保证金；缺陷责任期满后，经甲方对缺陷内容验收不能全部合格的，扣除全部质量保证金，并追究乙方违约责任。

26.4 保修。

26.4.1 在保修期内，甲方在使用过程中，发现已接收的工程存在缺陷或损坏的，应书面通知乙方予以修复，但情况紧急必须立即修复的，甲方可以口头通知乙方并在口头通知后48小时内书面确认，乙方应在收到通知后立即回复并保证在合理期限内到达工程现场修复缺陷或损坏。

乙方拒绝保修或者在甲方通知的期限内不予回应的，甲方可以自行维修或委托第三方维修，产生的全部费用及损失均由乙方承担。

26.4.2 尽管超出保修期，但确因乙方过错造成工程本身缺陷、损坏的，乙方仍应负责修复，并承担修复费用以及因工程缺陷、损坏造成的人身伤害和财产损失。

26.5 最低保修期。

除协议书另有约定外，本工程执行如下质量最低保修期之规定。

26.5.1 地基基础工程和主体结构工程为设计文件规定的该工程合理使用年限。

26.5.2 屋面防水工程、有防水要求的卫生间、房间和外墙面的防渗漏为 5 年。

26.5.3 装修工程为 2 年，本条中已明示的项目不在此限。

26.5.4 电气管线、给排水管道、设备安装工程为 2 年。

26.5.5 供热与供冷系统为 2 个采暖期、供冷期。

26.5.6 住宅小区内的给排水设施、室外附属、道路等配套工程为 1 年。

26.5.7 桥梁工程为 1 年。

26.5.8 井巷工程中，井筒、开拓巷道、集中煤仓等主要硐室的保修期为 2 年，其余工程为 1 年。

26.5.9 外墙保温质保期为 5 年。

工程的实施

27. 安全文明施工与环境保护

27.1 安全文明施工。

27.1.1 安全生产要求。

合同履行期间，乙方应当遵守国家和工程所在地有关安全生产的要求。

在施工过程中，如遇到突发的影响施工安全的紧急情况，乙方应及时报告甲方，甲方应当及时下令停工并报政府有关行政管理部门采取应急措施。

因安全生产需要暂停施工的，按照 38.1 的约定执行。

27.1.2 安全生产保证措施。

乙方应当按照有关规定编制安全技术措施或者专项施工方案，建立安全生产责任制度、治安保卫制度及安全生产教育培训制度，并按安全生产法律规定及合同约定履行安全职责，如实编制工程安全生产的有关记录，接受甲方、监理人及政府安全监督部门的检查与监督。

27.1.3 特别安全生产事项。

乙方应按照法律规定进行施工，开工前做好安全技术交底工作，施工过程中做好各项安全防护措施。乙方为实施合同而雇用的特殊工种人员应受过专门的培训并已取得政府有关管理机构颁发的上岗证书。

乙方在动力设备、输电线路、地下管道、密封防震车间、易燃易爆地段以及临街交通要道附近施工时，施工开始前应向甲方和监理人提出安全防护措施，经甲方认可后实施。

实施爆破作业，在放射、毒害性环境中施工（含储存、运输、使用）及使用毒害性、腐蚀性物品施工时，乙方应在施工前 7 天以书面通知甲方和监理人，并报送相应的安全防护措施，经甲方认可后实施。

需单独编制危险性较大分部分项专项工程施工方案的，及要求进行专家论证的超过一定规模的危险性较大的分部分项工程，乙方应及时编制和组织论证。

27.1.4 治安保卫。

乙方除应协助现场治安管理机构或联防组织维护施工场地的社会治安外，还应做好包括生活区在内的各自管辖区的治安保卫工作。

除合同条款另有约定外，乙方应在工程开工后 7 天内编制施工场地治安管理计划，并制定应对突发治安事件的紧急预案。在工程施工过程中，发生暴乱、爆炸等恐怖事件，以及群殴、械斗等群体性突发治安事件的，乙方应立即向甲方报告。乙方应积极协助当地有关部门采取措施平息事态，防止事态扩大，尽量避免人员伤亡和财产损失。

27.1.5 文明施工。

乙方在工程施工期间，应当采取措施保持施工现场平整、物料堆放整齐。工程所在地有关政府行政管理部门有特殊要求的，按照其要求执行。

在工程实体移交之前，乙方应当从施工现场清除乙方的全部工程设备、多余材料、垃圾和各种临时工程，并保持施工现场清洁整齐。经甲方书面同意，乙方可在甲方指定的地点保留乙方履行保修期内的各项义务所需要的材料、施工设备和临时工程。

27.1.6 安全文明施工账户。

乙方应保证安全文明施工费专款专用，并在财务账目中单独列项备查，不得挪作他用，否则甲方有权责令其限期改正；逾期未改正的，可以责令其暂停施工，由此增加的费用和（或）延误的工期由乙方承担，并且甲方有权给予乙方安全文明施工措施费30% ~100%的处罚。

27.1.7 紧急情况处理。

因乙方原因，在工程实施期间或缺陷责任期内发生危及工程安全的事件，乙方声明无能力或不愿立即执行的，甲方有权雇用其他人员进行抢救，由此增加的费用和（或）延误的工期由乙方承担。

27.1.8 事故处理。

工程施工过程中发生事故的，乙方应立即通知甲方。乙方应立即组织人员和设备进行紧急抢救和抢修，减少人员伤亡和财产损失，防止事故扩大，并保护事故现场。需要移动现场物品时，应作出标记和书面记录，妥善保管有关证据。乙方应按国家有关规定，及时如实地向有关部门报告事故发生的情况，以及正在采取的紧急措施等。乙方或其代表逃逸的，甲方有权在控制范围内冻结、处置全部资产，并免受乙方事后追究。

27.1.9 乙方安全生产责任。

由于乙方原因在施工场地内及其毗邻地带造成的甲方、监理人以及第三者人员伤亡和财产损失，由乙方负责赔偿。

27.2 职业健康。

27.2.1 劳动保护。

乙方应依法为其履行合同所雇用的人员办理必要的证件、许可、保险和注册等，乙方应督促其分包人为分包人所雇用的人员办理必要的证件、许可、保险和注册等。

乙方应按照法律规定保障现场施工人员的劳动安全，并提供劳动保护，并应按国家有关劳动保护的规定，采取有效的防止粉尘、降低噪声、控制有害气体和保障高温、高寒、高空作业安全等劳动保护措施。乙方雇用人员在施工中受到伤害的，乙方应立即采取有效措施进行抢救和治疗。

27.2.2 生活条件。

乙方应为其履行合同所雇用的人员提供必要的膳宿条件和生活环境；乙方应采取有效措施预防传染病，保证施工人员的健康，并定期对施工现场、施工人员生活基地和工程进行防疫和卫生的专业检查和处理，在远离城镇的施工场地，还应配备必要的伤病防治和急救的医务人员与医疗设施。

27.3 环境保护。

乙方应在施工组织设计中列明环境保护的具体措施。在合同履行期间，乙方应采取合理措施保护施工现场环境。对施工作业过程中可能引起的大气、水、噪声以及固体废物污染采取具体可行的防范措施。

乙方应当承担因其原因引起的环境污染侵权损害赔偿责任，因上述环境污染引起纠纷而导致暂停施工的，由此增加的费用和（或）延误的工期由乙方承担。

28. **工期和进度**

28.1 施工组织设计。

28.1.1 施工组织设计的提交和修改。

乙方应依据《建筑施工组织设计规范》（GB/T 50502—2009）和投标文件编制、审查、提交、修改施工组织设计。除非外部环境变化或甲方要求乙方编制的施工组织设计与其投标文件有实质性（包括人员、方案、施工组织等）改变，否则视为违约。甲方有权扣除履约保证金并解除合同。

除本合同另有约定外，乙方应在合同签订后7天内，但至迟不得晚于28.3.2“开工报告”载明的开工日期前3天，向监理人和（或）甲方提交详细的施工组织设计。对甲方提出的合理意见和要求，乙方应自费修改完善。根据工程实际情况需要修改施工组织设计的，乙方应向甲方提交修改后的施工组织设计。

28.1.2 除本合同另有约定外，乙方应在合同签订后7天内，但至迟不得晚于28.3.2“开工报告”载明的开工日期前3天，将其组织机构图及关键工作人员的身份和履历报送甲方，如果组织机构图有修改，乙方亦应立即书面通知甲方。甲方对乙方的组织机构提出异议，如同时提供了反对的证据，则乙方必须调整。

28.2 施工进度计划。

28.2.1 施工进度计划的编制。

乙方应按照28.1“施工组织设计”约定提交详细的施工进度计划，施工进度计划的编制应当符合国家法律规定和一般工程实践惯例，施工进度计划经甲方批准后实施。施工进度计划是控制工程进度的依据，甲方和监理人有权按照施工进度计划检查工程进度情况。

28.2.2 施工进度计划的修订。

施工进度计划不符合合同要求或与工程的实际进度不一致的，乙方应向监理人和（或）甲方提交修订的施工进度计划，并附有关措施和相关资料。除本合同另有约定外，甲方和监理人应在收到修订的施工进度计划后及时完成审核和批准或提出修改意见。甲方和监理人对乙方提交的施工进度计划的确认，不能减轻或免除乙方根据法律规定和合同约定应承担的任何责任或义务。

因受到国家法律法规、标准制度及地方政府政策变化影响的环保工程，乙方应执行国家与政府要求，修订施工进度计划，并制订赶工措施。

28.3 开工。

28.3.1 开工准备。

除本合同另有约定外，乙方应按照28.1“施工组织设计”约定的期限，向监理人提交工程开工报审表，经监理人报甲方批准后执行。开工报审表应详细说明按施工进度计划正常施工所需的施工道路、临时设施、材料、工程设备、施工设备、施工人员等落实情况以及工程的进度安排。

除本合同另有约定外，合同当事人应按约定完成开工准备工作。

28.3.2 开工报告。

乙方应在计划开工日期7天前向监理人提交开工报告，并经甲方审签。工期自开工通知中载明的开工日期起算。

28.4 测量放线。

28.4.1 乙方发现甲方提供的测量基准点、基准线和水准点及其书面资料存在错误或疏漏的，应及时通知监理人。监理人应及时报告甲方，并会同甲方和乙方予以核实。甲方应就如何处理和是否继续施工做出决定，并通知监理人和乙方。

28.4.2 乙方负责施工过程中的全部施工测量放线工作，并配置具有相应资质的人员，合格的仪器、设备和其他物品。乙方应矫正工程的位置、标高、尺寸或准线中出现的任何差错，并对工程各部分的定位负责。

施工过程中对施工现场内水准点等测量标志物的保护工作由乙方负责。

28.5 提前竣工。

甲方要求乙方提前竣工的，甲方应通过监理人向乙方下达提前竣工指示，乙方应向甲方和监理人提交提前竣工建议书，提前竣工建议书应包括实施的方案、缩短的时间、增加的合同价格等内容。甲方接受该提前竣工建议书的，监理人应与甲方和乙方协商采取加快工程进度的措施，并修订施工进度计划，增加的费用报甲方审批。乙方认为提前竣工指示无法执行的，应向监理人和甲方提出书面异议，甲方和监理人应在收到异议后7天内予以答复。

28.6 措施保障。

在乙方无延长工期的正当理由下，甲方代表认为工程或部分工程的进度太慢，可能无法按“计划竣工时间”完成，可通知乙方采取必要措施以加快工程进度。乙方对所采取的这些措施不得另收费用。

28.7 进度报告。

如果工程完工的总日历天数超过30天，乙方应于每月25日前向甲方提供一份进度报告。

进度报告应采用甲方要求的形式并说明：（a）每项任务实际完成的百分比与计划完成的百分比的比较；（b）每一任务比计划是提前还是落后，如落后，则应作出评价，说明可能产生的后果以及正在采取的纠正措施。

29. 材料与设备

29.1 甲方供应材料与工程设备。

甲方自行供应材料、工程设备的，应在本合同附件“甲供材料设备清单”中明确材料、工程设备的品种、规格、型号、数量、单价和质量等级。

乙方应提前30天通过监理人以书面形式通知甲方供应材料与工程设备进场。乙方按照28.2.2约定修订施工进度计划时，需同时提交经修订后的甲方供应材料与工程设备进场计划。

29.2 乙方采购材料与工程设备。

乙方负责采购材料、工程设备的，应按照设计和有关标准要求采购，并提供产品合格证明及出厂证明，对材料、工程设备质量负责。

29.3 材料与工程设备的接收与拒收。

29.3.1 甲方应按“甲供材料设备清单”约定的内容提供材料和工程设备，并向乙方提供产品合格证明及出厂证明，对其质量负责。甲方应提前通知乙方监理人材料和工程设备到货时间，乙方负责材料和工程设备的清点、检验和接收。

29.3.2 乙方采购的材料和工程设备，应保证产品质量合格，乙方应在材料和工程设备到货前24小时通知监理人检验。乙方进行永久材料、工程设备的制造和生产的，应符合相关质量标准，并向监理人提交材料或工程设备的样本以及有关资料，并应在使用该材料或工程设备之前获得监理人同意。

乙方应对清点、检验进行检验记录。

乙方采购的材料和工程设备不符合设计或有关标准要求时，乙方应在监理人要求的合理期限内将不符合设计或有关标准要求的材料、工程设备运出施工现场，并重新采购符合要求的材料、工程设备，由此增加的费用和（或）延误的工期，由乙方承担。

29.4　材料与工程设备的保管与使用。

29.4.1　甲方供应材料与工程设备的保管与使用。

甲方供应的材料和工程设备，乙方清点后由乙方妥善保管。因乙方原因发生丢失毁损的，由乙方负责赔偿；甲方未通知乙方清点的，乙方不负责材料和工程设备的保管，由此导致丢失毁损的由甲方负责。

甲方供应的材料和工程设备使用前，由乙方负责检验。

29.4.2　乙方采购材料与工程设备的保管与使用。

乙方采购的材料和工程设备由乙方妥善保管，包括但不限于运输、装卸和仓储，保管费用及在此过程中的风险和损失由乙方承担。法律规定材料和工程设备使用前必须进行检验或试验的，乙方应按法律规定或者监理人的要求进行检验或试验，检验或试验费用由乙方承担，不合格的不得使用。

甲方或监理人发现乙方使用不符合设计或有关标准要求的材料和工程设备时，有权要求乙方进行修复、拆除或重新采购，由此增加的费用和（或）延误的工期，由乙方承担。

29.5　禁止使用不合格的材料和工程设备。

29.5.1　乙方提供或使用的材料和工程设备与合同不符或者不能达到合同目的时，甲方有权选择下列方式之一种或几种没有冲突的方式处理。

（1）监理人和甲方有权拒绝乙方提供和使用不合格材料或工程设备，并要求乙方立即进行更换和改正。监理人和甲方应在更换后再次进行检查和检验，由此增加的费用和（或）延误的工期由乙方承担。

（2）根据材料和工程设备的疵劣和受损程度以及甲方遭受损失的金额，双方协商降低物资价格。

（3）更换有缺陷的材料和工程设备，或修复缺陷部分，以达到合同规定的规格、质量和性能，乙方承担一切费用和风险并赔偿甲方遭受的损失。同时被更换的材料和工程设备的质量保修期应相应顺延。

对上述因乙方提供或使用不合格材料或工程设备，不论采取哪种方式处理，乙方均应承担由此增加的费用和（或）延误的工期。

29.5.2　甲方提供的材料或工程设备不符合合同要求的，乙方有权拒绝，并可要求甲方更换，由此增加的费用和（或）延误的工期由甲方承担。

29.6　样品。

29.6.1　样品的报送与封存。

对工程中所用的材料或工程设备乙方需报送样品。样品的报送程序如下。

（1）乙方应在计划采购前28天向监理人报送样品。乙方报送的样品均应来自供应材料的实际生产地，且提供的样品规格、数量足以表明材料或工程设备的质量、型号、颜色、表面处理、质地、误差和其他要求的特征。

（2）乙方每次报送样品时应随附申报单，申报单应载明报送样品的相关数据和资料，并标明每件样品对应的图纸号，预留监理人批复意见栏。监理人应在收到乙方报送的样品后7天内向乙方回复经甲方签认的样品审批意见。

(3) 经甲方和监理人审批确认的样品应按约定的方法封样，封存的样品作为检验工程相关部分的标准之一。乙方在施工过程中不得使用与样品不符的材料或工程设备。

(4) 甲方和监理人对样品的审批确认仅为确认相关材料或工程设备的特征或用途，不得被理解为对合同的修改或改变，也并不减轻或免除乙方任何的责任和义务。如果封存的样品修改或改变了合同约定，合同当事人应当以书面协议予以确认。

29.6.2　样品的保管。

经批准的样品应由监理人负责封存于现场，乙方应在现场为保存样品提供适当和固定的场所并保持适当和良好的存储环境条件。

29.7　材料与工程设备的替代。

29.7.1　出现下列情况需要使用替代材料和工程设备的，乙方应经监理人和甲方认可后方可使用。

(1) 基准日期后生效的法律规定禁止使用的。

(2) 甲方要求使用替代品的。

(3) 乙方要求使用替代品的。

(4) 因其他原因必须使用替代品的。

29.7.2　乙方应在使用替代材料和工程设备28天前书面通知监理人，并附下列文件。

(1) 被替代的材料和工程设备的名称、数量、规格、型号、品牌、性能、价格及其他相关资料。

(2) 替代品的名称、数量、规格、型号、品牌、性能、价格及其他相关资料。

(3) 替代品与被替代产品之间的差异以及使用替代品可能对工程产生的影响。

(4) 替代品与被替代产品的价格差异。

(5) 使用替代品的理由和原因说明。

(6) 监理人要求的其他文件。

监理人应在收到通知后及时向乙方发出经甲方签认同意的书面指示。

29.7.3　乙方要求使用替代物资时，价款不予上调。

甲方要求或设计变更需要使用替代物资的，其价款按合同价款的调整原则进行调整。

29.8　施工设备和临时设施。

29.8.1　乙方提供的施工设备和临时设施。

乙方应按工程进度计划的要求，及时配置施工设备和修建临时设施。进入施工场地的乙方施工设备需经监理人核查后才能投入使用。乙方更换合同约定的乙方施工设备的，应报监理人批准。

除本合同另有约定外，乙方应自行承担修建、拆除和清运临时设施的费用。

29.8.2　要求乙方增加或更换施工设备。

乙方使用的施工设备不能满足工程进度计划和（或）质量要求时，监理人和（或）甲方有权要求乙方增加或更换施工设备，乙方应及时增加或更换，由此增加的费用和（或）延误的工期由乙方承担。

29.9　材料与设备专用要求。

乙方运入施工现场的材料、工程设备、施工设备以及在施工场地建设的临时设施，包括备品备件、安装工具与资料，必须专用于工程。未经监理人批准（包括在工程暂停期间），乙方不得运出施工现场或挪作他用；经监理人批准，乙方可以根据施工进度计划撤走闲置的施工设备和其他物品。

30. 试验与检验

30.1 试验设备与试验人员。

30.1.1 乙方根据合同约定或监理人指示进行的现场材料试验，应由乙方提供试验场所、试验人员、试验设备以及其他必要的试验条件。

监理人和（或）甲方在必要时可以使用乙方提供的试验场所、试验设备以及其他试验条件，进行以工程质量检查为目的的材料复核试验，乙方应予以协助。监理人和（或）甲方未检验以及检验合格的结论不得作为乙方免除对物资质量负责的理由和证据。双方商定甲方将对特定物资做进一步检验的，乙方应当及时通知甲方检验；未商定时，乙方应当在检验条件成熟时提示甲方检验。

30.1.2 乙方配置的试验设备要符合相应试验规程的要求并经过具有资质的检测单位检测，且在正式使用该试验设备前，需要经过监理人与乙方共同校定。

30.1.3 乙方应向监理人提交试验人员的名单及其岗位、资格等证明资料，试验人员必须能够熟练进行相应的检测试验，乙方对试验人员的试验程序和试验结果的正确性负责。

30.2 取样。

试验属于自检性质的，乙方可以单独取样。试验属于监理人抽检性质的，可由监理人取样，也可由乙方的试验人员在监理人的见证下取样。

30.3 材料、工程设备和工程的试验和检验。

30.3.1 对材料、工程设备和工程的试验和检验，乙方单独进行或监理人与乙方共同进行，均由乙方负责提供必要的试验资料和原始记录。

30.3.2 试验属于自检性质的，乙方可以单独进行试验。试验属于监理人抽检性质的，监理人可以单独进行试验，也可由乙方与监理人共同进行。

30.3.3 乙方对由监理人单独进行的试验结果有异议的，乙方有权在检验报告出具后一周内向监理人和（或）甲方提出书面异议。双方无法就检验结果达成一致意见时，可以另行委托双方认可的专业机构检验，该检验结果除被司法检验推翻外为最终结果，增加的费用和（或）延误的工期由乙方承担。

监理人对乙方的试验和检验结果有异议的，或为查清乙方试验和检验结果的可靠性要求乙方重新试验和检验的，可由监理人与乙方共同进行。重新试验和检验的结果证明该项材料、工程设备或工程的质量不符合合同要求的，由此增加的费用和（或）延误的工期由乙方承担。

30.4 性能保证。

30.4.1 如因乙方原因，未达到性能保证，乙方应自负费用对工程或其部分做必要的调整，如修正或增补以使其至少达到这些保证，乙方应通知甲方并重复进行性能检验直到达到要求的水平。

30.4.2 如因乙方原因，尽管达到最高水平，但未能部分或全部达到工艺性能保证和消耗保证，乙方应选择：

（1）自负费用对工程或其部分做必要的调整，如修正、增补，并进一步进行性能检验；

（2）对因此给甲方造成的损失承担赔偿责任。

30.4.3 无论乙方是否已经依照30.4.1或者30.4.2进行了处理，甲方对于未能全部或者部分达到性能保证的工程均可处以签约合同价的2%以下的罚款。

30.5 现场工艺试验。

乙方应按合同约定或监理人指示进行现场工艺试验。对大型的现场工艺试验，监理人认为必要时，乙方应根据监理人提出的工艺试验要求，编制工艺试验措施计划，报送监理人审查。

31. 验收

31.1　分部分项工程验收。

31.1.1　分部分项工程质量应符合国家有关工程施工验收规范、标准及合同约定，乙方应按照施工组织设计的要求完成分部分项工程施工。

31.1.2　除合同另有约定外，分部分项工程经乙方自检合格并具备验收条件的，乙方应提前48小时通知甲方进行验收。分部分项工程未经验收的，不得进入下道工序施工。

分部分项工程的验收资料应当作为竣工资料的组成部分。

31.2　竣工验收。

31.2.1　初验。

（1）工程完工后，乙方向监理人报送竣工报告，监理人认为尚不具备初验条件的，应书面告知乙方在初验前还需完成的工作内容；乙方在完成告知的全部工作内容后，再次提交竣工报告。

（2）监理人审查认为具备初验条件的，组织项目现场管理单位、项目使用单位和乙方进行初验，并形成竣工初步验收纪要。

31.2.2　乙方认为具备竣工验收条件的，提供以下资料申请竣工验收。

（1）竣工报告。

（2）竣工工程量盘点表。

（3）初步验收纪要。

（4）经监理人确认的初步验收存在问题整改回复单。

竣工验收时总监理工程师提交《工程监理评估报告》，设计单位提交《工程设计检查评估报告》。

由乙方向甲方提交《工程竣工报告》，申请工程竣工验收，经甲方签字确认后生效。竣工验收合格后签发《竣工验收证书》，经甲方签字确认后生效。竣工验收不合格的，甲方有权要求乙方对不合格工程返工、修复或采取其他补救措施，由此增加的费用和（或）延误的工期由乙方承担。乙方在完成不合格工程的返工、修复或采取其他补救措施后，应重新提交竣工验收申请，并按本项约定的程序重新进行验收。

31.2.3　拒绝接收不合格的全部或部分工程。

对于竣工验收不合格的工程，乙方完成整改后，应当重新进行竣工验收，经重新组织验收仍不合格的且无法采取措施补救的，甲方可以拒绝接收不合格工程，乙方退还甲方已支付的工程进度款及同期银行贷款利息。因不合格工程导致其他工程不能正常实施的，乙方应采取措施确保相关工程的正常实施，由此增加的费用和（或）延误的工期由乙方承担。

31.2.4　验收结果与异议：验收结果以竣工验收证书为准。乙方对验收结果有异议的必须在竣工验收后的7个工作日内以书面形式提出，由双方具体协商解决。

31.2.5　甩项竣工。

部分单位工程或工程部位需要甩项竣工时，双方应另行订立甩项竣工协议。

在甩项竣工协议中应明确甩项原因、已完合格工程价款、甩项工程价款、已完合格工程价款支付、工期、照管责任、保修责任、与甩项有关的责任追究或豁免等内容。

32. 工程移交

乙方应对竣工验收中存在的问题按期进行整改。整改合格的，甲方签发工程移交证书；不合格的，乙方应限期整改，产生的费用由乙方承担。

乙方应在竣工验收合格之日起21天内完成工程移交。

乙方无正当理由拒不移交工程的，乙方应承担工程照管，成品保护、保管等与工程有关的各项费用及按照第43条的约定承担违约责任。

33. 清理退场

33.1 清理退场。

颁发工程移交证书或甲方下达解除合同通知书后14天内，乙方应按以下要求对施工现场进行清理。

（1）将施工现场内残留的垃圾全部清除出场。

（2）拆除临时工程，清理、平整或复原场地。

（3）撤离人员、施工设备和剩余材料，包括废弃的施工设备和材料。

（4）清理施工现场周边及其附近道路、河道的施工堆积物。

（5）施工现场其他场地清理工作。

施工现场的竣工退场费用由乙方承担。逾期未完成的，视为乙方放弃场地遗留物品所有权，甲方有权处置、变卖乙方遗留物品，由此支出的费用由乙方承担，甲方有权直接从工程结算款中扣减。

33.2 地表还原。

乙方应按照甲方要求恢复临时占地及清理现场。乙方未按甲方的要求恢复临时占地，或场地清理未达到合同约定的要求的，甲方有权委托第三人恢复或清理，所发生的费用由乙方承担。甲方有权从工程结算价款中扣减，不足部分可向乙方追偿。

34. 竣工结算

34.1 竣工结算申请。

除本合同另有约定外，乙方应在工程竣工验收合格后28天内向甲方提交竣工结算申请表，并提交完整的结算资料两套。

34.2 竣工结算审核。

甲方在收到乙方的竣工结算资料并审核确认无误后签发《单位工程结算审批单》，结算审批单必须完成甲方内部全部审签程序才能生效（甲方内部审签单位以结算审批单上列名的单位为准）。乙方对甲方签认的《单位工程结算审批单》有异议的，对于有异议部分应在收到甲方签认的《单位工程结算审批单》后7天内提出异议，逾期未提出异议的，视为认可甲方的审批结果。

如因乙方原因未在约定期限（从竣工结算申请之日起计算）内完成竣工结算，按照本合同第46条承担违约责任。

（1）工程结算金额小于等于1000万元，30天内办理完毕。

（2）工程结算金额大于1000万元且小于等于3000万元，45天内办理完毕。

（3）工程结算金额大于3000万元，60天内办理完毕。

34.3 乙方在竣工结算办理完成后15天内，向甲方项目单位移交全部工程档案资料纸质版和电子版各一份。

34.4 竣工结算付款。

乙方提交工程资料移交目录、竣工验收价款结算单（抽审项目须提供审计报告/审计决定）后，甲方向乙方支付竣工款项。

35. **最终结清**

除本合同另有约定外，乙方应在缺陷责任期满后7日内，向甲方提交《质保金支付申请单》，并提供相关证明材料。《质保金支付申请单》应列明质量保证金、应扣除的质量保证金、缺陷责任期内发生的增减费用。

甲方对《质保金支付申请单》无异议的，签发后退还相应质量保证金。

甲方对《质保金支付申请单》内容有异议的，有权要求乙方进行修正和提供补充资料，乙方应重新向甲方提交修正后的《质保金支付申请单》。

合同变更、暂停

36. **合同变更**

对本合同进行的任何变更，均须由双方协商一致，共同签订书面文件。

36.1　变更权。

甲方和监理人均可以提出变更。变更意见均通过监理人发出，监理人发出变更意见前应征得甲方同意。未经许可，乙方不得擅自对工程的任何部分进行变更。

涉及设计变更的，应由设计人提供变更后的图纸和说明。如变更超过原设计标准或批准的建设规模时，甲方应及时办理规划、设计变更等审批手续。

36.2　变更程序。

36.2.1　甲方提出变更。

甲方提出变更的，应通过监理人向乙方发出变更通知，变更通知应说明计划变更的工程范围和变更的内容。

36.2.2　监理人提出变更意见。

监理人提出变更意见的，需要向甲方以书面形式提出变更说明，包括变更的工程范围和内容、理由，以及实施该变更对合同价格和工期的影响。甲方同意变更的，由监理人向乙方发出变更通知。甲方不同意变更的，监理人无权擅自发出变更通知。

36.2.3　变更执行。

乙方收到监理人下达的变更通知后，认为不能执行的，应立即提出不能执行该变更的理由。乙方认为可以执行变更的，合同当事人应当按照36.3约定确定变更估价。

36.3　变更估价。

36.3.1　变更估价原则。

除另有约定外，变更估价执行本合同约定的合同价格调整方法。

36.3.2　变更估价程序。

乙方在收到变更通知后14天内，向甲方提交相应的变更申请单，甲方审查通过后予以签发确认；甲方对变更申请有异议的，乙方应修改后重新提交。

待变更工程造价审核完毕后签发变更审批单。

因变更引起的价格调整应计入最近一期的进度款中支付。

36.4　乙方的合理化建议。

乙方提出合理化建议的，应向监理人提交合理化建议说明，说明建议的内容和理由，以及实施该建议对合同价格和工期的影响。

除本合同另有约定外，监理人应在收到乙方提交的合理化建议后审查完毕并报送甲方，发现其中存在技术上的缺陷，应通知乙方修改。合理化建议经甲方批准的，监理人应及时发出变更通知，由此引起的合同价格调整按照36.3“变更估价”约定执行。甲方不同意变更的，监理人应书面通知乙方。

36.5 变更引起的工期调整。

因变更引起工期变化的，合同当事人均可要求调整合同工期，由合同当事人协商并参考工程所在地的工期定额标准确定增减工期天数，并在变更审批单中注明。

37. 竣工日期的延长

37.1 如果由于下述原因，竣工日期可以推延。

（1）工程变更。

（2）发生施工障碍或不可抗力事件。

（3）甲方作出暂时停工的决定。

（4）一周内非乙方原因停水、停电，造成累计停工超过8小时。

（5）合同特别提到的其他事项。

37.2 除合同另有约定外，乙方应书面申请竣工日期延长，同时应附有证明所需延期的细节或情况说明。一旦收到申请和延期细节说明之后，甲方与乙方应在合理可行的最短对间内就延长期限达成书面意见。

37.3 乙方应尽最大努力缩短完成合同义务的拖延时间。

38. 暂停

38.1 暂停施工。

38.1.1 甲方原因引起的暂停施工。

由甲方原因引起暂停施工的，监理人经甲方同意后，应及时下达暂停施工指示。情况紧急且监理人未及时下达暂停施工指示的，按照38.1.4执行。

因甲方原因引起的暂停施工，甲方应承担由此增加的费用和（或）延误的工期。

38.1.2 乙方原因引起的暂停施工。

由乙方原因引起的暂停施工，乙方应承担由此增加的费用和（或）延误的工期，且乙方在收到监理人复工指示后84天内仍未复工的，执行39.2.1的第（6）项约定。

38.1.3 指示暂停施工。

监理人认为有必要时，并经甲方批准后，可向乙方作出暂停施工的指示，乙方应按监理人指示暂停施工。

38.1.4 紧急情况下的暂停施工。

因紧急情况需暂停施工，且监理人未及时下达暂停施工通知的，乙方可先暂停施工，并及时通知监理人。监理人应在接到通知后24小时内发出通知，逾期未发出通知，视为同意乙方暂停施工。监理人不同意乙方暂停施工的，应说明理由，乙方对监理人的答复有异议，按照第60条约定处理。

38.2 暂停施工后的复工。

暂停施工后，甲方和乙方应采取有效措施积极消除暂停施工的影响。在工程复工前，监理人会同甲方和乙方确定因暂停施工造成的损失，并确定工程复工条件。当工程具备复工条件时，监理人应经甲方批准后向乙方发出复工通知，乙方应按照复工通知要求复工。

乙方无故拖延和拒绝复工的，乙方承担由此增加的费用和延误工期的相应责任。

38.3　暂停施工持续56天以上。

监理人发出暂停施工指示后56天内未向乙方发出复工通知，除该项停工属于38.1.2及第57条约定的情形外，乙方可向甲方提交书面通知，要求甲方在收到书面通知后28天内准许已暂停施工的部分或全部工程继续施工。甲方逾期不予批准的，则乙方可以通知甲方，取消工程受影响的部分。

暂停施工持续84天以上不复工的，且不属于38.1.2及第57条约定的情形，并影响整个工程以及合同目的实现的，乙方有权提出价格调整要求，经甲方同意后签订补充协议，未达成一致意见的，可以协议解除合同。

38.4　暂停施工期间的工程照管。

暂停施工期间，乙方应负责妥善照管工程并提供安全保障，由此增加的费用由责任方承担。

38.5　暂停施工的措施。

暂停施工期间，甲方和乙方均应采取必要的措施确保工程质量及安全，防止因暂停施工扩大损失。

合同的解除、无效

39. 合同的解除

39.1　甲方单方面解除合同。

39.1.1　甲方因公司运营管理的需要，可解除合同，但应就此向乙方送达书面通知（解除通知）。通知到达乙方后合同解除。

39.1.2　乙方收到上述解除通知后，应立即或按解除通知规定的日期完成以下工作。

（1）停止一切进一步的工作，甲方在解除通知中规定为了保护已完工的部分工程的工作除外。

（2）运离施工现场的所有施工设备，撤离乙方及其分包人的所有人员，清除所有残留物、垃圾及瓦砾，使工地处于清洁状态。

（3）将已完成的工程交付甲方。

（4）将与工程有关的任何图纸、资料及其他文件交给甲方。

乙方收到解除通知，拒不离场，导致损失（包括人工看护费，机械租赁、闲置费等）扩大的，甲方不予赔偿。

39.1.3　在乙方完成39.1.2约定工作的前提下，甲方向乙方支付下列费用。

（1）合同解除时乙方已完成的工程，经验收合格部分的价款。

（2）合同解除时乙方提报的设备物资采购计划已经甲方审定且乙方为实施本合同进行物资采购已实际支付的费用，但乙方必须提供有效证据，包括采购合同、税票等。

（3）乙方为保护工程而支出的费用。

（4）合同解除时乙方对未执行的工程部分所享有的合理利润额；该合理利润不超过（签约合同价－已完成的工程部分的合同价格）×乙方投标时声明的利润率×10%。

除此之外，甲方不再支付任何补偿、赔偿等。

39.2　属乙方过错导致的合同解除。

39.2.1　如果乙方发生下述情形之一，甲方可以直接向乙方发出书面解除通知以解除合同。

（1）乙方存在转包合同行为的。

（2）乙方存在违法分包合同行为的。

（3）乙方存在挂靠行为的。

（4）在接到甲方进场通知一月内，未按要求组织人员和机具进场，使工程不能按期开工或不能按要求组织施工的。

（5）进场后乙方项目经理、技术负责人或施工机具未经甲方书面同意擅自变更，或乙方不响应甲方要求更换人员的，甲方书面通知或督促后，仍不能按期整改的。

（6）乙方实际施工进度严重滞后，滞后天数超过约定施工进度计划工期30%以上或60天以上，甲方书面通知或督促后，乙方仍不能按期整改的。

（7）因乙方原因工程不能按期竣工的。

（8）乙方工程质量不符合要求，甲方书面通知或督促后，拒不按期整改的或整改后仍未能通过竣工验收。

（9）施工期间发生《生产安全事故报告和调查处理条例》规定的一般、较大、重大或特别重大事故，并且乙方负管理责任的。

（10）乙方未按期提交或补足履约保证金或农民工工资保证金，甲方书面通知或督促后，仍不能按期提交的。

（11）未按照甲方要求实施生产本安体系，或者在规定时间内未能达到生产本安等级要求的。

（12）乙方以其行为表明不履行合同主要义务的。

（13）因乙方原因导致第三方给甲方正常生产工作秩序造成影响的。

（14）违反本合同项下其他相关约定，可能或已经给甲方造成损失的。

39.2.2　收到上述解除通知后，乙方应当无条件地做好合同解除后的工作；其施工设备只有经甲方同意方可搬离现场，其提交的所有保证金不予退还（以银行保函形式提交的，甲方有权要求银行兑付全部保证金）。

39.2.3　甲方解除合同后，乙方无权向甲方提出任何补偿或赔偿要求。

39.2.4　合同解除后，如给甲方造成损失的，乙方应当赔偿因解除合同给甲方造成的全部损失；甲方全部损失难以精确计算的，甲方有权按照不低于签约合同价款30%的金额要求乙方支付违约金。

39.2.5　乙方在施工现场的所有设施、设备、工程垃圾等，应在甲方指定期限全部撤场，保证施工现场清洁干净。否则，甲方有权自行或委托第三方进行清理，由此产生的一切费用或给乙方造成损失的，均由乙方承担。

39.3　乙方解除合同。

39.3.1　如果发生本合同“暂停”条款中规定的允许乙方解除的情形，或者因为甲方过错而迟延支付超过180天，则乙方有权书面通知甲方解除合同。

39.3.2　如果合同由于39.3.1的原因解除，乙方应按照39.1.2之规定做好合同解除后的工作，甲方应按照39.1.3之规定进行支付。

39.4　不可抗力导致的合同解除。

39.4.1　因不可抗力导致合同无法履行的，甲方和乙方均有权解除合同。

39.4.2　合同解除后，甲方已经支付乙方的款项不再返还，甲方尚未支付的款项不再支付乙方（履约保证金、农民工工资保证金除外）。

39.4.3　合同解除后，乙方应按照39.1.2之规定做好施工现场清理、工程项目及资料移交等工作。

39.5　合同解除后，本合同项下约定乙方应承担的违约金仍向甲方进行支付；不足以补偿甲方实际损失的，乙方还应继续承担赔偿责任。

40. 因乙方原因导致本合同无效的，乙方应按照39.1.2之规定做好施工现场清理、工程项目及资料移交等工作；赔偿甲方因此受到的全部损失，并按照签约合同价的5%向甲方支付违约金

违约责任

41. 工程质量

工程质量未能达到合同约定时，由乙方自负费用进行修复，并对甲方因此受到的损失承担赔偿责任。

如乙方未在甲方要求期限内修复或采取补救措施，甲方有权自行或委托第三方实施，由此产生的费用由乙方承担。

42. 人员更换

42.1　合同实施过程中项目负责人、项目经理、技术负责人原则上不得更换；项目负责人、项目经理或技术负责人每月驻现场不得低于21天，如需外出需经甲方批准，承包人需在现场建立考勤机制。承包人项目负责人、项目经理或技术负责人不能满足常驻现场要求的，由承包人提出申请，经甲方批准后，方可更换项目负责人、项目经理或技术负责人，更换的项目负责人、项目经理或技术负责人资质证书及资质等级不得低于招标文件要求。每变更一人需按合同金额的5%提交保证金，每人保证金总额不超过20万元，同时对承包商按合同金额的1%进行处罚，处罚金额不超过10万元。项目负责人、项目经理及技术负责人只能变更一次，若承包商再次提出变更申请，招标人有权清退承包人。

42.2　投标人拟派项目经理及技术负责人现阶段不得担任任何在施建设工程的项目经理和技术负责人。本项目开工后，经甲方核实，项目经理、技术负责人承担两项及以上在施工程，此项目经理及技术负责人必须更换，更换的项目经理及技术负责人资格及能力不得低于原投标文件承诺，同时对承包商按合同金额的2%进行处罚，处罚金额不超过20万元。

42.3　承包人项目负责人、项目经理或技术负责人因工作能力不能胜任，严重影响工程进度、施工安全的，经甲方向承包商提出更换项目负责人、项目经理或技术负责人时，承包人必须进行人员变更，每变更一人需按合同金额的5%提交保证金，总金额不超过20万元。

42.4　乙方逾期不提交保证金的，甲方有权直接从工程应付款中扣留。保证金在工程正常竣工移交且甲方无异议后退还乙方。

42.5　如未经甲方同意私自变更上述人员，除扣保证金外，甲方还将取消其在甲方三年内的投标资格。

43. 工期延误

经工期变更调整后的工期总日历天数为判断乙方是否如期竣工的依据。

乙方未按甲方要求开工、工程施工进度迟延或总工期迟延的，甲方有权从履约保证金或应付工程款中扣留违约金，结算价小于等于400万元，违约金为结算价的0.1%/天，累计不超过结算价的5%；结算价大于400万元且小于等于4000万元，违约金为结算价的0.05%/天，累计不超过4%；结算价大于4000万元，违约金为结算价的0.03%/天，累计不超过结算价的3%。未约定合同总价的，违约金不低于2000元/天。

施工过程中施工进度滞后于计划进度，乙方应及时制定纠偏措施，经甲方通知和督促后仍不能整改的，甲方有权按照《××××集团工程奖罚管理办法》规定进行处罚，并按《××××集团承包商失信行为管理实施细则》规定在当月履约评价中进行考核扣分，如果工期延误或滞后的天数超过施工进度计划工期的 30% 以上，在年度承包商履约评价信用等级评定中将乙方直接评定为 D 级。

乙方支付逾期竣工违约金后，不免除乙方继续完成工程及修补缺陷的义务。

44. 使用不合格材料和工程设备

乙方若使用了不合格材料或工程设备的，甲方有权从履约保证金或从未付工程进度款中扣留违约金，违约金为 1 万元/次。

45. 不按时办理变更、签证

乙方在收到甲方或总监理工程师的变更指示后 28 天内办理完变更、签证审批手续，如因乙方原因未在规定期限内办理完，甲方有权按照该项变更、签证预算金额的 5% 对乙方进行处罚；如在两个月内未办理完，甲方有权按照该项变更、签证预算金额的 10% 对乙方进行处罚；如果在 3 个月内未办理完，甲方不予支付该项变更、签证费用。

46. 不按期结算

46.1　乙方原因导致不能在合同约定期限内办理完结算，甲方有权对乙方进行处罚，违约金为签约合同价的 0.05%/天，结算价小于等于 400 万元，违约金累计不超过 10 万元；结算价大于 400 万元且小于等于 4000 万元的，违约金累计不超 20 万元；结算价在 4000 万元以上的违约金累计不超过结算金额的 1%。

46.2　因结算发生争议的，甲乙双方可以共同委托第三方具备资质的机构进行工程造价结算，双方均予认可。

46.3　乙方未在合同约定的时间内提交竣工结算文件，经甲方催促后 14 天内仍未提交、拒不办理结算或不予回复的，甲方有权单方委托第三方具备资质的机构根据已有资料进行工程造价结算，乙方对此结算予以认可。

46.4　移交资料。

乙方拒不按合同约定或甲方要求的期限移交工程施工资料的，甲方有权从应付乙方工程款中扣减签约合同价款的 2% 作为违约金。

47. 转包和违法分包

47.1　认定。

乙方承诺对本合同工程款专款专用，除本合同工程施工的必要支出外，不得将工程款转移支付给任何个人或单位。甲方可在施工过程中及施工完毕后 5 年内，查阅、检查、监督本项目工程款资金流向，乙方应予以配合。乙方对资金使用情况不能提供有效合法的票据或凭证予以证明的，视为转包或违法分包。

47.2　责任。

甲方认定乙方存在转包或违法分包的，乙方应向甲方支付签约合同价 20% 的违约金，同时，甲方有权取消乙方 3 年内参加甲方项目的投标（或报价）资格。

48. 罚款

甲方依照本合同中约定的制度、规定做出对乙方的处罚，应向乙方出具书面《罚款通知书》，该通知书到达合同中约定的乙方任何联系方式，即为送达，乙方应在《罚款通知书》上签字同意，未签字同意并且未在送达后 3 日内提出异议的，视为乙方同意。

因乙方原因造成政府及相关部门对甲方的所有处罚，罚金全额由乙方承担。

49. **扰乱秩序**

乙方人员或乙方的分包商、材料供应商等相关人员在施工现场或甲方办公场所采用静坐、示威、哭闹、围堵、拉横幅等不当行为影响甲方正常工作的，甲方有权要求乙方在限定时间内协调解决；未在限定时间内协调解决的，对乙方处以签约合同价3%～5%的罚款；由此造成甲方损失的，乙方应予赔偿。

50. **乙方其他违约行为及责任**

50.1　乙方存在以下情形之一的，甲方有权对乙方处以不低于1万元/次的罚款。

（1）实际到施工现场的主要人员和用于本工程的主要施工机械与投标书严重不符。

（2）工程进度与投标书中所报计划严重背离等。

（3）乙方实际提供的施工组织机构、施工机具型号，主要施工人员的身份证、安全资格证、上岗证、特殊工种操作证等与投标文件相对应的部分及国家有关安全生产条例严重不符。

（4）乙方未在现场设立维权信息公示牌。

（5）乙方未及时或全面办理本合同约定的应由乙方投保的保险险种。

（6）乙方未在约定时间内提交分包合同副本。

（7）乙方违反本合同项下其他相关约定。

50.2　乙方在合同履行中有以下行为的，甲方有权取消其一定期限内参与甲方采购项目的投标人或报价人资格。

（1）未经甲方同意擅自更换合同约定的原材料、零部件的。

（2）不能按合同约定完成相关事项，给甲方造成损失的。

（3）偷工减料、以次充好降低工程质量，拖延工期的。

（4）在质保期内出现质量问题，不按合同规定进行处理影响安全稳定运行的。

（5）在履行合同过程中，发生安全、环保事故，出现质量问题，给甲方造成较大经济损失或不良社会影响的。

（6）擅自解除、终止合同的。

（7）乙方因侵犯第三方知识产权引起诉讼纠纷的。

（8）其他根本违约情形。

51. **迟延支付**

除非甲方依照法律或本合同约定有被豁免的理由，甲方无正当理由拒付合同价款并且迟付款超过3个月的，乙方有权要求甲方承担延期支付金额的同期银行存款利息。

52. **违约金不设上限**

双方承担违约金的金额合计计算，不做增减调整。

索　赔

53. **任何索赔通知均应当采用书面形式**

54. **乙方的索赔**

乙方认为发生停工、窝工、追加付款、延长工期等索赔事件的，应在知道或应当知道索赔事件发生后28天内，向甲方递交索赔报告，说明发生索赔事件的事由，并附必要的记录、证明材料和索赔金额计算依据等材料。乙方未在前述28天内发出索赔报告的，视为丧失向甲方索赔的权利；工程竣工结算时乙方无权再提出任何索赔。

对乙方索赔的处理如下。

（1）甲方应在收到索赔报告后的28天内，向乙方出具索赔处理结果。

（2）乙方接受索赔处理结果的，索赔款项从当期进度款中支付；乙方不接受甲方索赔处理结果的，按照第60条约定处理。

55. 甲方的索赔

甲方认为发生要求乙方赔付金额、违约金、罚款和（或）延长质量保修期等索赔事件的，甲方应向乙方发出通知并附必要的证明材料。

56. 对甲方索赔的处理如下

（1）乙方应在收到索赔报告后28天内，将索赔处理结果答复甲方。如果乙方未在上述期限内作出答复，视为认可甲方的索赔要求。

（2）乙方接受索赔处理结果的，甲方可从应支付给乙方的合同价款中扣除赔付的金额或延长质量保修期；甲方不接受乙方索赔处理结果的，按第60条约定处理。

不可抗力

57. 不可抗力

57.1　签约双方任一方由于受诸如战争、严重火灾、洪水、台风、地震等不可抗力事故的影响而不能执行合同时，履行合同的期限应予以延长，延长的期限应相当于事故所影响的时间。

57.2　受阻一方应在不可抗力发生后及时通知对方，并于事故发生后14天内将有关当局出具的证明文件用特快专递或挂号信寄至对方审阅确认。一旦不可抗力事故的影响持续120天以上，双方应通过友好协商在合理的时间内达成进一步履行合同或者终止合同的协议。

知识产权

58. 赋予甲方知识产权

58.1　除合同另有约定外，甲方提供给乙方的图纸、甲方为实施工程自行编制或委托编制的技术规范以及反映甲方要求的或其他类似性质的文件的著作权属于甲方，乙方可以为实施工程或实现合同目的而复制、使用此类文件，但不能用于与合同无关的其他事项。未经甲方书面同意，乙方不得为了合同以外的目的而复制、使用上述文件或将其提供给任何第三方。

58.2　乙方负责设计、施工的工程，乙方的施工方案、施工行为侵犯第三方知识产权的，由乙方独立向第三方承担全部责任。甲方审查施工方案、验收工程、使用乙方交付的成果，不影响乙方独立承担责任。

58.3　如果乙方完成的工程中包含其本人或者任何第三方的知识产权，乙方在向业主移交工程时，应当同时签发保障业主有权使用该等知识产权的许可证明。如果业主因使用该工程而受到任何第三方的知识产权追诉，无论乙方是否向甲方签发知识产权许可证明，乙方都有义务向权利主张人进行澄清；当这种指控不可避免时，乙方应当自负费用代替或代表业主进行抗辩，并承担相关责任。如果乙方拒负责任，业主可以就其处理该事务的所有开支向乙方追偿。

58.4　除合同另有约定外，乙方在合同签订前和签订时已确定采用的专利、专有技术、技术秘密的使用费已包含在签约合同价中。

59. **保密资料**

除非资料所有人同意，甲方与乙方对保密资料负保密责任，该责任适用于分包方（如果有）。

其　他

60. **争议解决**

60.1　在执行本合同中发生的或与本合同有关的争端，双方应友好协商解决，协商不能达成一致的，双方均应向甲方所在地人民法院提起诉讼。

60.2　在双方争议解决过程期间，除有争议的事项本身外，合同其他部分继续执行。

附录1：甲供材料清单

序号	材料名称	品牌与规格	单位	数量	单价	不含税金额	税额	合计含税价

附录2：材料、工程设备暂估价表

序号	材料、工程设备名称	品牌与规格	单位	数量	单价	不含税金额	税额	合计含税价

附录3：专业工程暂估价表

序号	材料名称	品牌与规格	单位	数量	单价	不含税金额	税额	合计含税价

附录4：甲方制度清单

序号	制度名称	发文文号	下发时间	备注

合同范例13

专业化服务合同

委托方（甲方）：________________________

受托方（乙方）：________________________

签订时间：______年____月____日

签订地点：______________________________

双方基本信息

委托方（甲方）：

法定代表人/企业负责人：

住 所 地：

电 话： 传 真：

电 子 信 箱：

项目联系人：

电 话： 电子信箱：

受托方（乙方）：

法定代表人/企业负责人：

住 所 地：

电 话： 传 真：

电 子 信 箱：

项目联系人：

电 话： 电子信箱：

甲、乙双方依据____________________结果，甲方委托乙方为甲方____________________项目提供专业化服务，根据《中华人民共和国民法典》及相关法律规定，达成本协议，共同恪守。

1. 合同组成说明

本合同组成文件（a）合同正文；（b）合同附件：附件1《服务内容与标准》、附件2《乙方设备、设施明细表》、附件3甲方单位制度、附件4《双方相互提供资料表》、附件5《乙方服务人员信息表》、附件6《安全协议》；（c）招标文件；（d）投标文件；（e）其他：____________________。

上述各项文件内容冲突时，前项效力优于后项效力。

2. 专业化服务的内容与标准

详见附件 1《服务内容与标准》①。

3. 服务地点

____。

4. 服务期限

自______年______月______日起至______年______月______日止。

乙方实际服务开始日期与本条约定期限不一致的，服务期以实际起始时间为准；实际起始时间迟于约定服务期限起始日的，服务期限不予顺延。

5. 履约保证金

按____________________执行，合同履行完毕后，退还履约保证金，约定质保期的，质保期为______年，待质保期满后，履约保证金退还乙方。

5.1 设立履约保证金。

5.1.1 履约保证金为合同总金额的______%（注：一般在1%～10%），在签订合同前，乙方向甲方一次性提交，招标文件另有规定的按招标文件执行。

5.1.2 乙方违反本合同约定、不履行合同或不完全履行合同的，甲方可根据违约情形扣除相应的履约保证金。保证金被部分或完全扣除后，甲方从支付乙方的服务费中直接扣除补足。

5.1.3 乙方在合同履行过程中，无正当理由擅自终止或中止合同，履约保证金不予退还。

5.2 不设立履约保证金。

6. 服务费金额及支付方式

6.1 服务费金额。

不含税合同单价：¥__________，（大写）_____________________；

不含税预算服务费金额：¥__________，（大写）_____________________；

含税合同单价：¥__________，（大写）_____________________；

含税预算服务费金额：¥__________，（大写）_____________________；

税率：_________________________________。

如遇国家税收政策调整，双方应按新政策执行，但不得因此调整不含税价格。

如甲方的实际服务费超出该预算金额的，甲方可随时书面通知乙方单方解除合同，并不负任何补偿、赔偿责任。

6.2 支付方式②。

6.2.1 支付周期：按__________（A. 月度 B. 季度 C. 半年 D. 年度）支付服务费。

6.2.2 费用结算计算方式：

____。

6.2.3 支付所需票据：

甲方根据本单位财务实际要求填写。

---

① 包括服务的内容与标准、双方配合事项，设施、设备的运输责任划分等。

② 业务部门、单位根据实际情况填写，如合同价款是按月度或季度计算的情况，合同价款有具体的计算方法或者具体构成的等，请详细描述。

6.3 甲方以 转账 方式付款，乙方收款信息如下。

纳税人识别号：______________________。

开户行名称：______________________。

账号：______________________。

地址：______________________。

6.4 其他：______________________。

7. 为保证合同履行，甲乙双方相互提供资料：详见附件4《双方相互提供资料表》

本合同履行完毕后，上述资料如需收回的，提供方应书面通知接收方返还资料，接收方应按时归还。

8. 乙方在服务过程中提供的设备、设施详见附件2《乙方设备、设施明细表》

9. 乙方人员信息

9.1 乙方业务代表人：______________________；

身份证号码：______________________；

联系电话：______________________；

E-mail：______________________。

乙方业务代表人应有乙方法定代表人出具的授权委托书，授权内容应包含业务权限、期限以及个人的基本信息与联系方式。

乙方业务代表人或其相关信息发生变化时，应当重新提供乙方法定代表人授权委托书，否则，甲方按照合同约定向乙方代表人和地址送达的信息有效。

9.2 乙方服务人员信息， 详见附件5《乙方服务人员信息表》 。

10. 权利义务

10.1 甲方权利义务。

10.1.1 甲方依据考核办法，对乙方进行考核，根据考核结果，确定服务费金额。

10.1.2 甲方有权对乙方服务过程中存在的问题提出意见和建议，责令乙方及时整改、完善。

10.1.3 甲方有权审核乙方是否按约定给其服务人员缴纳社会保险费，如乙方未缴纳，按违约追究责任。

10.1.4 对因乙方引起的安全、环保等责任，导致政府部门处罚甲方的，甲方有权从乙方服务费中扣除该处罚费用，并追究其违约责任。

10.1.5 为使乙方有效进行服务工作，甲方需为乙方提供相关资料或者工作条件。

10.1.6 甲方应按合同约定，按时支付乙方服务费。

10.1.7 因甲方人为因素造成乙方服务设备、设施毁损、灭失的，应按照直接损失进行赔偿。

10.2 乙方权利义务。

10.2.1 乙方负责服务设备的安装、调试（含试运行），并做记录，安装、调试记录需经甲方确认。

10.2.2 乙方应接受甲方的管理，因乙方违反相关法律、法规或甲方操作规程等造成的损失，由乙方承担。

10.2.3 乙方应接受甲方的考核结果，考核的制度和规定以甲方实际通知乙方的考核规定为准。若甲方修订制度、办法，以修订后的为准。

10.2.4　乙方不得将已交给甲方挂账的增值税发票私自作废。

10.2.5　质量要求不明确的，按照国家标准、行业标准履行；没有国家标准、行业标准的，按照符合合同目的的特定标准履行。

10.2.6　乙方服务内容涉及入井的，服务人员应当接受甲方的安全培训，取得甲方规定的资格证；地方、行业、国家等特殊工种证由乙方自行办理。

10.2.7　乙方服务人员应当围绕甲方的生产作业计划开展服务。

10.2.8　乙方对甲方的生产、生活、办公等设施、设备造成损坏损毁的，应承担全部赔偿责任。

10.2.9　服务期内，如有国家或地方政府对服务涉及的相关设备和技术有禁止性规定的，乙方应予更换和改进，甲方不承担由此产生的一切费用。

10.2.10　乙方必须为其工作人员缴纳工伤保险等国家规定的其他保险费用。

11. 违约责任

11.1　甲方违约。

11.1.1　甲方无正当理由拒付服务费用并且迟付款超过6个月的，乙方有权要求甲方承担延期支付金额的利息。

11.1.2　甲方无正当理由对乙方服务成果不验收、不接受的，自约定的验收和接受时间届满后3个月起，乙方有权要求甲方支付应付的合同价款。

11.1.3　合同签订后，甲方未按本合同约定或法定情形解除合同的，应向乙方支付服务费用总额10%的违约金。

11.2　乙方违约。

11.2.1　乙方不能按照约定的时间提供专业化服务或者提交服务成果的，每迟延或者中断10天，按年度服务费用总额（年度服务费用总额按招标文件中预测的年度服务费用总额，如招标文件中没有预测的年度服务费用总额，按实际发生的月度平均金额乘以12计算，下同）的2‰向甲方支付违约金；迟延或中断超过50天时，乙方每天按照10‰向甲方支付违约金。如影响甲方整体安全或系统性生产，甲方有权单方面解除本合同，按年度总费用的30%向甲方支付违约金。

11.2.2　乙方提供的服务不符合合同约定的，乙方应在甲方要求的时限内整改完善，未在规定的时限内完成的，乙方应向甲方支付违约金，违约金计算方式：违约发生次数×年度服务费用总额的2‰；一个结算周期内违约发生次数累计不超过5次，超过5次的，甲方可解除合同并不承担补偿或赔偿；前述行为已在甲方日常考核中考评的，不适用此条款。

11.2.3　乙方不按期提供付款所需的相关凭证，迟延30天以内（含30天），违约金为年度服务费用总额的0.05%/天；迟延30天以上，违约金为年度服务费用总额的0.5%/天。

11.2.4　合同签订后，乙方未按合同约定情形或法定情形终止合同执行的，乙方应承担年度服务费用总额30%的违约金。

11.2.5　乙方未给其工作人员缴纳工伤保险等国家规定的其他保险费用，违约金为未缴纳保险人数×年度服务费用总额的2‰。

11.2.6　对因乙方引起的安全、环保等责任，导致政府部门处罚甲方的，甲方有权从乙方服务费中扣除该处罚费用，并追究其违约责任，违约金不低于地方主管部门罚款数额。

12. 索赔

12.1　乙方除应承担不能按照约定的时间提供服务或提供的服务不符合合同的约定的违约责任，

给甲方造成损失的，还应予如下赔偿。

赔偿范围包括但不限于甲方误工和减产损失、替代专业化服务的费用、重新招标（非招标）委托费用、已支付货款的同期银行利息及由此产生的其他费用。

12.2 乙方在收到甲方索赔通知后14天内未作出答复，视为接受甲方的索赔主张。

12.3 对乙方违反合同约定给甲方造成的损失，甲方可从乙方的履约保证金或全部应付乙方款项的余额中扣除。

12.4 乙方合同履约不力或发生争议，甲方可暂停支付货款。

12.5 双方承担违约金的金额合计计算，不做增减调整。

13. 失信行为处置

乙方违反合同约定，甲方有权依据相关制度给予失信行为处置。

14. 合同变更

对本合同的任何变更均应当经双方以书面形式达成一致意见。

15. 合同解除

15.1 发生不可抗力事件，致使本合同的履行成为不必要或不可能的，任一方均可以解除本合同并不承担解约责任。

15.2 甲方解除。

15.2.1 因本协议履行，乙方被甲方或甲方上级集团给予“暂停资格”“取消资格”处置的，甲方可根据实际情况，采取中止、变更、终止、解除合同或暂停付款等措施，且不负任何补偿或赔偿责任。

15.2.2 甲方因上级公司决定、相关政策发生重大调整或富余人员安置等需要终止的，甲方可单方解除合同。

甲方解除合同的，应书面通知乙方，通知送达乙方后，合同解除。

乙方收到上述解除通知后，应立即或按解除通知载明的日期，停止本合同项下的所有工作，为了保护已完成的工作成果的除外。

在甲方履行支付义务或者给予支付保证的前提下，乙方应当：

（1）将截至解除日已完成的工作成果交付甲方。

（2）在解除日将乙方准备的与工作有关的所有文件、资料交给甲方。

（3）将乙方所有的设备、物资搬离，清理现场。

甲方应向乙方支付下列费用：

（1）在解除日之前乙方已完成并验收合格部分的价款。

（2）乙方已支付的并有合法合规票据的订货费用。

（3）乙方为保护工作成果而支出的费用。

（4）在解除日乙方对未执行的工作部分所享有的合理利润额（未完成的工作部分的合同价格×乙方投标时声明的利润率×10%）。

15.3 属乙方过错导致的合同解除。

如果乙方发生下述情形之一，甲方可直接向乙方发出书面解除通知并解除合同。

（1）乙方在服务期限内发生重大安全事故的。

（2）乙方服务不合格，且这种不合格的状况在乙方采取补救措施后仍然存在的。

（3）乙方擅自全部或部分转让合同的。此外应向甲方支付服务费用总额 20% 的违约金并赔偿全部损失。

（4）乙方未向第三方支付本合同项目的相关费用的，或对甲方正常生产工作秩序造成影响的。

（5）违反本合同项下其他相关约定，可能或已经给甲方造成损失的。

收到甲方的解除通知后，乙方应当无条件地做好合同解除后的工作；其提交的所有保证金不予退还；乙方为履行本合同所产生的所有费用由乙方自行负担，乙方无权向甲方提出任何补偿或赔偿要求；甲方可将其列入黑名单。

合同解除后，如给甲方造成损失，乙方应当依据本合同 11.2 和“索赔”之规定予以赔偿。

16. 知识产权

乙方保证提供的服务不侵犯任何第三方的知识产权、技术秘密或其他权利，因侵犯第三人权利引发的任何诉讼、仲裁或其他任何形式的索赔，均由乙方负责处理和承担相应的赔偿责任；如发生本条前述的诉讼、仲裁或索赔，给甲方造成损失的，乙方应赔偿甲方因此遭受的全部损失，包括但不限于向第三方支付的赔偿费用、诉讼费、律师费以及甲方采用替代产品所支出的费用。

17. 争议解决

17.1　因本合同无明确约定发生的任何争议，双方协商解决；协商不成的双方均有权向合同签订地人民法院提起诉讼。

17.2　双方就履行合同、解决合同争议涉及的各类通知、函件等文件以及人民法院、仲裁机构的诉讼文书、仲裁文书的送达及法律后果达成如下约定。

17.2.1　甲方确认以下任意方式可作为有效的送达方式。

（1）直接送达：甲方法定代表人/企业负责人签收或授权代表人签收。

（2）邮寄送达：邮寄地址为____________________，收件人：____________________，电话号码：____________________。

（3）电子邮箱送达：____________________电子邮箱为____________________。

17.2.2　乙方确认以下任意方式作为有效的送达方式。

（1）直接送达：乙方法定代表人/企业负责人签收或授权代表人签收，或本合同第 9 条确定的乙方业务代表人签收。

（2）邮寄送达：邮寄地址为____________________，收件人：____________________，电话号码：____________________。

（3）电子邮箱送达：电子邮箱为____________________，或本合同第 9 条确定的乙方业务代表人的电子邮箱送达。

17.3　双方的送达信息发生变化时，应当于 15 日内通知合同相对方；涉及诉讼或仲裁的，应当于 15 日内通知人民法院或仲裁机构。未履行通知义务，之前所确认的送达方式仍视为有效送达方式。

18. 其他

18.1　乙方应当遵守甲方的规章制度，该规章制度以甲方通知的为准。

18.2　本合同由双方法定代表人或授权人签字并加盖双方单位公章或合同章后生效。本合同一式__________份，甲方执__________份，乙方执__________份，具有同等法律效力。

19. 附件

附件 1：《服务内容与标准》（略）

附件2：《乙方设备、设施明细表》（略）

附件3：甲方单位制度

甲方制度清单

序号	制度名称	发文文号	下发时间	备注

乙方收件人（签字）：　　　　　　　　　　　　时间：　　年　　月　　日

附件4：《双方相互提供资料表》（略）

附件5：《乙方服务人员信息表》（略）

附件6：《安全协议》（略）

其他附件

________合同签字页

甲方：

法定代表人/企业负责人：

签约代表：

乙方：

法定代表人/企业负责人：

签约代表：

合同范例 14

修理合同

甲方（委托方）：______________________

乙方（承揽方）：______________________

签约时间：______年____月____日

签约地点：__________________________

一、协议书

甲乙双方依据____________________，在______签订本合同。

1. 合同组成部分

本合同组成文件：（1）协议书；（2）合同条件；（3）附录：1～______；（4）招标文件；（5）投标文件。

2. 修理项目、数量、价格（可单列附表）

合同金额为人民币：__________元（大写：____________________）。本合同项下的修理项目、内容、分项价格、单价等详见附录1。

乙方纳税主体身份：____________________________。（A. 一般纳税人 B. 小规模纳税人）

3. 乙方的材料提供与检验

3.1 乙方提供的材料包括但不限于下表内容。

序号	材料名称	生产厂商	规格型号	计量单位	数量	预算单价
1						
2						
3						

3.2 材料的检验：执行以下第（　　）项约定。

（1）按合同条件执行。

（2）双方做如下具体约定：__________________。

4. 工期、交付地点

修理期限自______年______月______日起至______年______月______日止。

交付地点：____。

5. 待修标的物交付地点与明细

待修标的物交付地点：________________________________。

待修标的物交付时间：________________________________。

待修标的物明细：见技术附件。

6. 修理的技术标准和质量要求

下列第________项构成本条约定内容，相互间要求不一时，后项效力优于前项。

6.1 标准：________________________________。

6.2 甲方在招标或谈判前的技术答疑以及招标、谈判过程中提出的要求。

6.3 本合同附录2：技术文件。

7. 旧件回收

旧件________（交回/不交回）甲方指定地点：________，费用由乙方承担。

8. 价款结付

8.1 标的物初验合格后，乙方提供发票挂账，先付________；终验合格后再付________。

8.2 付款条件见合同条件及附录。

9. 乙方业务代表人

乙方业务代表人：__________；身份证号码：__________；联系电话：__________；E－mail：__________。

乙方业务代表人或其相关信息发生变化时，应当重新提供乙方法定代表人授权委托，否则甲方按照合同约定的乙方代表人信息的送达有效。

10. 质保期：________________________，质保金：________________________。

其他约定：________________________。

11. 合同生效

本合同由双方法定代表人或授权签字人签字并加盖单位公章或合同专用章后生效。本合同一式______份，甲方______份，乙方______份，具有同等法律效力。

甲方：________________	乙方：________________
法定代表人：________________	法定代表人：________________
签约代表：________________	签约代表：________________
地址：________________	地址：________________
纳税人识别号：________________	纳税人识别号：________________
开户银行：________________	开户银行：________________
账号：________________	账号：________________

二、合同条件

1. 合同组成部分

本合同条件是合同文件的组成部分，合同条件中与协议书约定不一致的，以协议书为准，协议书中未作出约定的执行本合同条件。技术内容以技术文件为准，其他内容以协议书、合同条件为准。

2. 释义

2.1 用户：指合同约定标的物的具体使用单位。

2.2 工期：指乙方全面完成修理任务并将标的物运抵初验现场的时间。

2.3 初验：指甲方或其受托人为接收修理后的标的物而对乙方工作成果进行的检验。

2.4 终验：指甲方为接受乙方工作成果而对该成果进行的确认性验收。通常，结论为合格的终验应在质保期满时做出，否定性终验可以在质保期以内任一时间做出。

2.5 质量保证：在质保期内，乙方保证对标的物修理质量缺陷承担全部责任。

2.6 合同金额：指待修标的物交付乙方起至初验合格后交付甲方期间产生的人工费、材料费、装卸费、往返运费、包装费、保险费、检验费、税费等一切费用，双方另有约定的除外。

2.7 逾期交工时的计价规则：乙方逾期交工时，结算价格不超过本合同价。市场价格下降时，甲方可依下降幅度下调合同价。

2.8 质保期：指标的物初验合格之日起一年，双方另有约定的除外。

2.9 隐蔽缺陷：指未在质保期内被发现但客观存在的质量缺陷，包括但不限于安全性能、维修材料、修理工艺等的缺陷。本合同中，甲方依照正确方法但不能正常使用标的物即可发出“隐蔽缺陷报告”，证明不存在隐蔽缺陷的责任归乙方。

2.10 乙方附随义务：本合同中，乙方除依照约定进行工作外，同时承担以下附随义务。(1) 检验检测的义务，包括修理前对标的物的状态检测，修理过程中的各环节检测、材料检测，修理后的检测与试验等；(2) 告知与通知的义务，包括告知甲方修理工艺、检验检测结果，通知甲方对关键部位、隐蔽工程以及整体工作成果进行验收；(3) 合同有效期后的跟踪服务等。

2.11 甲方规章制度：指由甲方或甲方上级公司制定的，其适用对象、适用范围扩大到包括乙方在内，并已经乙方接受的规章制度。其构成要件是，甲方制定的规章制度已经以制度内容或制度文件索引的方式告知乙方；乙方在知道或应当知道甲方的规章制度满5日时没有提出不予接受的书面反对意见。但是如果甲方是以招标文件的方式告知乙方要求乙方执行的规章制度的，乙方在投标文件中没有提出不予接受的反对意见，则视为乙方于投标文件送达甲方之时起即接受甲方的规章制度。

3. 甲方对乙方提供材料的检验

3.1 乙方应当对自制或外购材料进行检验，禁止使用不合格材料。

3.2 甲方保留对材料进一步检验的权力。但甲方未检验以及检验合格的结论不得作为乙方免除对材料质量负责的理由和证据。

3.3 乙方免费提供甲方为检验而需要的标准、技术资料、检测设备，但不承担委托方检验人员的工资、旅差费。

3.4 甲方检验或委托检验的结果和乙方结果不一致的，乙方有权提出异议，该异议应当在检验报告出具后一周内向甲方书面提出。

双方无法就检验结果达成一致意见时，可以另行共同委托专业检验机构检验，该检验结果除被司法检验推翻外为最终结果。

3.5 双方商定甲方将对材料做进一步检验的，乙方应当及时通知甲方检验。未商定时，乙方应当在检验条件成熟时提示甲方检验。

4. 对技术资料（含图纸）的审查与保密要求

4.1 技术资料审查：对甲方而言，审查是甲方的权力，甲方不保障技术资料的正确性；对乙方而言，若技术资料存在缺陷，且该等缺陷应被发现但没有被发现或提出的，乙方负无偿处理的责任。

4.2 任何技术资料持有人未经所有人许可，不得转让、泄露或不正当使用技术资料。

5. 初验

5.1 初验时间：在标的物抵达的交货地点并具备验收条件后7个工作日内开始。

乙方未经甲方同意，擅自变更交货地点，甲方有权不予验收，由此造成的损失由乙方承担。

5.2 标准和方法：甲方按照合同约定进行初验。

5.3 初验报告：初验报告由双方共同签字确认，乙方拒绝签字时甲方可单方出具。乙方对初验报告有异议，应在报告出具前书面提出。

5.4 初验效力：初验合格是甲方接受乙方工作成果的条件，但不得被乙方援引为证明其修理无缺陷的充分证据；初验不合格时甲方有权拒绝接受并索赔。

6. 安装调试与终验

6.1 如标的物需要安装调试的，乙方应当负责协助甲方进行安装调试，当安装或者调试达不到要求时，乙方应当负责分析原因，立即返修不合格品并解决安装调试过程中出现的技术问题。

6.2 通常情况下，质保期满甲方/用户未就乙方标的物提出任何异议，即为终验合格；若质保期内任一时间，甲方/用户提出了异议，除乙方证明并经甲方/用户认可质量无缺陷外，均为终验不合格。甲方可据此要求乙方承担责任并索赔。

7. 价款结付

7.1 付款条件：标的物验收合格挂账后分期付款；在质保期满后，符合合同约定的，支付质保金。

验收单项目名称应与价格明细表项目名称保持一致。

如遇国家税收政策调整，双方应按新政策执行，不得由于国家税收政策原因调整不含税价格。

7.2 方式：所有价款均通过银行转账结付。

7.3 币种：人民币。

7.4 付款单据。

7.4.1 按合同总金额开具增值税专用发票。乙方不得将交给甲方的增值税专用发票私自作废。

7.4.2 验收单正本。

7.5 乙方须在验收单出具后30天内向甲方当面提供办理挂账所需的相关凭证。

8. 合同解除

8.1 发生下列情形之一时，甲方有权单方解除合同并索赔：（1）乙方逾期交工超过14日历日时；（2）乙方修理存在缺陷致甲方无法或者难以正常对标的物进行利用时；（3）乙方未经甲方同意自行将本合同项下的主要任务或关键工作转交第三人实施时；（4）经甲方考核或评议不合格的；（5）累计出现3次及以上维修质量问题的；（6）乙方未按技术附件规定使用相关配件、工艺及材质修理的；（7）乙方由一般纳税人变更为小规模纳税人的。

合同签订后，因甲方上级公司或甲方运营政策改变难以执行或无法继续履行的，甲方比照“缔约过失责任”的赔偿范围承担责任。但应就此向乙方送达书面通知，通知送达乙方后，合同解除。

8.2 发生《中华人民共和国民法典》第五百六十三条规定情形或者甲方无正当理由拒付合同价款超过6个月的，乙方有权单方解除合同并索赔。

9. **保证与索赔**

9.1 乙方保证遵守甲方规章制度。

9.2 如果乙方所交标的物（包括双方约定的物件）在数量、质量、性能或其他方面与协议和合同规定不符，并且甲方已根据协议和合同提出了索赔，乙方应在征得甲方同意后，按下列一种或几种方法赔付。

9.2.1 返修：初验时或质保期内出现质量问题，乙方除免费返修外，还应承担违约责任（违约金计算方式为以该返修件的维修费用为基础乘以对应的比率。即50万（含）元以上为10%，20万（含）~50万元为15%，10万（含）~20万元为20%，1万（含）~10万元为30%，1万元以下为50%）

9.2.2 退款：修理质量和修理内容没有达到合同要求，乙方退还甲方已支付的合同价款。

9.2.3 补偿：补偿甲方自行解决修理质量问题所产生的费用。

乙方除按前款承担责任外，还应承担给甲方造成的损失，包括但不限于装卸费、安装调试费、甲方误工减产损失、重新修理的费用以及甲方为处理纠纷或者减轻损失产生的费用。

9.3 如果乙方在收到甲方索赔通知后14天内未作出答复，视为乙方接受甲方的索赔主张。

9.4 发生质量问题，索赔谈判期间，甲方有权暂停支付价款。

10. **违约责任**

10.1 迟延交工。

乙方未按照合同约定的期限交工，应向甲方支付违约金。违约金为每天按逾期部分价款的1%计算。

10.2 单方终止合同。

在合同履行过程中，乙方单方终止合同的，应向甲方支付合同金额的30%作为违约金，并被列入甲方供应商黑名单。

10.3 合同转让。

未经得甲方书面同意，本合同严禁全部或部分转让。乙方擅自转让合同的，应向甲方支付与其获得利润双倍的违约金，并被列入甲方供应商黑名单。给甲方造成损失的，应赔偿损失。

10.4 滞后结算。

由于乙方原因导致不能在合同约定期限内办理完结算，乙方向甲方支付违约金。应在竣工验收合格后1个月内完成结算，结算滞后60天以内（含60天），违约金为合同金额的5%；结算滞后60天以上，违约金为合同金额的10%；如甲方发函催促仍不及时结算的违约金为合同金额的20%。

10.5 延期付款。

甲方无正当理由拒付合同款并且迟付款超过6个月的，乙方有权要求甲方承担延期支付金额的利息。

10.6 违约金总额不设上限。

双方承担违约金的金额合计计算，不做增减调整。甲方可从合同金额中扣除乙方违约金。

10.7 因本协议履行，乙方被××集团给予“暂停资格”“取消资格”处置的，甲方可根据实际情况，采取中止、变更、终止、解除合同或暂停付款等措施，且不负任何补偿或赔偿责任。

10.8 其他违约。

乙方违反本合同其他约定的，应当赔偿因此给甲方造成的全部损失并向甲方支付合同金额10%的违约金。

11. **知识产权**

乙方保证所交标的物不侵犯任何第三方的知识产权、技术秘密或其他权利，因侵犯第三人权利引发的任何诉讼、仲裁或其他任何形式的索赔，由乙方负责处理和承担相应的赔偿责任；如发生本条前述的诉讼、仲裁或索赔，给甲方造成损失的，乙方应负责赔偿甲方因此遭受的全部损失，包括但不限于赔偿费用、诉讼费、律师费以及甲方采用替代备件所支出的费用。

12. **环保责任**

无论乙方在甲方现场还是返厂维修，在作业过程中由于乙方自身原因所造成的废油、废气等环保事件，所造成的损失和责任均由乙方自行承担。

13. **争议解决**

因本合同发生的任何争议，双方协商解决；协商不成的双方均有权向合同签订地人民法院提起诉讼。

三、附录

附录1：修理内容及明细表

序号	项目名称	细目	规格型号/件号	计量单位	数量	不含税单价	含税单价

不含税总价：____________________含税总价：____________________

税率：____

附录2：技术文件

（包括但不限于技术协议、技术标准或要求、设计联络、配套责任、加工制造工艺、质量控制体系和措施、质量保证期限、外协件、备件出厂前检验、技术服务、安装、检验、调试、试运行及验收、技术资料与图纸等）

如无特殊要求，请填写__________（填写内容：无）

合同范例15

技术开发合同
（技术服务、咨询合同参照修改）

合同编号：______________________________

项目编号：______________________________

项目名称：______________________________

委托方（甲方）：__________________________

受托方（乙方）：__________________________

签订时间：______________________________

签订地点：______________________________

有效期限：______________________________

填写说明

一、本合同为技术开发（服务、咨询）合同示范文本。

二、本合同书适用于一方当事人委托另一方当事人进行新技术、新产品、新工艺、新材料或者新品种及其系统的研究开发所订立的技术开发合同。技术服务、技术咨询合同格式参照本合同。

三、签约一方为多个当事人的，可按各自在合同关系中的作用等，在“委托方”“受托方”项下分别排列为共同委托人或共同受托人。

四、本合同书未尽事项，可由当事人附页另行约定，并可作为本合同的组成部分。

五、当事人使用本合同书时约定无须填写的条款，应在该条款处注明“无”等字样。

六、合同甲方为××××批复的科技创新项目承担单位，合同乙方为项目研发单位。若合同乙方为联合体，合同签订方为联合体牵头单位。联合体协议作为本合同附件。

委托方（甲方）：________________________
住　所　地：________________________
法定代表人：________________________
项目联系人：________________________
通 信 地 址：________________________
电　　话：________________________　　传　　真：____________________
电 子 信 箱：________________________
受托方（乙方）：________________________
住　所　地：________________________
法定代表人：________________________
项目联系人：________________________
通 信 地 址：________________________
电　　话：________________________　　传　　真：____________________
电 子 信 箱：________________________

甲方委托乙方研究开发________________项目，乙方接受委托进行此项研究开发工作，并保证具有项目研究开发的相关资质。根据《中华人民共和国民法典》有关技术合同的规定及其他相关法律法规的规定，双方经过平等协商，在真实、充分地表达各自意愿的基础上，就如下条款达成一致，并由双方共同恪守。

第一条　本合同研究开发项目的要求如下。

1. 技术目标：________________________________。
2. 技术内容：＿（包括主要研究内容、技术关键及达到的主要技术经济指标等）＿。
3. 技术方法和路线：＿（包括采用的研究方法与技术手段、主要技术路线及工艺流程等）＿。

（详细技术方案以附件形式作为合同的组成部分）

第二条　乙方应在本合同生效后________日内向甲方提交研究开发的具体计划。研究开发计划应包括以下主要内容。

1. ____。
2. ____。
3. ____。
4. ____。

第三条　乙方应按下列进度完成研究开发工作。

1. ____。
2. ____。
3. ____。
4. ____。

第四条　乙方应指派专人开展本合同约定项目的研究开发工作（项目负责人及课题组主要研究人员名单详见附件________），按照本合同规定的内容、时间和份数向甲方交付研究报告，对提交的研究报告的质量负责，并对研究报告出现的遗漏或错误负责修改或补充。乙方如需变更项目研究的课题组主要成员，须事先征得甲方的书面同意。

第五条　甲方应向乙方提供的技术资料及协作事项如下。

（1）技术资料清单：____。

（2）提供时间和方式：____。

（3）其他协作事项：____。

本合同履行完毕、终止或者一方解除合同后，上述技术资料按以下方式处理：_全部归还甲方，包括各种形式的原件和复印件_。

第六条　甲方应按以下方式支付研究开发经费和报酬。

1. 研究开发经费和报酬总额为________________，其中：

（1）____。

（2）____。

（3）____。

（4）____。

除此以外，甲方不再向乙方支付任何费用。

2. 研究开发经费由甲方_分期_（一次、分期或提成）支付乙方，乙方应在甲方付款前向甲方提供正式的发票，发票抬头为________。具体支付方式和时间如下。

（1）合同签订生效后________日内支付价款的_10%_，共计________元。

（2）____年____月____日前乙方根据本合同要求的进度计划提供阶段性报告，甲方评估通过后支付价款的_20%_，共计________元。

（3）____年____月____日前乙方根据本合同要求的进度计划提供阶段性报告，甲方评估通过后支付价款的_40%_，共计________元。

（4）乙方提交最终书面成果并经甲方验收合格后____________个工作日内，甲方支付余下的_30%_，共计________元。

（注：根据项目情况，可以适当调整支付价款的阶段及比例）

3. 乙方开户银行名称、地址和账号如下。

开户银行：____。

地　　址：____。

账　　号：____。

第七条　本合同的研究开发经费由乙方全部用于合同约定的本项目研究工作，并单独设立台账，以项目研发的方式使用。甲方有权以不定期到乙方现场抽查、查账，以及要求乙方按进度计划提供研究工作进展情况等方式检查乙方进行研究开发工作和使用研究开发经费的情况，但不得妨碍乙方的正常工作。

第八条　本合同的变更必须由双方协商一致，并以书面形式确定。但有下列情形之一的，甲方可以向乙方提出变更合同权利与义务的请求，乙方应当在日内予以答复，逾期未予答复的，视为同意。

1. ____。

2. ____。

3. ____。

4. ____。

第九条 未经甲方同意，乙方不得将本合同项目部分或全部研究开发工作转让第三人承担。

第十条 在本合同履行中，因出现在现有技术水平和条件下难以克服的技术困难，导致研究开发失败或部分失败的，双方按如下约定承担技术风险损失：______________________________。

双方确定，本合同项目的技术风险按____________________的方式认定。认定技术风险的基本内容应当包括技术风险的存在、范围、程度及损失大小等。认定技术风险的基本条件如下。

1. 本合同项目在现有技术水平下具有足够的难度。

2. 乙方在主观上无过错且经认定研究开发失败为合理的失败。

乙方发现技术风险存在并有可能使研究开发失败或部分失败时，应当在__________日内通知甲方并采取适当措施减少损失。逾期未通知并未采取适当措施而致使损失扩大的，该方应当就扩大的损失承担赔偿责任。

第十一条 在本合同履行中，因作为研究开发成果的技术已经由他人公开（包括以专利权方式公开），一方应在__________日内通知另一方解除合同。逾期未通知并致使另一方产生损失的，另一方有权要求予以赔偿。

第十二条 乙方因履行本合同应遵守的保密义务如下。

1. 保密内容（包括技术信息和经营信息）。

（1）基于本合同而获悉的甲方技术信息和经营信息。

（2）本合同项下的研究成果和/或阶段性研究成果 。

（3）____。

2. 涉密人员范围：__乙方研究队伍及乙方所有可能接触本项目材料的人员__。

3. 保密期限：自本合同签订之日起__________年。

4. 泄密责任：未经甲方书面许可，乙方不得泄露上述保密信息内容。如乙方违反本条规定泄密的，乙方应赔偿甲方因此受到的全部损失。

5. 不论本合同是否变更、解除或终止，本条款不受其影响而继续有效。

第十三条 乙方应当按以下方式向甲方交付研究开发成果。

1. 研究开发成果交付的形式及数量：____________________。

2. 研究开发成果交付的时间及地点：____________________。

第十四条 双方确定，按以下标准及方法对乙方完成的研究开发成果进行验收：______________

____。

第十五条 乙方应当保证其交付甲方的研究开发成果不侵犯任何第三人的合法权益。如发生因甲方实施乙方交付的研究成果而被第三人指控侵权的，乙方除应当承担侵权责任外，还应退还甲方向其支付的全部研发费用，并赔偿甲方因此受到的损失 。

第十六条 双方确定，因履行本合同所产生的研究开发成果及其相关知识产权权利归属，按下列方式处理。

1. ______（甲、乙、双）______方享有申请__专利__的权利。权利取得后的使用和有关利益分配方式如下：____________________。

2. 技术秘密处理方式。有关使用和转让的权利归属及由此产生的利益按以下约定处理。

（1）技术秘密的使用权：____。

（2）技术秘密的转让权：____。

（3）相关利益的分配办法：____。

第十七条 乙方不得在向甲方交付研究开发成果之前，自行将研究开发成果转让给第三人或许可第三人使用，研究期间，未经甲方同意，不得以各种形式公开发表相关研究开发成果内容；对于研究期间获取的与本研究开发项目有关的国内外信息、资料及研究成果在项目验收前，不得发表或在相关论文中引用，否则甲方有权追究违约责任。

第十八条 乙方利用研究开发经费所购置与研究开发工作有关的设备、器材、资料等财产，归__________所有。

第十九条 双方确定，乙方应在向甲方交付研究开发成果后，根据甲方的请求，为甲方指定的人员提供技术指导和培训，或提供与使用该研究开发成果相关的技术服务。

1. 技术服务和指导内容：____。

2. 地点和方式：____。

3. 费用及支付方式：__________（免费或另行签署服务协议）__________。

第二十条 双方确定：任何一方违反本合同约定，造成研究开发工作停滞、延误或失败的，按以下约定承担违约责任。

1. 甲方未按照合同约定提供必要的数据和资料，影响乙方工作进度和质量的，合同履行期限顺延。甲方逾期两个月不提供或者不补充有关技术资料、数据和工作条件，导致乙方无法开展工作的，乙方有权解除合同，甲方对此应当支付合同总价款______%的违约金。

2. 甲方未按照合同约定支付报酬的，每逾期一日，支付应付款项______%的违约金，但最高不超过合同总价款的______%。

3. 乙方未按合同进度要求开展相关工作，经甲方提示后仍未改进的，甲方有权解除合同，乙方应当返还已收取的报酬，并支付合同总价款____%的违约金。

4. 乙方延迟提交研究开发成果的，每逾期一日，应支付合同总价款______%的违约金；乙方逾期______天以上未提交研究开发成果的，甲方有权解除合同，乙方应当返还已收取的报酬，并支付合同总价款______%的违约金。

5. 乙方提交的研究开发成果经验收不符合合同约定，经修改后仍不符合合同要求的，应当退还已收取的报酬，支付合同总价款____%的违约金并赔偿甲方因此遭受的全部损失。

6. ____________________方违反本合同第______条约定，应当____________________。

（支付违约金或损失赔偿额的计算方法）

7. ____________________方违反本合同第______条约定，应当____________________。

（支付违约金或损失赔偿额的计算方法）

第二十一条 双方确定，甲方有权利用乙方按照本合同约定提供的研究开发成果进行后续改进。由此产生的具有实质性或创造性技术进步特征的新技术成果、知识产权、商业秘密、技术秘密和其他合法权利归＿甲方＿所有。

乙方有权在完成本合同约定的研究开发工作后，利用该项研究开发成果进行后续改进。由此产生的具有实质性或创造性技术进步特征的新技术成果、知识产权、商业秘密、技术秘密和其他合法权利，如果是在保密期限内完成的，归甲乙双方所有；如果是在保密期限外完成的，归乙方所有，但甲方有优先使用的权利。

第二十二条 双方确定，在本合同有效期内，甲方指定__________为甲方项目联系人，乙方指定

__________为乙方项目联系人。项目联系人承担以下责任。

1. ____。

2. ____。

一方变更项目联系人的，应当及时以书面形式通知另一方。未及时通知并影响本合同履行或造成损失的，应承担相应的责任。

第二十三条 双方确定，出现下列情形，致使本合同的履行成为不必要或不可能的，一方可以通知另一方解除本合同，其间产生的费用由双方协商解决。

1. 因自然灾害以及国家计划或政策调整等不可抗力的原因，使合同无法履行或履行无意义时。

2. ____。

第二十四条 双方因履行本合同而发生的争议，应协商解决。协商不成的，确定按以下第__________种方式处理。

1. 提交__________仲裁委员会在__________裁决，按照申请仲裁时该会现行有效仲裁规则进行仲裁，仲裁裁决是终局，对双方均有约束力。

2. 依法向__________所在地人民法院起诉。

第二十五条 与履行本合同有关的下列技术文件，为本合同的组成部分，与本合同具有同等法律效力，如与本合同有矛盾的，以本合同为准。

1. 项目详细技术文件，含研究内容、关键技术、验收考核指标、实施方案、技术路线、年度计划及控制节点、经费预算及用途等。

2. ____。

第二十六条 双方确定本合同及相关附件中所涉及的有关名词和技术术语，其定义和解释如下。

1. ____。

2. ____。

3. ____。

第二十七条 双方约定本合同其他相关事项。

1. ____。

2. ____。

第二十八条 本合同正本一式__________份，甲方持有__________份，乙方持有__________份。均具有同等法律效力。

第二十九条 本合同经双方法定代表人或其授权代表人签字并加盖单位公章或合同专用章之日起生效。

（以下无正文）

甲方：________________________________（盖章）

法定代表人/授权代表人：______________（签名）

______年____月____日

乙方：________________________________（盖章）

法定代表人/授权代表人：______________（签名）

______年____月____日

合同范例16

合同编号：________________________

____________项目
信息化咨询服务合同

委 托 方：________________________

受 托 方：________________________

签订日期：______年______月______日

＿＿＿＿＿＿＿项目

信息化咨询服务合同

本合同由以下双方于＿＿＿年＿＿＿月＿＿＿日在＿＿＿＿＿签订。

委托方：＿＿＿＿＿＿＿＿＿＿＿＿＿＿＿＿＿＿＿（以下简称“甲方”）

法定代表人：＿＿＿＿＿＿＿＿＿＿＿＿＿＿＿＿

住所：＿＿＿＿＿＿＿＿＿＿＿＿＿＿＿＿＿＿＿＿

受托方：＿＿＿＿＿＿＿＿（以下简称“乙方”）

负责人/法定代表人：＿＿＿＿＿＿＿＿＿＿＿＿

住所：＿＿＿＿＿＿＿＿＿＿＿＿＿＿＿＿＿＿＿＿

（上述“甲方”和“乙方”以下合称为“双方”，单称为“一方”。）

鉴于：

（1）甲方因推进＿＿＿＿＿＿＿＿＿＿＿＿＿项目（以下简称“项目”），需要聘请专业机构提供＿＿＿＿＿＿＿＿＿＿＿咨询服务。

（2）乙方为一家＿＿＿＿＿＿＿＿＿＿＿，在＿＿＿＿＿＿＿＿＿＿＿方面具有丰富的专业经验。

（3）乙方同意向甲方提供，且甲方同意接受乙方所提供的列于本合同及其附件《项目信息化咨询服务任务书》中的咨询服务。

基于以上情况，根据《中华人民共和国民法典》等相关法律法规，经双方协商一致，就＿＿＿＿＿事宜签订合同如下。

1. 项目概况

1.1　项目名称：＿＿＿＿＿＿＿＿＿＿＿＿＿＿＿＿＿。

1.2　项目目标：＿＿＿＿＿＿＿＿＿＿＿＿＿＿＿＿＿。

1.3　项目启动时间：＿＿＿＿＿＿＿＿＿＿＿＿＿＿。

1.4　项目其他情况：＿＿＿＿＿＿＿＿＿＿＿＿＿＿。

2. 咨询服务内容及工作要求

2.1　咨询服务内容。

2.1.1　乙方应按照本合同及附件规定的条款和条件，为甲方提供项目下列范围的咨询服务。

（1）＿＿＿＿＿＿＿＿＿＿＿＿＿＿＿＿＿＿＿＿＿＿＿＿＿＿＿＿＿＿＿＿＿＿＿。

（2）＿＿＿＿＿＿＿＿＿＿＿＿＿＿＿＿＿＿＿＿＿＿＿＿＿＿＿＿＿＿＿＿＿＿＿。

（3）＿＿＿＿＿＿＿＿＿＿＿＿＿＿＿＿＿＿＿＿＿＿＿＿＿＿＿＿＿＿＿＿＿＿＿。

详细的咨询服务内容见《项目信息化咨询服务任务书》。

2.1.2　咨询服务成果要求如下。

（1）____。

（2）____。

（3）____。

2.1.3　咨询服务工作开展期间，甲方有权对咨询服务内容做出变更。若甲方提出对咨询服务内容进行实质性变更，且增加乙方工作量时，双方应就前述变更及相应的服务费用变更等进行友好协商，并签署补充协议作为本合同的附件。

2.2　咨询服务期限。

2.2.1　本合同一经签订，第1条约定的项目启动时间即为项目咨询服务工作启动日，乙方应按照本合同第3条的要求组建咨询团队并开始工作，直至本合同约定的咨询服务全部完成之日止。

2.2.2　乙方未能按本合同约定向甲方提供项目咨询服务，或提供的咨询服务质量未达到甲方认可的水准，或乙方的行为损害了甲方的利益，甲方有权提前终止本合同，但应向乙方支付经甲方确认的乙方已完成项目咨询服务阶段的服务费。

2.2.3　具体工作时限。

（1）______年______月______日之前，乙方应完成以下咨询服务工作：____________________。

（2）______年______月______日之前，乙方应完成以下咨询服务工作：____________________。

（3）______年______月______日之前，乙方应完成以下咨询服务工作：____________________。

（4）若确有特殊情形需要调整前述工作时限的，由双方另行协商确定。

2.3　咨询服务提供方式。

2.3.1　乙方应按甲方要求的方式（包括但不限于现场会议、视频会议、电话会议、书面文件、口头咨询等）提供项目咨询服务。

2.3.2　第2.1款约定咨询服务内容的工作成果每次均应以甲方要求的电子文稿形式交付甲方。如甲方有要求，乙方应将工作成果制成汇报稿，并向甲方进行专题汇报。经甲方确认最终工作成果后，乙方按照甲方的要求向甲方提交正式稿。

2.3.3　[　]其他要求：______________________________。

2.4　工作成果评估与确认。

2.4.1　乙方应按第2.2款约定时限及时提交相应的工作成果交付文件。

2.4.2　甲方应及时对乙方提交的工作成果交付文件进行验收并且书面通知反馈意见和验收结果。如甲方提出修改意见，应与乙方重新约定提交日期。

2.4.3　如因乙方提交的工作成果不符合项目目标和甲方要求，又未能按甲方要求予以改善并经甲方书面确认的，则甲方有权提前解除本合同。

2.4.4　[　]其他要求：______________________________。

3. 咨询团队及工作机制

3.1　乙方指派的承办咨询团队为____________________。如因项目需要，乙方应为本项目配备其他具有相关经验的咨询人员。

3.2　乙方咨询团队的负责人姓名：____________________，电话：____________________，传真：____________________，邮箱：____________________。

3.3　项目咨询服务期限内，乙方如因特殊情况需要更换任何咨询团队人员，应先行通知甲方，并得到甲方同意。但前述规定不应影响乙方依其正常业务习惯解雇任何员工或允许任何员工辞职。

3.4　如乙方咨询团队人员不能配合甲方的合理工作要求，甲方有权要求乙方在甲方提出要求更换之日起______个工作日内更换咨询团队人员并报甲方确认。

3.5　乙方咨询团队人员有调整时，乙方应自行及时完成工作交接事项，保证被调换人员前期所完成的工作有效衔接和延续。

3.6　双方项目人员应定期会面，就项目咨询服务的进展及其他相关问题进行充分的沟通与探讨。在甲方认为有必要时，可随时召开会议。会议进行的具体方式，由双方讨论决定。

3.7　在项目咨询服务期限内，甲方应全力协助乙方咨询团队全体成员开展有关工作。

3.8　［　］其他：______________________________。

4. 咨询服务费计取及支付

4.1　双方同意乙方提供本合同项下咨询服务的咨询服务费总额为人民币__________元（大写：__________整）。

4.2　上述咨询服务费已包括乙方为履行本合同规定及完成本项目各项咨询服务的咨询服务费用、差旅费、食宿费、交通和通信费、快递服务和复制费、翻译费等全部费用以及乙方应缴纳的各项境内外税费（包括但不限于增值税、所得税等）。

4.3　甲方分__________期向乙方支付第4.1款约定的咨询服务费用。

4.3.1　在本合同签订后10个工作日内，甲方向乙方支付咨询服务费用人民币__________元（大写：__________整）作为首期款项。（注：第一笔款项一般不超过20%）

4.3.2　［　］乙方完成__________款约定工作并经甲方确认后__________个工作日内，甲方向乙方支付人民币__________元（大写：__________整）。

4.3.3　［　］乙方完成__________款约定工作并经甲方确认后__________个工作日内，甲方向乙方支付人民币__________元（大写：__________整）。

4.3.4　［　］乙方完成__________款约定工作并经甲方确认后__________个工作日内，甲方向乙方支付人民币__________元（大写：__________整）。

4.3.5　［　］其他支付节点：__________。

4.4　甲方按上述约定时限向乙方支付咨询服务费用前，乙方向甲方提供对应金额的合法发票（如甲方要求，乙方应出具符合甲方要求的增值税发票）。在收到乙方提供相应金额的合法发票后，甲方应按第4.3款约定向乙方支付咨询服务费，甲方有权审核乙方开具的发票，如有异议，应在收到发票后5个工作日内向乙方书面提出，乙方应于收到甲方书面异议之日起5个工作日内按甲方要求更换合格发票。甲方因乙方未按时提供合格发票的原因而迟延支付咨询服务费，并不视为甲方违约。

4.5　甲方将咨询服务费支付至乙方指定的以下银行账户。

户　　名：______________________________

开户银行：______________________________

银行账号：______________________________

4.6　［　］其他约定：______________________________。

5. **双方的权利义务**

5.1　甲方的权利义务。

5.1.1　甲方有权随时向乙方问询、了解项目咨询服务进展状况。

5.1.2　甲方为乙方开展工作及时提供必要的信息、资料、访谈安排以及人员配合与支持，并安排__________作为本项目联络人，负责向乙方转达甲方指示和要求，提供相关文件和资料。该联络人的电话：__________，传真：__________，邮箱：__________。

5.1.3　甲方享有本合同项下乙方须提交的全部项目咨询服务工作成果交付文件及附属文件的知识产权及使用权。甲方有权根据自身情况使用各项工作成果，并有权根据工作成果予以实际实施、操作、运用、运营及根据实施情况予以调整、修正、完善等。

5.1.4　甲方有权对乙方项目咨询服务工作成果交付文件中不符合本合同的内容向乙方提出异议，并要求乙方修正。

5.1.5　甲方应按本合同第4条约定按时足额向乙方支付咨询服务费。

5.1.6　若甲方因自身特殊原因（包括但不限于本项目内部审批和外部合作等问题）需提前终止本合同，甲方有权终止本合同，但甲方应提前5个工作日向乙方提出书面说明，甲方已支付给乙方的费用不要求退还，乙方提供的咨询服务内容超过第4.3款对应阶段应支付的咨询服务费用的，甲方应补足。

5.1.7　[　]其他权利义务：______________________________。

5.2　乙方权利义务。

5.2.1　乙方保证接受甲方委托提供咨询服务不存在利益冲突，保证项目团队人员与项目其他方不存在关联关系或有可能对甲方不利的情形。

5.2.2　乙方保证指派的项目团队人员具有提供本项目咨询服务的相应资质和能力。

5.2.3　乙方应当遵循诚实信用原则，以勤勉尽职的工作态度和严谨审慎的专业精神，为甲方提供本合同项下的咨询服务。

5.2.4　依据本合同要求全面、完整、准确、及时地开展项目咨询服务，并提供符合本合同要求的全部项目交付文件。

5.2.5　乙方根据甲方要求和自身经验，有权决定项目咨询服务操作方法。

5.2.6　乙方有权对分析所需的数据、信息以及对关键人员访谈提出要求。

5.2.7　乙方有权依据本合同第4条约定收取咨询服务费。

5.2.8　乙方应严格依照本合同规定时限及要求完成项目咨询服务内容，并安排__________作为本项目联络人。该联络人的电话：__________，传真：__________，邮箱：__________。乙方应及时向甲方通报项目咨询服务进展情况，对甲方了解项目咨询服务进展情况的要求，乙方应及时答复甲方。

5.2.9　项目咨询服务完成后，乙方应将从甲方获得的各种形式的文件资料全部、完整地归还给甲方或即时销毁。

5.2.10　乙方保证所提供的咨询服务或工作成果不侵犯任何第三方的知识产权或其他合法权益（包括但不限于专利权、商标、著作权、商业秘密等），保证不使甲方遭受因接受咨询服务或工作成果而引起的来自前述任何第三方的任何索赔、债务、开支或费用。如因乙方违反前述约定，导致甲方因使用乙方提交的成果被第三方指控侵权、提出异议或权利主张的，甲方有权要求乙方修改或另行提供成果直至消除第三方指控侵权、提出异议或权利主张的情形，乙方还应赔偿甲方由此遭受的全部损失

（包括甲方应对第三方指控侵权、提出异议或权利主张而发生的所有费用）。

5.2.11 乙方应亲自处理本合同项下的委托服务事项，未经甲方事先同意，不得将咨询服务事项全部或任何部分再行委托、外包或转让给任何第三方。

5.2.12 乙方应按本合同规定及甲方的合理要求和意见修正、完善所提交的成果文件。

5.2.13 未经甲方事先书面同意，乙方及乙方咨询团队人员不得在以后的事务中利用来自本项目的所有关于甲方的相关信息（法律法规或已公开的信息除外）。

5.2.14 ［ ］其他权利义务：______________________________。

6. 保密

6.1 乙方保证对咨询服务过程中所涉及的、产生的如下保密信息保密，保密信息包括但不限于（1）乙方提供本项目咨询服务期间所获得的与甲方有关的任何信息、合同、资料、数据；（2）咨询服务过程中，乙方向甲方提供的意见、解决方案、工作成果；（3）本合同；（4）咨询服务相关的档案、工作底稿、过程文件等；（5）其他商业秘密信息。

6.2 乙方承诺以不低于其对自己拥有的类似信息的保护程度采取合理可行的措施保护甲方提供的保密信息，使保密信息不被泄露。未经甲方事先书面授权或同意，乙方不得以任何方式向第三方及双方无关人员披露或公开保密信息，乙方可以在对外宣传中表明曾为甲方提供服务（但具体服务领域、服务成果结论或建议等均不得对外披露或公开）。如因政府机关、法院或其他有权机构的书面强制要求而需披露，乙方应在接到此等强制披露要求次日通知甲方，并与甲方商讨披露的方式。

6.3 乙方应将本合同涉及的保密信息接触范围仅限于为推进和执行本项目而需接触保密信息的管理人员、雇员、顾问和相关人员（以下统称“代表”）。在乙方代表知悉保密信息前，乙方应向其提示保密信息的保密性和应承担的义务，要求其签署书面保密承诺函，并确保代表承担保密责任的程度不低于本合同约定程度。

6.4 乙方的保密义务不因本合同的变更、解除、终止而解除。

7. 合规要求

乙方承诺遵守以下合规条款。

7.1 反商业贿赂：不得为获得不正当利益或商业机会进行商业贿赂，不对甲方及其员工和员工的家庭成员行贿或输送不当利益，包括但不限于提供现金、有价证券、支付凭证、物品及就业机会等，同时禁止给予甲方员工及其家庭成员不合适的商业礼仪或馈赠，包括但不限于提供贵重物品、高价值文化礼品、旅游、考察、高规格接待等。

7.2 配合甲方的合规检查和审计：理解并接受甲方对商业合作伙伴的合规管理要求，同意配合合规检查与审计，不得隐瞒任何可能对甲方利益造成影响的信息。

7.3 严格约束乙方员工及乙方的代理人或代理机构：承诺严格要求乙方的员工遵守合规承诺条款，若乙方员工及乙方的代理人或代理机构违反相关承诺即视为乙方违反。

7.4 责任承担：如果乙方违反前述合规承诺条款，甲方有权立即单方终止本合同，并有权要求乙方承担因此给其造成的全部损失。

8. 违约责任

8.1 任一方违反或未履行本合同相关条款的规定，均应视为违约，违约方应依法律法规及本合同的相关规定向守约方承担相应责任。

8.2　除因乙方原因导致甲方未按本合同约定支付咨询服务费用的情形外，甲方须按本合同约定向乙方支付咨询服务费用，甲方未按本合同约定支付咨询服务费用的，每迟延一天，甲方应按应付款的万分之五向乙方支付违约金。如甲方迟延支付超过15个工作日，乙方有权终止本合同，在向甲方交付工作成果后，有权要求甲方支付乙方已提供服务部分的咨询服务费用。

8.3　除因甲方原因导致乙方未按本合同约定提交咨询服务成果的情形外，乙方须按本合同约定时限向甲方提交咨询服务成果，乙方未按本合同约定时限提交咨询服务成果的，每逾期一天，乙方应按咨询服务费用总额万分之五的标准向甲方支付违约金，逾期交付超过15个工作日，甲方有权拒绝支付咨询服务费用并终止本合同，并要求乙方退还已支付的咨询服务费用。

8.4　如果乙方提交的咨询服务成果未达到甲方要求，且乙方未在甲方要求的时限内完成改善或修改达到甲方要求时，甲方有权：(1) 拒绝支付咨询服务费用并终止本合同；(2) 要求乙方退还已支付的咨询服务费用；(3) 要求乙方按咨询服务费总额的____%支付违约金。

8.5　如甲方无故终止履行本合同，乙方无须退还已收取的咨询服务费。如乙方无故终止履行本合同，乙方需全部退还甲方已支付的咨询服务费，并赔偿因此给甲方造成的所有损失。

8.6　若甲方因自身特殊原因（包括但不限于本项目出现重大问题导致甲方决定中止或终止本项目）需终止本合同，应提前5个工作日向乙方提出书面说明及解释。对于甲方已支付给乙方的费用超出乙方已提供服务部分的费用（以已完成工作量占全部工作量的比例确定）的金额，乙方应返还甲方，如甲方已支付给乙方的费用不足以支付乙方已提供服务部分的费用，甲方应予补足。

8.7　如乙方或其指派的咨询团队人员在本项目咨询服务过程中出现过错或失误，甲方有权要求乙方及时采取有效的补救措施，导致甲方利益受到损失的，甲方有权解除本合同，乙方应依法承担相应的赔偿责任。

8.8　[　] 其他：________________________________。

9. 通知

9.1　涉及本合同的任何通知或信息均应以书面形式发送至以下联系地址和联系人，并须经专人快递，或特快专递，或传真送递。如经专人快递，则有关通知或信息在收件人或其工作人员签收时被视为送达；如经传真送递，则有关通知或信息在发出并取得发送报告后被视为送达。

致甲方：______________________________

收件人：______________________________

地址：________________________________

邮编：________________________________

电话：________________________________

传真：________________________________

电子邮件：____________________________

致乙方：______________________________

收件人：______________________________

地址：________________________________

邮编：________________________________

电话：________________________________

传真：________________________________

电子邮件：______________________________

9.2　在本合同履行期间，如一方需要变更上述第 9.1 款约定的联系地址和联系人，该一方须在做出变更前不少于 7 日按上述第 9.1 款约定的联系方式书面通知另一方。

10. 不可抗力

10.1　本合同所指“不可抗力”是指本合同双方或一方无法控制、无法预见或虽然预见但无法避免且在本合同签订之日后发生并使任何一方无法全部或部分履行本合同的任何事件，包括但不限于地震、台风、战争、罢工、政府行为、非因各方原因发生的火灾、严重传染病以及其他重大事件或突发事件的发生。

10.2　如发生不可抗力事件，受该事件影响的一方所应承担的合同义务在该不可抗力造成的延误期内可中止履行，履行期限应相应予以延长，延长的期限与该中止时间相等，但乙方指派的咨询人员不能正常履行本合同的情形除外，无论因何种原因，在乙方指派的咨询人员不能正常履行本合同时，乙方应立刻与甲方商讨更换合格咨询人员，保证本合同的正常履行。

10.3　遭受不可抗力的一方应尽快书面通知另一方，并在通知后的 10 天内提供不可抗力的详细情况、本合同不能履行或需延迟履行的理由以及不可抗力发生地公证机关出具的证明文件。遭受不可抗力的一方还应尽一切合理的努力终止该不可抗力，消除或降低该不可抗力造成的不利影响或损失。

10.4　若不可抗力事件已持续两个月，任何一方有权通过书面形式告知另一方终止本合同。如在不可抗力事件发生后，双方终止本合同，则在本合同终止时，对于甲方已支付给乙方的费用超出乙方已提供服务的咨询服务费的金额，乙方应返还甲方；如甲方已支付给乙方的费用不足以支付乙方已提供服务的咨询服务费，甲方应补足。

10.5　合同任何一方当事人延迟履行合同后发生不可抗力事件的，不能免除其对另一方当事人因不可抗力造成损失的责任。

11. 适用法律及争议解决

11.1　本合同的订立、效力、解释、履行、变更、解除、终止和争议解决均适用中华人民共和国（为本合同之目的，不包括香港特别行政区、澳门特别行政区及台湾地区）法律，并受其管辖。

11.2　[　] 因本合同产生的，或与本合同有关的任何争议，双方应首先本着友好态度协商解决。若争议无法在一方向另一方提出友好协商的书面通知之日起 20 日内通过协商方式予以解决，则任何一方有权向甲方所在地有管辖权的法院提起诉讼。

[　] 因本合同产生的，或与本合同有关的任何争议，双方应首先本着友好态度协商解决。若争议无法在一方向另一方提出友好协商的书面通知之日起 20 日内通过协商方式予以解决，应提交中国国际经济贸易仲裁委员会，按申请仲裁时该会实施的仲裁规则进行仲裁，仲裁地点在__________。该裁决是终局的，对双方均有约束力。

[　] 因本合同产生的，或与本合同有关的任何争议，双方应首先本着友好态度协商解决。若争议无法在一方向另一方提出友好协商的书面通知之日起 20 日内通过协商方式予以解决，应提交______，按申请仲裁时该机构实施的仲裁规则进行仲裁，仲裁地点在______。该裁决是终局的，对双方均有约束力。

11.3　在争议解决期间，除有争议的事项外，双方应继续全面履行本合同。

12. **附则**

12.1　本合同附件为本合同不可分割的组成部分，但如果本合同正文与各附件有任何矛盾，则以本合同正文约定为准，乙方在本合同项下的项目内容或范围条款除外。

12.2　本合同为双方之间的完整合同，取代以前的所有书面或口头磋商、声明或协议等。

12.3　本合同签订后，经双方协商一致可对本合同进行修改或补充，本合同的任何修改或补充应采用书面形式，并经双方签字盖章后方为有效，与本合同具有同等法律效力。

12.4　本合同自双方代表签字并加盖各自公章后生效。

12.5　本合同一式______份，甲方、乙方各持______份，各份均具有同等法律效力。

（以下无正文）

附件：

附件1：项目信息化咨询服务任务书（略）

附件2：咨询服务团队组成及简介（略）

（本页无正文，为《________________项目信息化咨询服务合同》签字盖章页）

甲方（公章）：

法定代表人或授权代表：________________________

乙方（公章）：

法定代表人或授权代表：________________________

合同范例 17

合同编号：________________________

租赁合约

出 租 方：____________________________________

承 租 方：____________________________________

签订日期：__________年__________月__________日

租赁合约

本租约由以下双方于__________年__________月__________日在__________签订。

出租方：(以下简称“业主”)

法定代表人：______________________________

住所：__________________________________

联系人：__________________________________ 联系电话：____________________

承租方：____________________ (以下简称“租客”)

法定代表人：______________________________

住所：__________________________________

联系人：__________________________________ 联系电话：____________________

(上述“业主”和“租客”以下合称为“双方”，单称为“一方”)

根据中国香港相关法律法规，双方本着平等自愿、等价有偿的原则，就租客租赁业主物业事项订立本租赁合约(“本租约”)。

1. 物业用途

业主将位于香港__________的物业(“该物业”)出租给租客。租客除将该物业作租客员工宿舍用途外，不可将该物业或其任何部分作其他用途。

2. 租赁期限

2.1 该物业租赁期自__________年__________月__________日至__________年__________月__________日(“租赁期”)。业主应于__________年__________月__________日前将该物业按约定条件(见附件1：物业内家私电器清单)交付租客。该物业经业主及租客双方交验签字盖章，由业主向租客移交房门钥匙并由租客签收后视为交付完成。

2.2 租赁期满或本租约解除后，业主有权收回该物业，租客应在本租约终止日当天向业主返还该物业及其所有附属物品(附件1之物品)、设备设施。业主及租客双方应对该物业和附属物品(包括附件1之物品)、设备设施及水电等使用情况进行验收，结清各自应当承担的费用。租客必须以第4.3款所述的状态交还该物业，并将该物业的所有房门钥匙(包括电子房门卡，如有)交还业主。

2.3 租客希望继续承租的，应提前一个月书面向业主提出续租要求，协商一致后双方重新签订该物业的租赁合同。

3. 租金及租赁按金等费用

3.1 租客需向业主支付该物业每个月租金为港币__________元整。

3.2 租客需向业主支付__________元港币作为租赁按金，保证租客遵守及履行本租约条款。

3.3 租客应于每月__________日前支付当月租金，租赁按金应于__________年__________月__________日前(或移交房门钥匙及验收该物业之日或之前)一次性支付。租客应将租金及租赁按金支付至业主指定的以下的银行账户。

户　　名：________________________

开户银行：________________________

银行账号：________________________

3.4　租客须在租赁期内承担并缴纳一切有关该物业的水费、电费、煤气费、电话费及其他类似的杂费等。

3.5　业主负责缴纳有关该物业的管理费、该物业租税及地租。

3.6　业主及租客各自负责属本租约的一半印花税。另，业主应负责将本租约提交至税务局并加盖厘印。其后，业主应将一份已盖厘印之租约（或其核证副本）交予租客进行记录。

3.7　租客知悉并同意，业主可连同附件二"新租出或重订协议通知书"（表格 CR109，一份）提交差饷物业估价处批署。业主可决定在签署本租约起计一个月内或一个月后向差饷物业估价处提交表格 CR109。业主将负责缴交表格 CR109 的批署费用（如有）。

4. 双方的权利义务

4.1　业主应保证该物业的建筑结构和设备设施符合建筑、消防、治安、卫生等方面的安全条件，不得危及人身安全。若租客按时清缴租金和杂费及没有违反合约内任何条款，则业主不得在租约期内干扰租客使用该物业。

4.2　租客须遵守中国香港法律条例和规则及该物业所属的大厦有关的公契内的条款。租客亦不可违反属该物业地段内的官批地契上的任何制约性条款。

4.3　租客须在租赁期内保持该物业内部的维修状态良好（自然损耗及因固有的缺陷所产生损坏除外）并须于租赁期满或终止时将该物业在与第 2.1 款移交房门钥匙及验收该物业时同样的维修状态下交回业主。

4.4　对于该物业及其附属物品、设备设施因自然属性或合理使用而导致的损耗，租客应及时通知业主修复。业主应在接到租客通知后及时进行维修。

4.5　因租客保管不当或违反本租赁约定不合理使用，或其任何行为、疏忽或不作为而直接或间接致使该物业及任何其附属物品（包括附件 1 内的物品）、设备设施发生损坏或故障的，租客应负责维修或承担赔偿责任，以赔偿业主的所有损失。

4.6　租客不得在该物业内存放危险物品，否则如果该物业的任何部分包括附属物品（附件 1 内的物品）、设备设施、水电设备因此受损，则由租客承担全部法律及赔偿责任，以赔偿业主的所有损失。

4.7　未经业主书面同意，租客不得将本租约项下的该物业转让、转租或分租该物业或其任何部分，或将该物业或其任何部分的占用权予任何其他人等。

4.8　未经业主书面同意，租客不得对该物业进行任何改动及/或加建；如果租客欲进行任何装修工程，需将装修工程计划书交予业主审阅，在未得到业主书面同意的情况下不得进行任何装修工程。

4.9　租客知悉并同意业主在任何合理时间内有进入并视察该物业的权利。如业主有此要求，租客应予以配合。

4.10　[　] 其他权利义务：________________________。

5. 违约责任

5.1　任一方违反或未履行本租约相关条款的规定，均应视为违约，违约方应依法律法规及本租约的相关规定向守约方承担相应责任。

5.2　如租客逾期付款，则每逾期支付一日，需向业主支付逾期应支付款项的万分之________作为逾期违约金。逾期超过__________日的，业主可不通知租客而终止本租约，并进入该物业，收回该物业。业主进入该物业并收回该物业后，可自由处理该物业内的任何遗留物品，而租客同意对该等遗留物品将不作任何索偿。

5.3 除本租约另有约定外，任何一方违反本租约的约定，并在另一方发出书面通知后［10］日内未能纠正其违约行为，则守约方有权追究违约方的违约责任，并可以书面通知的方式提前终止本租约，本租约自守约方发出书面终止通知之日起终止，给守约方造成损失的，应赔偿守约方由此所遭受的所有损失。

5.4 若租客在租期内未违反本租约内任何条款，则业主须于收回该物业或一切租客欠款后，无息退还本租约第3.2款所述的租赁按金与租客。但若租客违反本租约内任何条款（本租约另有约定除外），则业主有权终止本租约，且业主可没收所有该按金。业主没收按金的权利将不会影响业主采取任何其他合法行动追讨一切因租客违约所引致的损失的权利。

5.5 ［ ］其他：______________________________。

6. 合同的解除

6.1 双方协商一致，可以解除本租约。

6.2 因不可抗力导致本合同无法继续履行的，本租约自行解除。

6.3 除本租约另有约定外，任何一方严重违约导致本租约无法继续履行的，另一方可以解除本租约。除此之外任何一方不得单方解除本租约。

7. 适用法律及解决争议

7.1 本租约的订立、效力、解释、履行，各方与本租约有关的或因本租约而产生的争议的解决，皆适用中国香港法律。

7.2 就本租约的有效性、解释、履行和违约引起或与之相关的争议，应首先由双方协商解决，若争议无法在一方向另一方提出友好协商的书面通知之日起三十日内通过协商方式予以解决，任何一方均可将争议提交中国香港法院。

8. 合约生效及文本

8.1 本租约未尽事宜，双方另行协商签订补充合约。

8.2 本租约附件为本租约不可分割的组成部分，具有同等效力。

8.3 本租约自双方签字盖章之日生效。

8.4 本租约一式四份，业主执两份，租客执两份，每份具有同等法律效力。

（以下无正文）

附件：

附件1：物业内家私电器清单

附件2：表格CR109——新租出或重订协议通知书（略）

（本页无正文，为《租赁合约》签字盖章页）

出租方：（盖章）

授权代表（签字）：______________________________
姓名：______________________________
职位：______________________________
日期：______________________________

承租方：（盖章）______________________________

授权代表（签字）______________________________
姓名：______________________________
职位：______________________________
日期：______________________________

附件 1：物业内家私电器清单

客厅及饭厅（Living & Dining Room）		主人房（Master Bedroom）	
（ ）Sofa with 3 Seaters	沙发（3 座位）	（ ）Double Bed with Mattress	双人床连床褥
（ ）Coffee Table	茶几	（ ）Bed Side Table	床头柜
（ ）TV Cabinet	电视柜	（ ）Bed Side Table Lamp	床头灯
（ ）Ceiling Lamp（s）	天花灯	（ ）Ceiling Lamp（s）	吊灯
（ ）Air – Conditioner + Remote	冷气机	（ ）Wardrobe	衣柜
（ ）LCD TV + Remote	LCD 电视机连遥控器	（ ）Air – Conditioner	冷气机
（ ）Dining Table	餐桌	（ ）Chair	椅子
（ ）Dining Chair（s）	餐椅	（ ）Ventilation Fan	抽气扇
（ ）Curtain Rail（s）	窗帘架	（ ）Water Heater	热水器
（ ）Side Table	矮柜	（ ）Curtain Rail（s）	窗帘架
（ ）Shoes Cabinet	鞋柜	（ ）Blind	百叶帘
（ ）Dehumidifier	除湿器	（ ）Dresses Table with Mirror	梳妆镜台
（ ）Hi – Fi	音响	（ ）Small Computer table	小型电脑桌
睡房（No. 1 Bedroom）		睡房（No. 2 Bedroom）	
（ ）Single/Double Bed	单/双人床	（ ）Single Bed with Mattress	单人床连床褥
（ ）Wardrobe	衣柜	（ ）Chest of Wardrobe	衣柜
（ ）Ceiling Lamp（s）	天花灯	（ ）Ceiling Lamp（s）	天花灯
（ ）Air – Conditioner + Remote	冷气机	（ ）Air – Conditioner + Remote	冷气机
（ ）Bed Side Table	床头柜	（ ）Bed Side Table	床头柜
（ ）Curtain Rail（s）	窗帘架	（ ）Curtain Rail（s）	窗帘架
（ ）Bed Side Table Lamp	床头灯	（ ）Bed Side Table Lamp	床头灯
（ ）Chair	椅子	（ ）Book Cabinet/Desk	书架/书桌
（ ）Double Decker Bed with Closet	双格床连衣柜	（ ）Double Decker Bed	双格床
（ ）Mattress	床褥		
厨房（Kitchen）		浴室（Bathroom）	
（ ）Gas Stove	燃气炉	（ ）Water Heater	热水器
（ ）Ventilation Fan	抽气扇	（ ）Ventilation Fan	抽气扇
（ ）Refrigerator	冰箱	（ ）Mirror	镜
（ ）Wall Unit Cabinet	厨柜	（ ）Handle Bar	扶手架

续 表

( ) Range Hood	抽油烟机	( ) STIEBEL ELTRON Remote	斯宝亚创遥控器
( ) Water Heater	热水器		
( ) Washing Machine	洗衣机		
( ) Microwave Oven	微波炉		
( ) Bed in Maid Room	工人房床		
( ) Drying Machine	干衣机		

合同范例18

合同编号：________________________

常年法律顾问聘请合同

委 托 方：____________________________________

受 托 方：____________________________________

签订日期：__________年__________月__________日

常年法律顾问聘请合同

本合同由以下双方于__________年__________月__________日在__________签订。

委托方：____________________________（以下简称“甲方”）

法定代表人：________________________

住所：____________________________

受托方：____________________________（以下简称“乙方”）

负责人/法定代表人：__________________

住所：____________________________

（上述“甲方”和“乙方”以下合称为“双方”，单称为“一方”）

鉴于：

（1）甲方因业务需要，拟聘请乙方担任其常年法律顾问。

（2）乙方为一家__________，在__________方面具有丰富专业的经验。乙方同意为甲方提供常年法律顾问服务。

甲乙双方友好协商，特订立本合同，以便双方共同遵守。

第1条　常年法律顾问服务工作范围

1.1　公司业务方面的法律服务。

1.1.1　协助甲方草拟、审查、修改日常业务有关的合同或协议等法律文书。

1.1.2　在甲方的日常业务范围内，协助甲方处理一般纠纷，代表甲方出具律师函、催款函、法律意见书等事务。

1.1.3　必要时，应邀列席甲方的重要决策会议，参与重大经济合同谈判，为甲方提供法律帮助。

1.1.4　[　]为甲方下属各控股公司之间结构调整过程中发生的法律问题，如公司合并、分拆、撤销、资产重组、股权重组、财务调整等事项提供法律意见，并可代为起草、修改或审核相关法律文件。

1.1.5　[　]为甲方对其他公司采取的并购、兼并、合并行动提供法律支持，如进行律师尽职调查，参与洽商和谈判，代为起草、修改或审核相关法律文件。

1.1.6　[　]参与甲方公司内部机构重组过程中涉及的法律问题的讨论，并可起草、修改或审核相关法律文件。

1.1.7　[　]根据甲方的委托，依据中国香港或外国政府、机构的要求，以律师的名义，依照现行有效的法律法规对涉及的事项出具法律意见书、律师见证等文件。

1.1.8　[　]代表甲方就公司融资事宜与银行或其他金融机构进行谈判、洽商，并可代为起草、修改或审核相关法律文件。

1.1.9　[　]为甲方制定员工持股计划或其他员工激励机制。

1.1.10　根据甲方的委托，提供其他与公司业务有关的法律服务。

1.2　投资业务方面的法律服务。

1.2.1　[　] 对甲方拟投资的或已成立的公司是否合法有效存续、公司运作是否符合法律法规要求、债务债权状况等重大事项进行法律分析，并可提供书面法律意见，作为甲方投资决策的参考依据。

1.2.2　[　] 参与甲方与拟投资的公司及其股东的洽商和谈判，并可根据洽商结果代为起草、修改或审核相关法律文件。

1.2.3　[　] 根据甲方的要求，对拟投资设立的新公司的股权架构、合作模式等做出符合法律规定的安排，并据此起草公司设立所需的法律文件。

1.2.4　[　] 根据甲方的要求，草拟、审核及修改公司章程、备忘录、纪要等。

1.2.5　[　] 根据甲方的要求，对于甲方已经投资的公司的组织管理结构、债务债权状况、对外履约情况等重大事项提供法律分析意见。

1.2.6　根据甲方的委托，提供其他与投资业务有关的法律服务。

1.3　其他方面的法律服务。

1.3.1　起草、审查和修改甲方劳动、人事方面的规章制度，并协助甲方制定及健全公司运营过程中的其他各项规章制度。

1.3.2　接受甲方的委托，就甲方以及甲方参股公司国有股权依法在产权交易所挂牌转让事项出具产权交易所所需的法律意见书。

1.3.3　对股东大会、董事会及甲方的其他行为的真实性和合法性进行见证。

1.3.4　代表公司发表法律声明。

1.3.5　公司其他对外合同的起草、修订、审核。

1.3.6　应甲方要求，向其职工进行必要的法律宣传和培训，每年培训不超过__________次（含）。

1.3.7　根据甲方授权，在报刊、广播电台、电视台等公共传媒发表声明，维护甲方的合法权益。

1.3.8　[　] 协助甲方处理土地、房地产开发建设、房屋租赁过程中的法律事务（包括合同及解决其他法律问题）。

1.3.9　[　] 审查财产保险合同。

1.3.10　[　] 代理案件诉讼和仲裁。

1.3.11　[　] 为甲方办理专利、商标的申请注册手续。

1.3.12　[　] 法律信息资料提供服务：即按甲方的具体要求，搜集并向甲方提供有关的法律信息资料。

1.3.13　[　] 其他：______________________。

第2条　顾问团队

2.1　乙方委派以__________律师为协调人的法律顾问团队作为甲方的法律顾问，为甲方提供法律服务，依法维护甲方的合法权益。

2.2　法律顾问团队的组成人员为__________，其简介和联系方式详见附件。

2.3　服务期限内，乙方如因特殊情况需要更换法律顾问团队，应先行通知甲方，并得到甲方同意。

2.4　如乙方法律顾问团队人员不能配合甲方的合理工作要求，甲方有权要求乙方在甲方提出要求更换之日起五个工作日内更换法律顾问团队人员。

2.5　乙方法律顾问团队人员有调整时，乙方应自行及时完成工作交接事项，保证被调换人员前期所完成的工作有效衔接和延续。

2.6　［　］其他：__________。

第3条　服务期限

乙方为甲方服务的期间为一年，自__________年__________月__________日起至__________年__________月__________日止。

第4条　法律顾问费用及支付

4.1　法律顾问费用采用以下第［　］种方式计算。

［　］第一种计费方式：甲方向乙方提供本合同约定的常年法律顾问服务的法律顾问费人民币__________万元。

［　］第二种计费方式：______________________________。

前述法律顾问费用具体说明如下。

4.1.1　前述法律顾问费用已包括完成常年法律顾问服务的律师费用、甲方所在地的相关差旅交通食宿费、交通和通信费、快递服务和复制费等全部费用以及乙方应缴纳的各项境内外税费（包括但不限于增值税、所得税等）。

4.1.2　乙方受甲方委托，从事与甲方业务有关的活动所发生的其他必要、合理费用（鉴定费、公证费、翻译费、查询费、异地差旅交通食宿费）经甲方书面同意，由甲方支付。

4.1.3　甲方要求乙方提供下列服务的，乙方将另外收取律师费，但应当给予甲方适当的优惠。

（1）为发行股票、债券而需要乙方提供法律服务（包括但不限于改制、辅导、重组、尽职调查、向中国境内机构或境外机构出具法律意见书）的项目。

（2）就单一法律问题（除本合同第1.3.2项外）向境内、境外机构以及任何其他第三方出具法律意见书。

（3）为甲方关联公司提供的法律服务。

（4）仲裁、诉讼、听证、申请复议。

（5）对任何第三方进行尽职调查。

（6）代表甲方参与重大项目谈判。

4.2　法律顾问费用支付。

4.2.1　［　］第一种支付方式：本合同生效后__________个工作日内，甲方向乙方支付人民币__________万元，在本合同期满后__________个工作日内，甲方向乙方支付人民币__________万元。

［　］第二种支付方式：______________________________。

（无论设计何种支付节点及支付比例，按制度规定甲方向乙方支付的律师费尾款应不少于甲方应付乙方律师费总额的30%。）

4.2.2　甲方按上述约定时限向乙方支付法律顾问费用前，乙方向甲方提供对应金额的合法发票（如甲方要求，乙方应出具符合甲方要求的增值税发票）。在收到乙方提供相应金额的合法发票后，甲方应按第4.2.1项约定向乙方支付法律顾问费用，甲方有权审核乙方开具的发票，如有异议，应在收到发票后5个工作日内向乙方书面提出，乙方应于收到甲方书面异议之日起5个工作日内按甲方要求更换合格发票。甲方因乙方未按时提供合格发票的原因而迟延支付法律顾问费用，并不视为甲方违约。

4.2.3　甲方应将法律顾问费用支付至乙方指定的以下银行账户。

户　　名：______________________________

开户银行：______________________________

银行账号：______________________________

4.2.4　[　] 其他约定：______________________________。

第 5 条　双方的权利义务

5.1　甲方的权利义务。

5.1.1　甲方有权随时向乙方问询、了解常年法律顾问服务进展状况。

5.1.2　甲方为乙方开展常年法律顾问工作及时提供必要的信息、资料、访谈安排以及人员配合与支持，并安排__________作为联络人，负责向乙方转达甲方指示和要求，提供相关文件和资料。该联络人的联系方式：电话：________________，传真：________________，邮箱：______________。

5.1.3　甲方配合乙方律师为甲方的利益所从事的各项工作，并根据实际需要为乙方提供必要的办公条件和其他便利。

5.1.4　甲方享有本合同项下乙方须提交的顾问服务工作成果交付文件及附属文件的知识产权及使用权。甲方有权根据自身情况使用各项工作成果，并有权根据工作成果予以实际实施、操作、运用、运营及根据实施情况予以调整、修正、完善等。

5.1.5　甲方有权对乙方顾问服务工作成果交付文件中不符合本合同的内容向乙方提出异议，并要求乙方修正。

5.1.6　按本合同第 4 条的约定向乙方支付常年法律顾问费用。

5.1.7　在乙方律师从事本合同第 1 条内容以外的法律工作时，甲方需与乙方另行办理委托手续，与乙方签订有关委托协议，并另行向乙方支付律师费用。

5.1.8　[　] 其他权利义务：______________________________。

5.2　乙方的权利义务。

5.2.1　乙方保证接受甲方委托提供常年法律顾问服务不存在利益冲突，保证法律顾问团队人员不存在有可能对甲方不利的情形。

5.2.2　乙方应当遵循诚实信用原则、律师执业行为规范及职业道德，以勤勉尽职的工作态度和严谨审慎的专业精神，为甲方提供本合同项下的常年法律顾问服务，依法切实维护甲方利益。

5.2.3　乙方应严格依照本合同要求提供常年法律顾问服务，并安排__________作为常年法律顾问联络人。该联络人的联系方式：电话：__________，传真：__________，邮箱：__________。乙方应及时向甲方报告常年法律顾问服务进展情况，对甲方了解常年法律顾问服务进展情况的要求，乙方应及时答复甲方。

5.2.4　乙方保证指派的常年法律顾问团队具有执业资格和提供常年法律顾问服务的相应资质和能力。

5.2.5　乙方应及时办理甲方安排的法律顾问工作范围内的法律事务。

5.2.6　根据甲方要求的时间、地点，及时安排律师完成现场、电话及其他方式的咨询工作；遇甲方有重大或突发法律事件出现，在甲方通知乙方后，乙方应保证有律师迅速到场，协助甲方处理。

5.2.7　在为甲方提供常年法律顾问服务过程中，遇有甲方经营业务中的潜在法律风险，以书面形式向甲方提出。

5.2.8　乙方有权依据本合同规定收取常年法律顾问费。

5.2.9　乙方应认真研究甲方陈述的事实和提供的书面资料，运用法律专业知识进行专业判断，保证出具的法律意见及法律文件的合法合规性和可行性。

5.2.10　乙方保证所提供的法律服务或工作成果不侵犯任何第三方的知识产权或其他合法权益，保证不使甲方遭受因接受法律服务或工作成果而引起的来自前述任何第三方的任何索赔、债务、开支或费用。

5.2.11　乙方不得随意发表与法律顾问职责无关的言论。未经甲方事先书面同意，乙方及乙方承办律师不得在以后的法律事务中运用来自常年法律顾问服务中不利甲方的相关信息（法律法规或已公开的信息除外）。

5.2.12　乙方应亲自处理本合同项下的委托服务事项，未经甲方事先同意，不得将常年法律顾问服务事项全部或任何部分再行委托、外包或转让给任何第三方。

5.2.13　不得参与与甲方有利害关系之第三人的诉讼及非诉讼事务。

5.2.14　[　]其他权利义务：____________________________。

第6条　保密

6.1　乙方应对提供常年法律顾问法律服务过程中所涉及的、产生的如下保密信息保密，保密信息包括但不限于：(1）乙方提供服务期间所获得的与甲方有关的任何信息、合同、资料、数据；(2）服务过程中，乙方向甲方提供的意见、解决方案、工作成果；(3）本合同；(4）服务相关的档案、工作底稿、过程文件等；(5）甲方的其他商业秘密信息。

6.2　乙方保证以不低于其对自己拥有的类似信息的保护程度采取合理可行的措施保护保密信息，使保密信息不被泄露。未经甲方事先书面授权或同意，乙方不得以任何方式向第三方及双方无关人员披露或公开保密信息，乙方可以在对外宣传中表明曾为甲方提供服务（但具体服务领域、服务成果结论或建议等均不得对外披露或公开）。如因政府机关、法院或其他有权机构的书面强制要求而需披露，乙方应在接到此等强制披露要求之次日通知甲方，并与甲方商讨披露的方式。

6.3　乙方应将本合同涉及的保密信息接触范围仅限于提供本合同项下常年法务顾问服务而需接触保密信息的管理人员、雇员、顾问和相关人员（以下统称“代表”）。在乙方代表知悉保密信息前，乙方应向其提示保密信息的保密性和应承担的义务，要求其签署书面保密承诺函，并确保代表承担保密责任的程度不低于本合同约定程度。

6.4　乙方的保密义务不因本合同的变更、解除、终止而解除。

第7条　合规要求

乙方承诺遵守以下合规条款。

7.1　反商业贿赂：不得为获得不正当利益或商业机会进行商业贿赂，不对甲方及其员工和员工的家庭成员行贿或输送不当利益，包括但不限于提供现金、有价证券、支付凭证、物品及就业机会等，同时禁止给予甲方员工及其家庭成员不合适的商业礼仪或馈赠，包括但不限于提供贵重物品、高价值文化礼品、旅游、考察、高规格接待等。

7.2　配合甲方的合规检查和审计：理解并接受甲方对商业合作伙伴的合规管理要求，同意配合合规检查与审计，并不得隐瞒任何可能对甲方利益造成影响的信息。

7.3　严格约束乙方员工及乙方的代理人或代理机构：承诺严格要求乙方的员工遵守合规承诺条款，若乙方员工及乙方的代理人或代理机构违反相关承诺即视为乙方违反。

7.4 责任承担：如果乙方违反前述合规承诺条款，甲方将有权立即单方终止本合同，并有权要求乙方承担因此给其造成的全部损失。

第8条 违约责任

8.1 任一方违反或未履行本合同相关条款的规定，均应视为违约，违约方应依法律法规及本合同的相关规定向守约方承担相应责任。

8.2 除本合同另有规定外，甲方须按本合同规定向乙方按期足额支付常年法律顾问费。如甲方迟延支付超过15个工作日，乙方有权终止本合同，并要求甲方支付乙方已提供服务部分的律师费用，但乙方需提交相应工作成果。

8.3 乙方未按本合同约定时限向甲方提交法律文件的，逾期交付超过15个工作日，甲方有权终止本合同，并要求乙方退还已支付的常年法律顾问费，因甲方原因造成乙方未按本合同约定履行约定义务的情形除外。

8.4 如甲方无故终止履行本合同，乙方无须退还已收取的常年法律顾问费。如乙方无故终止履行本合同，乙方须全部退还甲方已支付的常年法律顾问费，并赔偿因此给甲方造成的所有损失。

8.5 如因乙方或其指派的律师在常年法律顾问法律服务过程中的过错或失误，导致甲方利益遭受到损失的，乙方应依法承担相应的赔偿责任。

8.6 如乙方在本合同期内未依约向甲方提供本合同第1条所列的各项服务，或服务质量未达到律师行业一般公认的专业水准，甲方有权提前终止合同，并有权要求乙方将已收取费用就已履行的期间作相应扣除后退还甲方。

8.7 [ ] 其他：__________。

第9条 不可抗力

9.1 如发生不可抗力事件，受该事件影响的一方所应承担的合同义务在该不可抗力造成的延误期内可中止履行，履行期限应相应予以延长，延长的期限与该中止时间相等，但乙方指派律师不能正常履行本合同的情形除外，无论因何种原因，在乙方指派律师不能正常履行本合同时，乙方应立刻与甲方商讨更换合格律师，保证本合同的正常履行。

9.2 遭受不可抗力的一方应尽快书面通知另一方，并在通知后的十天内提供不可抗力的详细情况、本合同不能履行或需延迟履行的理由以及不可抗力发生地公证机关出具的证明文件。遭受不可抗力的一方还应尽一切合理的努力终止该不可抗力，消除或降低该不可抗力造成的不利影响或损失。

9.3 若不可抗力事件已持续两个月，任何一方有权通过书面形式告知另一方终止本合同。如在不可抗力事件发生后，双方终止本合同，则在本合同终止时，对于甲方已支付乙方的费用超出乙方已提供服务的律师费的金额，乙方应返还甲方；如甲方已支付乙方的费用不足以支付乙方已提供服务的律师费，甲方应补足。

第10条 适用法律及争议解决

10.1 本合同的订立、效力、解释、履行、变更、解除、终止和争议解决均适用中华人民共和国（为本合同之目的，不包括香港特别行政区、澳门特别行政区及台湾地区）法律，并受其管辖。

10.2 [ ] 因本合同产生的，或与本合同有关的任何争议，双方应首先本着友好态度协商解决。若争议无法在一方向另一方提出友好协商的书面通知之日起二十日内通过协商方式予以解决，则任何一方有权向甲方所在地有管辖权的法院提起诉讼。

[ ] 因本合同产生的，或与本合同有关的任何争议，双方应首先本着友好态度协商解决。若争

议无法在一方向另一方提出友好协商的书面通知之日起二十日内通过协商方式予以解决，应提交中国国际经济贸易仲裁委员会，按申请仲裁时该会实施的仲裁规则进行仲裁，仲裁地点在__________。该裁决是终局的，对双方均有约束力。

[ ] 因本合同产生的，或与本合同有关的任何争议，双方应首先本着友好态度协商解决。若争议无法在一方向另一方提出友好协商的书面通知之日起二十日内通过协商方式予以解决，应提交__________按申请仲裁时该机构实施的仲裁规则进行仲裁，仲裁地点在__________。该裁决是终局的，对双方均有约束力。

10.3 在争议解决期间，除有争议的事项外，双方应继续全面履行本合同。

第 11 条 文本生效及其他

11.1 本合同附件为本合同不可分割的组成部分，具有同等效力。

11.2 本合同为双方之间的完整合同，取代以前的所有书面或口头磋商、声明或协议等。

11.3 本合同签订后，经双方协商一致可对本合同进行修改或补充，本合同的任何修改或补充应采用书面形式，并经双方签字盖章后方为有效，与本合同具有同等法律效力。

11.4 本合同自双方代表签字并加盖各自公章后生效。

11.5 本合同正本一式__________份，甲方持__________份、乙方持__________份，各份均具有同等法律效力。

（以下无正文）

附件：法律顾问团队律师简介及联系方式（略）

（本页无正文，为《常年法律顾问聘请合同》签字盖章页）

甲方（公章）：

法定代表人或授权代表：________________________

乙方（公章）：

法定代表人或授权代表：________________________

合同范例 19

合同编号：________________________

委托管理协议

委 托 方：____________________________________

受 托 方：____________________________________

签订日期：__________年__________月__________日

委托管理协议

本协议由以下双方于__________年__________月__________日在__________签订。

委托方：__________________________________（以下简称“甲方”）

法定代表人：______________________________

住所：____________________________________

联系人：__________________________________ 联系电话：______________________________

受托方：__________________________________（以下简称“乙方”）

法定代表人：______________________________

住所：____________________________________

联系人：__________________________________ 联系电话：______________________________

（上述“甲方”和“乙方”以下合称为“双方”，单称为“一方”）

鉴于：

（1）甲方为一家依据____________法律设立并有效存续的________________________。

（2）乙方为一家依据____________法律设立并有效存续的________________________。

（3）__________（以下简称“标的公司”）为一家依法设立并有效存续的__________。

（4）标的公司拥有位于__________的资产（以下简称“标的资产”）。

（5）甲方拟将标的公司/标的资产委托乙方运营管理，乙方拟接受该等委托。

基于以上情况，根据《中华人民共和国民法典》及相关法律法规，双方本着平等自愿、等价有偿的原则，就标的公司/标的资产委托运营管理事项订立本协议。

1. 委托事项

1.1 甲方将标的公司/标的资产委托乙方进行运营管理，管理费用由甲方或甲方指定的公司承担，管理收益由甲方或甲方指定的公司享有。标的公司/标的资产清单见附件1。

1.2 乙方受托运营管理标的公司/标的资产的权限包括：

1.2.1 [ ] 负责标的公司/标的资产的日常经营管理业务。

1.2.2 [ ] 负责标的公司规章制度的建设，报甲方批准后执行。

1.2.3 [ ] 负责拟订标的公司年度经营计划和投融资方案，报甲方批准后，组织实施。

1.2.4 [ ] 负责拟订标的公司财务预算、决算方案，报甲方批准后，组织实施。

1.2.5 [ ] 负责标的公司高级管理人员以外员工的聘任、解聘和管理。

1.2.6 [ ] ________________________________。

1.3 为便于乙方执行本协议项下委托事项，甲方同意按附件2格式每年向乙方出具授权委托书。

1.4 [ ] 其他内容：____________________________。

2. 委托期限

2.1 委托期限自__________年__________月__________日起至__________年__________月__________日止。

2.2 委托期限内，任何一方可以给予另一方不少于____________________个月的事先书面通知提前终止本协议，除非乙方违反本协议的重要条款或本协议项下标的公司/标的资产有处置或重组安排等，甲方原则上不会提前终止本协议。

2.3 委托期限到期前，双方将另行协商是否继续委托乙方运营管理标的公司/标的资产，并签订延期协议或新的协议。为避免歧义，本协议的任何延期均须遵守届时甲方或乙方须遵守的法律法规及证券交易所的上市规则（如适用）。

3. 委托管理费

3.1 委托管理费标准。

双方同意按以下标准由甲方向乙方支付委托管理费。

[ ] 按照每年度人民币__________万元（大写：__________元整）的标准向乙方支付委托管理费。

[ ] 其他标准：____________________________________。

3.2 委托管理费支付。

[ ] 在每年12月20日前，甲方向乙方一次性付清当年度的委托管理费；本协议签署年度自__________月__________日起至12月31日的委托管理费__________万元，在__________年__________月前由甲方或其指定公司一次性支付给乙方。

[ ] 其他支付方式：________________________________。

3.3 委托管理费支付至乙方指定的以下的银行账户。

户　　名：______________________________

开户银行：______________________________

银行账号：______________________________

3.4 甲方向乙方支付委托管理费前，乙方应向甲方提供相应金额的合格票据，因乙方未能提供合格票据导致甲方迟延付款，甲方不承担任何责任。

4. 标的公司/标的资产运营管理收益

4.1 标的公司/标的资产运营管理收益包括：

4.1.1 ________________________________；

4.1.2 ________________________________；

4.1.3 ________________________________。

4.2 上述收益归甲方或甲方指定公司所有。

5. 双方的权利义务

5.1 甲方的权利义务。

5.1.1 甲方保证将标的公司/标的资产的有关文件（包括工商登记文件、税务登记文件、相关经营资质等）及印章（包括公章、财务章、发票专用章）等交给乙方保管使用，为此目的，双方应签署书面的文件及印章交接书。

5.1.2 甲方对乙方从事本协议第1条约定委托事项，给予充分、必要的支持，包括出具乙方需要的授权委托书等，不干预乙方在委托权限范围内行使各项权利。

5.1.3　甲方协助乙方完成向工商部门上交年报等须由甲方代表标的公司/标的资产从事的事项。

5.1.4　甲方按本协议约定向乙方支付委托管理费。

5.1.5　甲方有权监督乙方从事本协议第1条约定委托事项，必要时可以安排进行专项审计，乙方应提供条件予以配合。

5.1.6　[　] 委托期限内，为协助乙方遵守证券交易所的上市规则下关联交易或信息披露的相关规定，甲方将允许乙方的审计师查核与本协议项下委托事项有关的账目记录，以便乙方按上市规则就该等委托事项作出报告或披露。

5.1.7　[　] 其他权利义务：________________________________。

5.2　乙方的权利义务。

5.2.1　乙方应秉承谨慎、诚信、负责的原则履行本协议项下的委托管理义务。

5.2.2　乙方应负责就本协议项下的关联交易按规定履行审批和披露程序（如需），并将有关审批和披露文件提交甲方，确保本协议在文首记载的签署之日生效。

5.2.3　本协议签订后，未经甲方书面同意，乙方不得将本协议第1条约定委托事项部分或全部转委托给任何第三方。

5.2.4　接受甲方的监督管理，不得阻碍甲方的正常财务检查。

5.2.5　因乙方过错给标的公司/标的资产或其他第三方造成损失的，由乙方负责赔偿。

5.2.6　乙方在从事本协议第1条委托事项时，不得出现危害标的公司/标的资产利益或声誉的行为。

5.2.7　本协议终止当日，乙方应将本协议第5.1.1项约定的文件及印章归还甲方，为此目的，双方应签署书面的文件及印章交接书。

5.2.8　[　] 其他权利义务：________________________________。

6. 特别事项

6.1　[　] 甲方承诺将采取必要的措施，避免因标的公司/标的资产的运营管理产生同业竞争问题。

6.2　[　] 甲方委托乙方运营管理的本协议项下的资产和业务，如属于乙方的主营业务范围或符合乙方的创新业务发展方向，在符合法律法规的条件下，甲方应优先注入乙方，如需对外转让和处置，乙方具有优先购买权。

6.3　[　] 其他：________________________________。

7. 违约责任

双方均应按照本协议的约定履行各自的义务。一方违约时，另一方除依据中国法律享有的任何权利或索赔权，以及依据本协议或任何其他协议而享有的任何其他索赔救济之外，其有权要求违约方赔偿因违约未能及时补救所造成的损失和损害。

8. 适用法律与争议解决

8.1　本协议的订立、效力、解释、履行、变更、解除、终止和争议解决均适用中华人民共和国（为本协议之目的，不包括香港特别行政区、澳门特别行政区及台湾地区）法律，并受其管辖。

8.2　因本协议产生的，或与本协议有关的任何争议，双方应首先本着友好态度协商解决。若争议无法在一方向另一方提出友好协商的书面通知之日起二十日内通过协商方式予以解决，则任何一方有权向甲方所在地有管辖权的法院提起诉讼。

8.3　在争议解决期间，除有争议的事项外，双方应继续全面履行本协议。

9. 协议生效及文本

9.1　本协议未尽事宜，双方另行协商签订补充协议。

9.2　本协议自双方签字盖章之日生效。

9.3　本协议一式四份，甲方执两份，乙方执两份，每份具有同等法律效力。

（以下无正文）

附件：

附件1：标的公司/标的资产清单（略）

附件2：授权委托书（格式）

（本页无正文，为《委托管理协议》签字盖章页）

委托方（盖章）：

法定代表人或授权代表（签字）：________________________

受托方（盖章）：

法定代表人或授权代表（签字）：________________________

附件2：授权委托书（格式）

标的公司（全称）
法定代表人授权委托书

一、兹授权____________________（以下简称“公司”）总经理____________________作为公司法定代表人的授权委托人，其权限是代表法定代表人：

（一）签署或委托其代理人签署公司日常经营活动中需签署的各类非经济性文件。

（二）签署或委托其代理人签署公司日常经营活动中需签署的各类经济合同文件，包括以公司名义签署的相关的文件、合同、协议等。

（三）签署或委托其代理人签署有关劳动、人事、外事（含港澳商务签注备案手续）、外商投资和监管、市场监管、税务等经营活动相关的文件、合同、协议，申领或委托其代理人申领有关证照。

二、涉及上述事项的文件根据委托人或实际控制人的相关管理制度须报委托人或实际控制人审批的，仍须按前述规定履行相应的报批程序后方可签署。

三、本授权委托书有效期为一年（______年______月______日至______年______月______日）。

四、本授权委托书一式______份，自委托人签字盖章之日起生效。

委托人（盖章）：

法定代表人（签字）：

______年______月______日

合同范例 20

合同编号：______________________

资产评估机构备选库入库协议

甲　　方：______________________

乙　　方：______________________

签订日期：______年______月______日

资产评估机构备选库入库协议

本协议由以下双方于______年______月______日在__________签订。

甲方：____

法定代表人：__________________________________

地址：____

联系人：__________________________ 联系方式：____________________

乙方：____

法定代表人：__________________________________

地址：____

联系人：__________________________ 联系方式：____________________

（上述“甲方”“乙方”以下合称“双方”，任一方单称“一方”）

双方在平等互利的基础上，遵循诚实信用的原则，通过友好协商达成本协议如下。

1. 入库资格

1.1 甲方同意将乙方纳入甲方的资产评估机构备选库（以下简称“备选库”），乙方获得为甲方及其所属企业提供资产评估服务的资格。

前述“所属企业”是指甲方直接或间接控制的企业以及虽不控制但具有管理权的企业。

1.2 甲方及其所属企业可在备选库中按照公开招标、邀请招标、竞争性谈判、比价等方式为自身或其下属企业的具体资产评估项目选聘资产评估机构。

2. 具体委托事项

根据资产评估项目情况，经履行合法的招投标、竞争性谈判、比价等程序，乙方被选中为甲方或其所属企业具体资产评估项目提供服务的，乙方应与该资产评估项目的招标人或委托人（以下简称“委托人”）另行签订书面的资产评估业务委托合同（以下简称“委托合同”），双方的具体权利义务以委托合同约定为准。

3. 乙方承诺

3.1 乙方承诺向甲方提供的一切文件和资料真实、完整、有效。如经甲方核实，乙方提供虚假文件或资料，甲方有权取消乙方入库资格，并有权追究乙方法律责任。

3.2 乙方承诺遵守甲方针对备选库内评估机构制定的相关管理制度或办法的相关要求。

3.3 乙方承诺严格依照与委托人签订的委托合同提供资产评估服务。

3.4 不论委托合同是否约定，乙方均作出以下承诺。

3.4.1 乙方充分理解委托人的资产评估业务需求，依法、合规为委托人提供资产评估服务，并按时保质完成。

3.4.2 乙方如因违法违规执业等受到行政处罚或者行业协会惩戒，必须在收到处罚决定后5个工作日内主动通知甲方。

4. **甲方承诺**

4.1　甲方及甲方协调其所属企业承诺将按照与乙方签订的委托合同为乙方执业提供必要的协助，支付委托合同约定费用。

4.2　不论委托合同是否约定，甲方及甲方协调其所属企业均作出以下承诺。

4.2.1　不干预乙方按照执业准则的要求开展资产评估业务。

4.2.2　提供必要的资料并保证其真实性、合法性、完整性。

4.2.3　按有关法律、法规以及委托合同，正确、恰当地使用乙方出具的资产评估报告。

5. **入库后评价**

5.1　甲方每两年对备选库内评估机构执业质量进行综合评价分析。

5.2　乙方有以下情形之一的，甲方有权单方面解除本协议，并将乙方从备选库中剔除（乙方失去为甲方及其所属企业提供资产评估服务的资格）。

5.2.1　乙方连续四年未承担甲方及其所属企业的资产评估业务。

5.2.2　乙方连续两年未列入中国资产评估协会年度综合评价综合得分前百家评估机构名单。

5.2.3　乙方近两年执业质量经甲方评价分析，明显不符合甲方要求的。

5.3　乙方有下列情形之一的，乙方应当按甲方要求制订整改措施并限期3个月完成整改，整改不见成效的，甲方有权单方面解除本协议，并有权将相关情况报告国务院国有资产监督管理委员会（以下简称“国资委”）。

5.3.1　以恶性压价、支付回扣、虚假宣传或者贬损、诋毁其他评估机构等不正当手段招揽业务的。

5.3.2　未能按照委托合同要求派出足够数量、相应执业能力的评估师执业的。

5.3.3　分别接受利益冲突双方的委托，对同一评估对象进行评估的。

5.3.4　企业资产评估项目接受国资委监督检查时，不配合相关工作的。

5.3.5　受理与自身有利害关系业务的。

5.3.6　受到行业协会警告、限期整改惩戒的。

5.4　乙方有下列情形之一的，甲方有权单方面解除本协议，并将相关情况报告国资委（国资委通报各中央企业）。

5.4.1　履行评估程序严重不到位的。

5.4.2　出具虚假评估报告或者有重大遗漏评估报告的。

5.4.3　利用开展业务之便，谋取不正当利益的。

5.4.4　受到行业协会行业内通报批评惩戒的。

5.5　乙方出现以下情形之一的，甲方有权单方面解除本协议，并将相关情况报告国资委（国资委通报各中央企业、地方国资委和相关行业协会）。

5.5.1　以欺诈、利诱、强迫等不正当手段取得评估业务的。

5.5.2　与评估项目相关单位串通作弊，出具虚假或具有误导性评估报告的。

5.5.3　经相关部门依法认定，出具的评估结果严重偏离评估标的客观价值的。

5.5.4　泄露国家秘密或企业商业秘密的。

5.5.5　因违法违规执业受到业务主管部门或其他监管部门的处罚，情节严重的。

5.5.6　受到行业协会公开谴责惩戒的。

5.5.7 因违法违规执业受到相关部门处罚后，未及时告知甲方的。

5.5.8 其他造成国有资产流失的情形。

6. 备选库调整

6.1 甲方有权根据综合评价分析结果调整备选库中评估机构名单。

6.2 甲方根据本协议第5.4款约定行使解除权后，甲方调整备选库时，经甲方审核确认乙方不再出现第5.4款约定情形且符合甲方其他入库要求的，甲方可重新考虑将乙方纳入备选库。

6.3 甲方根据本协议第5.5款约定行使解除权后，甲方调整备选库时，经甲方审核确认乙方近三年（自调整备选库时点倒推计算）不再出现第5.5款约定情形且符合甲方其他入库要求的，甲方可重新考虑将乙方纳入备选库。

7. 保密义务

7.1 乙方在对本协议及委托合同履行过程中知悉的属于甲方及其所属企业所有的经营信息、甲方及其所属企业提供的资料、评估结果等商业秘密，负有保密义务，未经甲方许可，乙方不得自行用于与本协议及委托合同目的无关的其他方面或向任何第三方泄露、出售、许可使用，如因政府机关、法院或其他有权机构的书面强制要求而需披露，乙方应在接到此等强制披露要求之日通知甲方。

7.2 乙方的上述保密义务不因本协议的变更、解除、终止而失效。

8. 违约责任

任何一方未履行本协议项下的任一条款均被视为违约，应当向对方承担违约责任，并赔偿对方因此遭受的经济损失。

9. 不可抗力

如一方由于不能预见、不能避免且不能克服的客观情况（包括但不限于地震、台风、水灾、火灾等自然灾害、战争等社会原因引起的事件）导致不能履行或不能完全履行本协议项下的有关义务时，则该方无须向另一方承担违约责任，但前提是该方应采取所有合理措施减少不可抗力事件的影响；在不可抗力影响消除后的合理时间内，该方应当继续履行本协议。

10. 法律适用与争议解决

10.1 本协议的订立、效力、解释、履行、变更、解除、终止和争议解决均适用中华人民共和国（为本协议之目的，不包括香港特别行政区、澳门特别行政区及台湾地区）法律，并受其管辖。

10.2 [ ] 因本协议产生的，或与本协议有关的任何争议，双方应首先本着友好态度协商解决。若争议无法在一方向另一方提出友好协商的书面通知之日起二十日内通过协商方式予以解决，则任何一方有权向文首记载的合同签订地有管辖权的法院提起诉讼。

10.3 [ ] 因本协议产生的，或与本协议有关的任何争议，双方应首先本着友好态度协商解决。若争议无法在一方向另一方提出友好协商的书面通知之日起二十日内通过协商方式予以解决，应提交中国国际经济贸易仲裁委员会，按申请仲裁时该会实施的仲裁规则进行仲裁，仲裁地点在__________。该裁决是终局的，对双方均有约束力。

[ ] 因本协议产生的，或与本协议有关的任何争议，双方应首先本着友好态度协商解决。若争议无法在一方向另一方提出友好协商的书面通知之日起二十日内通过协商方式予以解决，应提交____________________，按申请仲裁时该机构实施的仲裁规则进行仲裁，仲裁地点在__________。该裁决是终局的，对双方均有约束力。

10.4 争议解决期间，除双方争议事项外，本协议其他条款应继续履行。

11. 附则

11.1　本协议附件为本协议不可分割的组成部分，具有同等效力。

11.2　本协议为双方之间的完整合同，取代以前的所有书面或口头磋商、声明或协议等。

11.3　本协议签订后，经双方协商一致可对本协议进行修改或补充，本协议的任何修改或补充均应采用书面形式，并经双方签字盖章后方为有效，与本协议具有同等法律效力。

11.4　本协议一式______份，双方各持______份。本协议自双方法定代表人或授权代表签字并加盖公章后生效。

（以下无正文）

（本页无正文，为《__________资产评估机构备选库入库协议》签字盖章页）

甲方（盖章）：

法定代表人或授权代表：

乙方（盖章）：

法定代表人或授权代表：

合同范例 21

合同编号：________________________

委托培训协议

委 托 方：____________________________________

受 托 方：____________________________________

签订日期：__________年__________月__________日

委托培训协议

本协议由以下双方于__________年__________月__________日在__________签订。

委托方：______________________________（以下简称“甲方”）

联系地址：____________________________

联系人：______________________________

联系电话：____________________________

受托方：______________________________（以下简称“乙方”）

身份证号码：__________________________

联系地址：____________________________

联系电话：____________________________

（上述“甲方”和“乙方”以下合称为“双方”，单称为“一方”）

依照《中华人民共和国民法典》等相关法律法规，经友好协商，现就甲方委托乙方担任“__________”培训课程（以下简称“课程”）讲师事宜达成协议如下。

1. 委托事项

1.1　委托内容：甲方委托乙方于__________年__________月__________日至__________年__________月__________日为甲方课程担任讲师。

1.2　授课地点：__________，具体上课地点以甲方通知为准。

1.3　授课课时：不少于__________学时（1学时为45分钟）。

1.4　授课方式：乙方本人现场面授。

1.5　授课内容：乙方应在培训开始前三个工作日将培训讲义及授课提纲发给甲方确认，由双方协商后最终确定。

2. 授课费及支付方式

2.1　本课程授课费为__________元，大写__________整。

2.2　上述授课费为包干价，包括乙方完成授课所需的课程开发费用、授课等人工费、教具教材讲义费、材料费、制作费等及乙方应缴纳的各项国内外税费。乙方在授课期间的餐饮、住宿由甲方负责安排，并承担相应费用。

2.3　乙方授课人员及教辅人员（如有，□1人□2人）往返授课地点的交通费，按下列第__________种方式承担。

第一种：本协议第2.1款授课费中已包含，甲方无须另行支付。

第二种：本协议第2.1款授课费中未包含，则相应的交通费（费用标准由甲乙双方事先协商确定）用由甲方另行支付，甲方按照乙方提交的相关票据，实报实销。

2.4　上述授课费及第2.3款所述交通费（如果由甲方另行支付）由甲方在培训结束后__________个工作日内一次性支付至乙方指定的以下账户。

开 户 行：______________________________

账户名称：______________________________

银行账号：______________________________

2.5 其他：______________________________。

3. **双方的权利义务**

3.1 甲方的权利义务。

3.1.1 甲方对乙方从事本协议第1条约定委托事项，给予充分、必要的支持，包括及时确认授课内容、通知授课地点等。

3.1.2 甲方应事先让乙方充分知晓本课程的授课目的、上课人员情况、课程重点需求等信息，以便乙方更为及时、高效地讲授课程，达到预期的授课效果。

3.1.3 甲方按本协议约定向乙方支付授课费。

3.1.4 甲方为乙方安排授课期间的餐饮和住宿，接待标准由甲方决定。

3.1.5 甲方的每一位参训学员均有权保留课程材料（包括但不限于培训讲义等书面资料及PPT课件）。

3.1.6 乙方同意甲方可视实际需要对授课内容进行录音、录像，仅限用于内部研究、学习。

3.2 乙方的权利义务。

3.2.1 乙方应秉承谨慎、诚信、负责的原则履行本协议项下的授课义务。

3.2.2 乙方应亲自前往甲方指定授课地点按时授课，不得将本课程再行委托他人讲授。

4. **特别说明**

双方均确认甲方委托乙方实施授课培训不构成双方的雇佣关系或劳动合同关系，且乙方承诺其有权利履行本协议项下义务，并不构成对相关法律、制度、合同等的违反。否则，由此产生的相关责任均由乙方承担。

5. **知识产权**

5.1 乙方保证所提供的培训课程或教学材料不侵犯任何第三方的知识产权或其他合法权益，保证不使甲方遭受因接受本培训课程而引起的来自前述任何第三方的任何索赔、债务、开支或费用。如有知识产权的争议或纠纷，均由乙方承担法律责任。

5.2 培训期间使用过的所有课程教材、讲义等其他教学资料，甲方及其关联方（包括其员工）享有使用权，甲方可将其用于内部研究、学习，无须乙方同意。

6. **合规要求**

乙方承诺遵守以下合规条款。

6.1 反商业贿赂：不得为获得不正当利益或商业机会进行商业贿赂，不对甲方及其员工和员工的家庭成员行贿或输送不当利益，包括但不限于提供现金、有价证券、支付凭证、物品及就业机会等，同时禁止给予甲方员工及其家庭成员不合适的商业礼仪或馈赠，包括但不限于提供贵重物品、高价值文化礼品、旅游、考察、高规格接待等。

6.2 配合甲方的合规检查和审计：理解并接受甲方对商业合作伙伴的合规管理要求，同意配合合规检查与审计，并不得隐瞒任何可能对甲方利益造成影响的信息。

6.3 严格约束乙方教辅人员及乙方的代理人或代理机构（如有）：承诺严格要求乙方的教辅人员遵守合规承诺条款，若乙方教辅人员及乙方的代理人或代理机构违反相关承诺即视为乙方违反。

6.4 责任承担：如果乙方违反前述合规承诺条款，甲方将有权立即单方终止本协议，并有权要求乙方承担因此而给其造成的全部损失。

7. 保密

7.1 乙方对于在本协议签订及履行过程中所获知的甲方及其关联企业资料、数据和其他商业信息负有保密义务。

7.2 未经甲方同意，乙方不得将甲方信息用于本协议目的以外的其他任何用途，不得以任何方式公开或向任何第三方（包括与本培训课程无关的乙方其他员工）披露或者允许任何第三方使用甲方信息。乙方承诺，以不低于其对自己拥有的类似信息的保护程度采取合理可行的措施谨慎、妥善持有并保护甲方信息。

7.3 甲方对在合作过程中获得的乙方项目报价等资料承担保密义务。

7.4 如一方违反其保密义务的，守约方有权根据受损程度要求违约方承担足额赔偿责任。

7.5 本协议项下保密义务有效期限为__________年，自每一项保密信息提供之日起算。在本协议提前解除或终止后，双方依据本协议约定应承担的保密义务在前述期限内仍继续有效。

8. 违约责任

双方均应按照本协议的约定履行各自的义务。一方违约时，另一方除依据中国法律享有的任何权利或索赔权，以及依据本协议或任何其他协议享有的任何其他索赔救济之外，其有权要求违约方赔偿因违约未能及时补救所造成的损失和损害。

9. 适用法律与争议解决

9.1 本协议的订立、效力、解释、履行、变更、解除、终止和争议解决均适用中华人民共和国（为本协议之目的，不包括香港特别行政区、澳门特别行政区及台湾地区）法律，并受其管辖。

9.2 因本协议产生的，或与本协议有关的任何争议，双方应首先本着友好态度协商解决。若争议无法在一方向另一方提出友好协商的书面通知之日起二十日内通过协商方式予以解决，则任何一方有权向合同签订地有管辖权的法院提起诉讼。

9.3 在争议解决期间，除有争议的事项外，双方应继续全面履行本协议。

10. 协议生效及文本

10.1 本协议未尽事宜，双方另行协商签订补充协议。

10.2 本协议自双方签字盖章之日生效。

10.3 本协议一式______份，甲方执______份，乙方执______份，每份具有同等法律效力。

（以下无正文）

（本页无正文，为《委托培训协议》签字盖章页）

甲方（盖章）：

法定代表人（或授权代表）签字：____________________

乙方（签字）：____________________

合同范例 22

保安服务项目合同

发包方（全称）：____________________（以下简称“甲方”）
服务方（全称）：____________________（以下简称“乙方”）

根据《中华人民共和国民法典》及相关法律法规的规定，经平等友好协商，双方就如下有偿服务合同协商一致，订立本合同。

1. 服务范围

1.1 乙方向甲方提供____服务，服务范围包括____等工作。

1.2 乙方按甲方的要求提供与服务相关的其他咨询工作。

1.3 施行____________________________________服务标准。

2. 服务标准与质量

（1）维护服务场所的正常办公秩序。

（2）发现服务区域的治安隐患，立即报告服务对象并予以处置。

（3）对发生在服务区域内的不法行为，采取措施予以制止，及时报呈服务对象。

（4）保障服务场所秩序井然。

（5）做好登记台账。

3. 合同起止时间

合同有效期为__________年，自__________年__________月__________日至__________年__________月__________日止。

4. 服务人数和地点

服务人数：__________（岗位）__________人、__________（岗位）__________人。

服务地点：____。

5. 服务人员上岗要求

（1）品德良好、五官端正。

（2）身体健康、责任心强。

（3）年龄在__________周岁至__________周岁。

（4）具有大专以上学历。

（5）经过________________专业培训后，具备从事____________________服务工作的业务技能和素质。

6. 甲方责任和义务

（1）甲方负责建立安全保卫制度，明确乙方服务人员工作职责及工作任务，同时督促所属工作人员支持配合服务人员工作，并指定具体责任部门及责任人对服务工作进行管理、协调。

（2）甲方有关管理部门有权对乙方服务人员的各项工作进行监督、检查、考核，对不符合甲方工作要求的服务人员提出处理意见，并要求乙方及时更换服务人员。

（3）甲方负责为乙方服务人员提供开展业务所需的办公场所等必要的工作或生活条件。工作需要的有关装（设）备，由甲方配备。

（4）甲方不得安排乙方服务人员从事与本合同无关以及违反国家法律、行政法规及有关政策规定的活动，否则产生的任何法律后果均由甲方自行承担。

（5）甲方根据甲乙双方约定的服务质量和标准对乙方考核合格后，按服务考核结果分期支付乙方服务费。

7. 乙方责任和义务

（1）乙方负责在合同生效之日起，选派合格服务人员到甲方从事服务工作，并根据甲方要求及时调换服务人员。

（2）为树立良好服务形象，便于检查服务过程和品质，乙方服务人员应严格履行服务职责，遵守甲方的各项规章制度，密切配合甲方做好保安人员职责范围内的工作。

（3）乙方不定期到甲方处检查服务工作，对服务过程进行动态监控，对不合理服务进行纠正，并提出优化管理方案，协助甲方完善防范措施。

（4）乙方根据需要调整或更换服务人员。

（5）乙方负责服务人员工资、福利及工伤保险费的支付，其标准由乙方核定。

（6）服务人员在履职过程中发生的人身损害、财产损害，由乙方负责。

（7）乙方负责按规定发放服务人员的服装、标志及有关证件。

（8）乙方服务人员在甲方工作期间有违法违纪行为，乙方应严肃处理。

（9）如因不可抗力因素给甲方造成损害的，乙方不承担责任。

8. 甲乙双方共同责任和义务

（1）对服务人员实行双重领导，日常管理工作以甲方为主。甲乙双方根据任务需要协商部署服务，共同管理服务人员的学习、教育、工作、生活。

（2）除乙方派驻甲方保安人员和甲方值班人员外，其他人不得在甲方处留宿，否则，出现的事故及造成的损失由引起事故的相关人员负责，与乙方及其保安人员无关。

（3）服务人员发现安全隐患或其他不安全因素，必须及时向甲乙双方提出书面意见，甲方拒绝整改或未及时整改，因此造成服务区域内财产被盗或损失的，乙方不承担责任。

（4）甲方明知有安全隐患，又不采取有效的措施而导致的损失，由甲方自行承担。

（5）乙方服务人员在工作中认真履行职责，由于力量悬殊或者在权限范围内无法制止和控制事态进一步发展，应该及时报案，或者发生服务人员在制止过程中受到伤害等客观情况无法报警的，所发生的损失乙方不承担责任。

（6）乙方服务人员在甲方工作期间，因认真履行职责，有立功表现的，甲乙双方应按双方相关文件及规定给予奖励。

9. 服务费标准和付款方式

9.1　服务费标准：甲方按＿＿＿＿＿＿元/年的标准支付乙方＿＿＿＿＿＿服务费。

9.2　付款期限：每＿＿季度/月＿＿甲方与乙方结算一次服务费；服务费于签订合同后支付乙方。

9.3　每＿季度/月＿甲方应支付乙方服务费＿＿＿＿＿＿元

（计算公式：＿＿＿＿＿＿元/月/人×人数×月）。

9.4　付款方式：转账支付。

公司名称：＿＿＿＿＿＿＿＿＿＿＿＿＿＿＿＿＿＿。

银行账号：＿＿＿＿＿＿＿＿＿＿＿＿＿＿＿＿＿＿。

开户银行：＿＿＿＿＿＿＿＿＿＿＿＿＿＿＿＿＿＿。

9.5　在合同有效期内如遇物价部门审定的服务费标准升高或者降低，按照物价部门审定的标准执行。

10. 违约责任

10.1　甲乙双方必须遵守以上条款，应正当行使权利，履行义务。保证本合同的顺利进行，除不可抗力因素。甲乙双方不得违约，任何一方没有充分及时履行义务的，应当承担违约责任；造成损失的，应当赔偿相应的经济损失。

10.2　如乙方的服务质量达不到甲方的要求，或者乙方发生其他违约行为，乙方应及时整改，确保服务质量达到甲方满意。

10.3　甲乙双方均应信守合同，如有违反本合同规定的，违约方应按本合同服务费总额的5%向对方支付违约金。

11. 合同变更、终止、解除

11.1　合同期内，任何一方不得无故单方面终止合同，如因甲方或乙方单方面无法履行合同时，需提前一个月以书面形式函告对方，在取得同意后方可终止合同，无故单方面终止合同的视为违约，违约方在向对方支付违约金的同时，造成损失的要予以赔偿。

11.2　在下列情况下，合同自动终止。

（1）乙方不能按合同规定服务的，甲方有权单方面终止合同，并不承担任何费用。

（2）因国家及地方政府政策影响和其他不可抗力因素致使合同无法继续履行时。

11.3　甲乙双方的任何一方由于不可抗力的原因不能履行合同时，应及时向对方通报不能履行或不能完全履行的理由，在取得有关主管机关证明以后，允许延期履行、部分履行或者不履行合同，并根据情况可部分或全部免予承担违约责任。

12. 争议解决

甲乙双方在合同履行期间发生争议时，应通过友好协商解决，协商解决不了可向合同履行地人民法院提起诉讼。

13. 其他

13.1　如有未尽事宜，双方应协商解决，所签订的补充协议和本合同具有等同的法律效力。

13.2　本合同正文及附件均自签订之日起生效。

13.3　本合同一式四份，甲方执两份、乙方执两份。

13.4　合同签约地：______________________________。

甲方：	乙方：
代表签字：	代表签字：
联系电话：	联系电话：
年　月　日	年　月　日

合同范例23

道路绿化养管项目合同

发包方（全称）：____________________（以下简称“甲方”）

服务方（全称）：____________________（以下简称“乙方”）

根据《中华人民共和国民法典》及相关法律法规的规定，经平等友好协商，双方就如下有偿服务合同协商一致，订立本合同。

1. 养管项目概况

养管地点：______________________________。

养管面积：______________________________。

养管范围：______________________________。

养管期限：______________________________。

2. 养管项目内容

分为绿化基础养护、保洁养护、配套设施养护、绿化保护、其他养护、专项养护。

2.1　绿化基础养护。对道路绿化进行科学、规范、精细的养护，包括对绿地植物的浇水、施肥、打药、修剪整形、病虫害防治、除草、松土、涂白、苗木补植、冬春期苗木的防风加固等。

2.2　保洁养护。主要包括对养管范围内的绿地及附属设施的清扫保洁、死株枯枝清理、植物垃圾清理、建筑垃圾清理和集中清运，做到垃圾日产日清。

2.3　配套设施养护。包括垃圾桶、座椅、平台、标示牌、花架、栏杆扶手、园路、景观小品、井盖、供水线路和用电线路系统等设施、设备的日常维修维护。

2.4　绿化保护。日常养护巡查，确保无随意侵占绿地、砍伐树木现象，发现损毁绿化苗木及绿化带及时汇报给主管部门，并做好善后工作。

2.5　其他养护。遇雨、雪等天气，要及时排水、扫雪，以绿地不受危害为准；冬春防火期间内要加强巡查防护、严控火源，发现火灾隐患或火情及时上报，积极扑灭，防止火灾事故发生。

2.6　专项养护。配合完成绿化内时令、节日摆花期间的养护及针对各道路不同需求的专项养护内容。

3. 养管标准

____________________级道路养管标准及其他相关技术标准。

4. 考核办法

参照____进行考核。

示例：参照行业标准《园林绿化工程施工及验收规范》（CJJ 82—2012）。

5. **合同到期验收**

5.1 合同到期后进行移交时，要做好移交验收。合同到期前1个月，乙方自检合格后，乙方向甲方提交验收申请；甲方在收到移交验收报告后7个工作日内组织质监单位、植保单位、接收方等相关部门，对照养护单位刚进场时接收的养护量进行移交验收，并提出整改意见，乙方要确保整改到位。

5.2 合同到期，对于苗木、其他设施等工程量达不到养护单位刚进场时接收的养护量要求的，处于绿化有效季节的，绿化苗木由乙方负责整改；处于反季节的，依据市场综合单价测算整改经费，由乙方出资，交由甲方负责整改；其他设施，原则上由乙方负责整改，也可由双方协商解决；如乙方不支付费用、也不整改的，由甲方报请市园林局批准，从养护费用中双倍扣除整改费用，整改工作交由接收方负责完成。

5.3 移交验收合格后，乙方向甲方办理实物交接，按现行档案管理规定向甲方提供完整移交资料，并签订移交协议（原则上合同到期两周内完成）。从协议签订之日起，养护权移交甲方。合同到期日至移交协议签订日期间养护费用，原则上由乙方承担。

6. **费用及付款办法**

6.1 养管费用。

总计：人民币（大写）____________________。

人民币（小写）__________________________。

费用明细：

序号	绿地形式	数量	单位	中标单价	合计	备注
1	林带					
2	分车带					
合计：						

养管费用包含完成所有绿地养管内容及产生的全部费用。此价格为合同执行不变价，不因国家政策及市场变化而变化。

6.2 付款条件。

依据考核办法协商确定如下：

____

____

处罚费用由甲方从当次拨付费用中直接扣除。

6.3 付款方式。

甲方根据考核情况及政府拨款情况，按（月或季度）支付养管费用。

7. **责任与权利**

7.1 甲方。

7.1.1 甲方根据考核情况及政府拨款情况及时支付乙方养管费用。

7.1.2 属于“考核办法”中规定的项目，乙方应接到整改通知后立即派人整改处理。乙方不在约定期限内（一般为______天，特殊情况根据工作量确定期限）派人整改处理，甲方可委托其他人员整改处理，所产生的费用由乙方承担或从乙方的养管费用中扣除。

7.1.3 遇突发事件及重大活动，甲方有权统一调动乙方人员、设备。

7.1.4 若中标人在养管期间，将项目转包他人或违反有关规定而被解除承包合同，则招标人可以按投标人的评标得分由高到低的顺序，选择下一投标人按原投标价承接该项目，或再次组织招标，过渡期由甲方以劳务协作方式负责该标段的养护工作。

7.1.5 如因拖欠员工工资造成上访等现象，甲方有权依照国家有关政策对乙方进行处置，处置措施包括警告、限期整改、中止合同、列入黑名单。

7.1.6 因乙方管理不善短时间内造成重大损失（大面积病虫害严重暴发影响景观，连片苗木长势衰弱、死亡严重影响景观），乙方无力整改的，甲方有权终止合同，并追究乙方的赔偿责任。

7.1.7 甲方有权随时对乙方人员、作业设备配备情况进行核查并责令限期整改。

7.2 乙方。

7.2.1 乙方根据养管技术规范、质量标准和有关要求，积极主动保质保量地完成所承担养护任务。

7.2.2 乙方在合同期内应积极研究苗木生长规律，针对季节性黄化、非正常死亡现象，制定相应对策，始终确保所有苗木生长健康、姿态优美，发现有苗木死亡现象及时补栽补种，若在规定时间内不能完成补栽工作，将由甲方组织进行补栽，费用由乙方承担。

7.2.3 积极配合各级主管部门及业主单位的各类考核、检查，并对问题及时进行整改。

7.2.4 节假日等公休日养管正常进行，人员工资已包含在养管费中。

7.2.5 乙方需按照招标文件承诺配备项目负责人、技术负责人。相关人员需熟悉绿化养护的基本方法和要求，有相关绿化工作经验，严格按照绿化养护规范标准开展工作，身体健康，服从指挥；绿化管理人员实施项目经理负责制，无特殊情况不得随意更换，若更换需征得甲方同意并出具授权委托书。乙方应根据任务要求、现场实际情况和养护管理规定保证配备足够养管人员（且不得低于投标文件承诺的人数），人均养管面积不得多于__________平方米。

7.2.6 乙方应配备养护作业必需的车辆（水车、垃圾清运车等）机具、机械并报甲方审核备案。

7.2.7 乙方养管人员需语言文明，统一穿反光背心，标志明显，摆好安全墩、做好安全警示，确保养管安全、文明作业。

7.2.8 乙方应做好详细养管记录及归档，并在每月__________日前将每月的养管总结及下月的工作计划报送甲方。

7.2.9 因交通事故毁损的树木，由乙方负责及时恢复；由甲方协助乙方与交警部门协调赔偿。

7.2.10 对他人侵占绿地、毁坏苗木及园林绿化配套设施（管线、水井等）行为及时制止，并及时向甲方汇报，做好善后工作。若未及时制止与汇报造成损失的由乙方自行承担。

7.2.11 对于审批占用绿地，由乙方配合甲方完成占用绿地内的苗木移植和绿地恢复工作。费用由占用绿地方赔偿。

8. 安全施工和检查

8.1 乙方应遵守工程安全生产有关管理规定，严格按安全标准组织施工，并随时接受行业安全检查人员依法实施的监督检查，采取必要的安全防护措施，消除事故隐患。

8.2 发生重大伤亡及其他安全事故，乙方应立即上报甲方，同时按政府有关部门要求处理。

8.3 甲方有权随时检查乙方安全作业措施落实情况，并责令限时整改，若整改不力或拒绝整改，甲方有权对乙方进行行政、经济的处罚，一般处罚措施分为口头警告、书面警告、第一次罚款__________元、第二次罚款__________元、第三次罚款__________元、第四次责令撤换现场负责人，直至中止合同。

9. 违约责任

9.1 乙方未按合同规定提供服务，每延迟一天扣除合同总金额______‰的违约金，直至按合同提供服务为止。违约金最高限额为合同总金额______%。一旦达到该上限，甲方有权终止合同。

9.2 除不可抗力外，凡乙方要求解除合同的，终止合同后，重新组织招标发生的费用以及新中标价格超过原解除合同金额部分由乙方承担。

10. 争议的解决

10.1 可由甲方上级部门协调，协调不成，双方均可向甲方所在地人民法院起诉。

10.2 当产生任何争议及争议正在诉讼程序时，除争议事项，双方应继续行使其剩余的相关权利，履行本合同的其他义务。

乙方不得以任何形式上访、闹事解决争议问题。

11. 其他

11.1 本合同自双方签字盖章之日起执行。

11.2 本合同签约地：____________________。

11.3 本合同所附附件与本合同具有同等效力。

甲方（签章）：	乙方（签章）：
代表（签字）：____________________	代表（签字）：____________________
______年____月____日	______年____月____日